小小博士系列读物

人类科学史上等待回答的未解之谜

科学家也许是错的

D卷

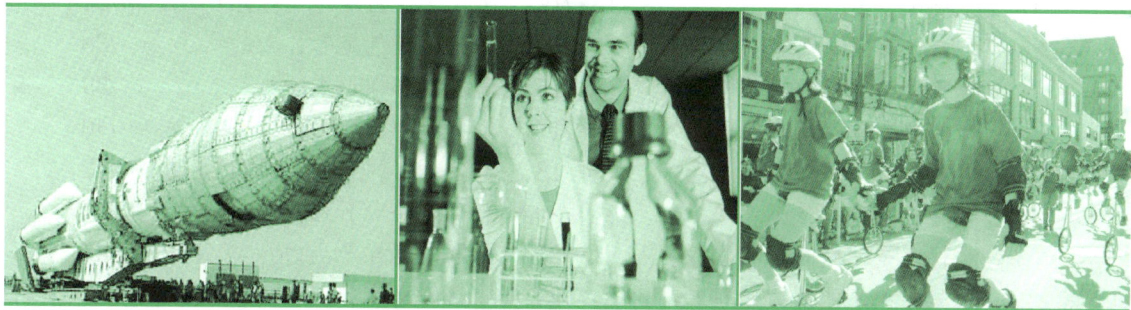

主　　编/李　敏

执　　笔/姜易晨　林原平

　　　　　高丽华　刘　伟

科学顾问/成与珊

资料提供/徐一鸣　李　鹏

大连出版社
DALIAN PUBLISHING HOUSE

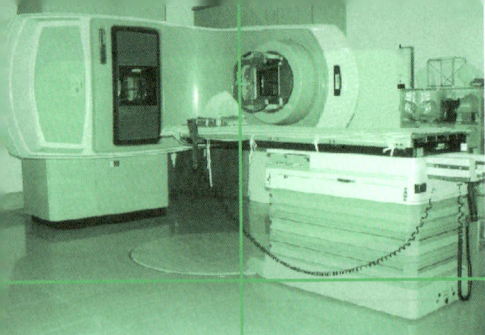

目　录

目　录

目　录

构成物质的最小单元是什么？早在2000多年前，就有很多学者和哲学家开始思考这样一个问题：如果把一个物体一直分割下去，将会怎么样呢？换一个问法，那就是世界万物有没有一个最小的单元呢？

构成物质的最小单元是什么？

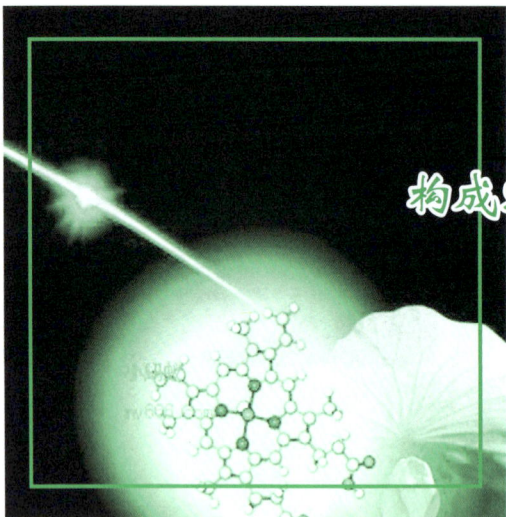

　　围绕着这个问题，我国古代的诸子百家，古希腊的哲人，都分别提出了自己的观点。一派观点不承认物质有最小的不可再分的单元，而是像一把尺或一块布那样，"日取其半，万世不竭"。也就是说，他们认为物质是无限可分的。另一派观点则认为，宇宙万物都是由不能再分的微小粒子构成的。

　　十五六世纪以后，随着近代科学的兴起，人们又复苏了原子的概念，试图用原子来解释各种物质的性质。19世纪初，英国科学家道尔顿提出了自己的原子假说。1811年，意大利自然科学家阿伏伽德罗又引入分子的概念。此后，关于原子的科学概念不断完善，原子理论成为近代科学发展的一块重要基石。

　　有了分子和原子的概念之后，科学家就可以对2000多年前那个古老的难题做出初步的解答。如果把一个物体一直分割下去，到了极限就是分子。分子也可以再分割，就是原子，但它却没有原来物质所具有的性质。全世界的物质有几百万种，分子就有几百万种，但组成各种分子的原子的种类却不多，绝大多数物质都是由十几种主要原子组成的。

　　在道尔顿的原子假说中，原子只是一个没有结构的小球。这种认识很快就被新的发现所突破。1897年，汤姆生通过阴极射线实验发现了电子。1911年，卢瑟福在用α粒子轰击原子的实验中发现，原子并不是实心的，而是十分空荡的，正电荷和原子的质量似乎都集中在原子的中心。于是，他提出了原子的核式模型。后来，又有人不断提出新的原子模型，如原子的太阳系模型、量子力学的原子模型等。根据这些模型，人们可以描述出原子的基本结构：它的中心是原子核，核里有质子和中子，环绕原子核运转的是电子。

　　人们一度认为，质子、中子和光子就是构成物质

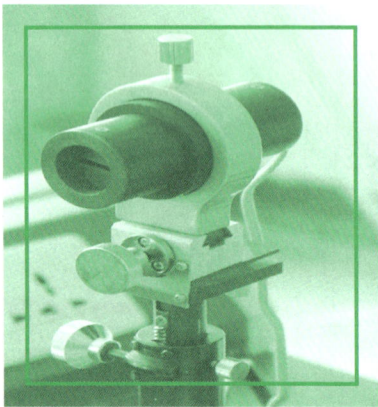

的最小单元，于是就把它们叫作"基本粒子"。物理学家们把基本粒子分成三族：质子和中子属于强子族；电子属于轻子族；还有一个光子族。随着实验技术的日渐完善，人们又相继发现了许多基本粒子。至今为止，基本粒子已是一个拥有300多个成员的大集体，其中属于强子的就有近300种。物理学家们试图对它们做进一步分割，结果都遭到了失败，于是很多人认为基本粒子没有大小，也没有结构，不可能再分割下去了。

基本粒子的"脾气"各不相同，论质量有的是电子的6000倍，而有的却轻得没有静止质量；论寿命有的可以"永久生存"，有的却"活"不到亿亿分之一秒。这么多形形色色的基本粒子就给物理学家出了一个难题：为什么会有这么多基本粒子呢？为什么每一种粒子都与另一种不相同呢？

于是，理论物理学家们又提出了新的设想：基本粒子可能也有内部结构。根据这个思路想下去，他们提出了一个假设：基本粒子是由三个（或一对）更基本的粒子组成的体系。他们把这种比基本粒子更基本的东西叫作"夸克"。

夸克虽然还处在推测之中，但由于利用这个假设可以解释一些实验事实，所以许多科学家相信它的存在。于是，物理学家们用能量很高的电子束去轰击质子和中子，果然发现质子和中子里存在着夸克。

事情到这里还没有完，物理学家改用中微子去轰击强子时，又发现强子里面不仅有夸克，而且还可能有一种叫胶子的物质。1979年，由著名的美籍物理学家丁肇中教授领导的一个高能物理小组，在利用正负电子对撞

科学已揭之秘

德谟克利特的原子论

古希腊的哲学家德谟克利特把构成万物的微小粒子称为"原子"。按照德谟克利特的想法，原子应该是不能再破坏的原始粒子，它可以有形状大小的不同，但永远不再变化。它分散地存在于空间中，并可占有不同的位置，除此之外不再具有其他性质。

德谟克利特的原子论虽然只是一种哲学的思辨，但在许多方面还是正确的。然而，在很长一段时间里，德谟克利特的学说没有受到重视。在中世纪，古希腊哲学被视为异端邪说，德谟克利特的原子论当然也在受禁之列。

机寻找新的粒子时,进一步找到了胶子存在的实验证据,引起了全世界科技界的极大重视。

那么,夸克和胶子是不是组成物质的最小单元呢?它们还可不可以再分割呢?很显然,现在还没有人能对这些问题做出确切的答复,物质构成的奥秘还等待着人们去探索,去追寻。

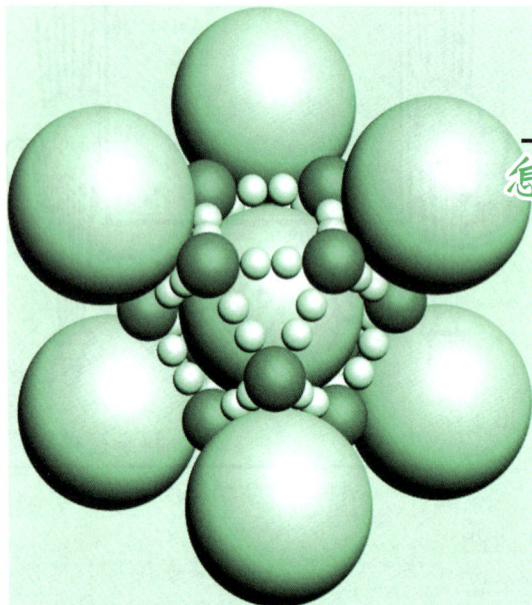

怎样才能解开夸克之谜?

到了20世纪60年代,人们对物质结构的认识已经达到了基本粒子层面。也就是说,以往的一切这方面的研究成果统统可以概括成一句话:宇宙万物都是由电子、质子、中子等300多种基本粒子组成的。

然而,此后的一系列科学实验表明,基本粒子并不基本,它们还可以分下去。那么,基本粒子又是由什么组成的呢?1964年,美国加州理工学院的物理学家盖尔曼等人提出了"夸克模型",认为绝大多数基本粒子是由更微小的粒子夸克组成的。夸克分为三种:

夸克,是一种神鸟的叫声,知道的人很少,盖尔曼教授就用它来命名他在理论上假设存在的这种最微小的粒子。后来,盖尔曼的夸克模型为科学实验所证实,他本人则由于这一成就而荣获诺贝尔物理学奖。

上夸克(u)、下夸克(d)和奇克。质子是由两个上夸克、一个下夸克组成的,而中子则是由一个上夸克、两个下夸克组成的。

美国物理学家又先后在1974年、1977年发现了第四种夸克——粲夸克(c)和第五种夸克——底夸克(b),突破了夸克模型的局限。根据理论上的对称性,物理学家们又提出应该存在着第六种夸克——顶夸克(t),与底夸克构成一代,加上前面发现的四种夸克,形成三代夸克。

夸克是迄今为止人类发现的最小的粒子,也是最奇特的粒子。它携带的电荷不是整数电荷而是分数电荷,运动轨迹神秘莫测,很难捕捉。尤其是在寻找顶夸克的过程中,更是让各国物理学家尝尽苦头。

为了寻找顶夸克的蛛丝马迹,各国物理学家整整奋斗了17年。美国、德国、日本等国及欧洲地区不惜花费巨资,建造了一个个大型高能加速器。美国费米实验室的顶夸克科研组,集中了来自 35 所大学和实验室的 439 名研究人员,其中包括美、日、加、意等国的科学家以及一些华人科学家,他们利用高能质子—反质子对撞机,对有疑问的夸克的轨迹做了几千次测量,终于观察到了顶夸克存在的证据,并证实这种极微小粒子的质量为 1740 亿电子伏特/C²(C 为光速)。实验显示,顶夸克出现后,便在 1×10^{-24} 秒(观察者还来不及眨眼的瞬间)衰变成其他粒子。这一消息于 1994 年 4 月 26 日公布后,在全世界范围内引起了极大反响。然而,费米实验室的科学家们却谨慎地认为,还要找到更多的证据,才能最后证实顶夸克的存在。

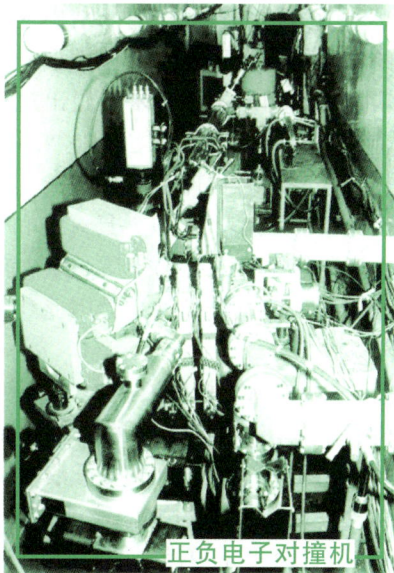
正负电子对撞机

包括顶夸克在内,物理学界普遍认为自然界中存在着三代六种夸克,是不是还有新的夸克?夸克又是由什么更小的粒子组成的?这些疑问还需要通过更深入的探索才能做出解答。

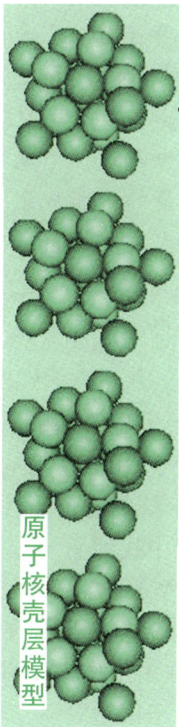
原子核壳层模型

科学未解之谜

原子核内部的结构究竟是什么样的?

原子本来就够小的了,处于它中心的原子核就更小。假如把一个原子放大到篮球那么大,原子核要比针尖还小。别看原子核这么小,它却集中了差不多整个原子的质量。比如,氢原子核是最小的原子核,它的质量却是电子质量的 1836 倍。

原子核体积虽小,但它的结构却不简单。科学家们已经探明,原子核是由两种质量相同的更小的微粒组成,它们是带正电的质子和中性的中子,统称为核子。不同类的原子核中,含有的质子和中子的数目也不同。

按照物理学上的库仑定律,原子核中的质子和中子这两种核子是不能彼此相安无事的,可事实上它们却能共处一起。这是为什么呢?原来,核子之间还存在着一种比库仑斥力更大的吸引力,它就叫核力。目前,对于核力的全部性质,科学家们还没有完全弄清楚,因而由核子形成原子核的问题就仍然没有形成最终答案。

为了揭示原子核内部结构之谜,物理学家们通过大量的实验提出了很多原子核模型。早在20世纪30年代,美籍意大利物理学家费米就提出过原子核的气体模型,但这个模型过于简单,无法用它来全面解释原子核内部的结构。丹麦著名物理学家尼尔斯·波尔还提出过原子核的液滴模型。实验表明,核力具有饱和力,而液体中分子之间的相互作用也有这样的性质。波尔就是根据这种相似性而提出原子核液滴模型的,并因此获得了1922年诺贝尔物理学奖。

然而,原子核的液滴模型并不能说明原子核的内部结构,也不能解释原子核的许多性质。比如,原子核存在着"幻数现象"。中子数或质子数等于2、8、20、28、50、82、126的这些数被称为幻数。处于幻数的原子核具有特殊的性质。当核外电子填满壳层时,原子的性质就特别稳定,也存在有2、8、18等满壳层电子数。利用这种幻数和满壳层电子数的相似性,女物理学家梅涅提出了原子核的壳层模型,并因此荣获了1964年的诺贝尔物理学奖。

壳层模型虽然能够很好地说明原子核幻数存在的事实,但却解释不了原子核的形变性质等问题,于是,尼尔斯·波尔的儿子、物理学家艾格·波尔和莫特逊,在液滴模型的基础上,又提出了原子核集体运动模型,并由此荣获了1975年的诺贝尔物理学奖。

集体运动模型虽然能够解释原子核形变等一些性质,但却无法解释从一种形变核到另一种形变核的过渡以及其他一些性质。于是,日本物理学家有马朗人和美国物理学家雅克罗,又在壳层模型的基础上提出了相互作用玻色子模型(简称IBM模型)。IBM模型从分析原子核的对称性出发,推算出了重原子核的能谱等性质,它所预言的三种对称性也都可以在实验中找到。

IBM模型与以往提出的所有原子核模型一样,都只是部分地对原子核的结构做出了描述,并不能完全说明原子核的结构及其性质。因此,在这方面还有许多工作需要科学家们去做,也一定会有人继续提出新的原子模型。

科学已揭之秘

库仑定律

库仑定律是电磁学的基本定律,也是物理学的基本定律之一,它是由法国物理学家库仑于1785年建立起来的。根据库仑定律,真空中两个静止的点电荷之间的作用力与这两个电荷所带电量的乘积成正比,作用力的方向沿着这两个点电荷的连线,同号电荷相斥,异号电荷相吸。

尼尔斯·波尔

卢瑟福所创立的原子结构的行星模型极大地推动了人们对原子结构的认识,因而后世把他称为"原子核之父"。

科学未解之谜

μ子为什么特别神秘?

1910 年,英国物理学家卢瑟福和助手在用 α 粒子作炮弹轰击金属铂片时,发现射向铂原子的 8000~10000 个 α 粒子中,会有一个 α 粒子被原子弹回来。卢瑟福认为原子内部必定存在一个原子核,并由此建立了原子结构的行星模型。

卢瑟福还发现,原子核内存在着质子,并预言中子的存在。果然,他的预言在 1932 年成了现实。质子和中子的相继发现,给当时的物理学家出了一道难题:是什么力量把质子和中子紧紧地束缚在原子核内部呢?怎样才能解释质子与中子之间存在的那种强烈的相互吸引现象呢?

世界上很多一流的物理学家都在苦苦思索这个问题,但都没有提出什么合理的解释来。1934 年 11 月,在一次数学物理年会上,年仅 28 岁的日本大阪市的一位大学教师汤川秀树提出了一个崭新的想法:有一种人们还没有认识到的微观粒子在质子和中子之间起着联络作用。经过周密的计算,他认为这种粒子比电子重 200 多倍,大约是质子重量的 1/7。由于它的质量介于电子和质子之间,所以得名为介子。它的作用就是在原子核中把质子和中子胶合起来。

汤川秀树虽然预言了介子的存在,但怎样才能证明它的存在呢?当时,高能量的大型粒子加速器还没有问世,汤川秀树便提议到宇宙射线中去寻找。

按照理论物理学家的预言,实验物理学家开始尝试利用威尔逊云室来测量宇宙射线的能量。从 1934 年到 1937 年间,美国物理学家安德逊和尼特迈耶尔等人在威尔逊云室中辛勤工作,终于寻找到了一种未知的粒子。这与汤川秀树所描述的粒子很相似。物理学家们为此而兴高采烈起来,然而他们高兴得太早了。当他们更仔细地端详这种新粒子时,才发现这种具有超强穿透力的粒子并不是汤川秀树预言的粒子,它很不乐意与核子打交道。由于它的

因为 π 介子的发现,汤川秀树于 1947 年荣获诺贝尔物理学奖,他也是第一位获得这项荣誉的东方学者。

威尔逊云室

威尔逊云室是一种早期的核辐射探测器，也是最早的带电粒子径迹探测器，由英国科学家威尔逊(因发明云室威尔逊与康普顿同获 1927 年诺贝尔物理学奖) 在 1911 年创制成功。当带电粒子穿越云室时，在粒子经过的途径上气体就会产生电离。这时候云室内的过饱和蒸气就会在离子周围凝成雾滴，所以在适当的照明下就能看到或拍摄到粒子运动的踪迹。由于威尔逊云室灵敏时间短，工作效率低等原因，在核物理实验中已很少应用，但在高能物理特别是在宇宙射线研究中，威尔逊云室仍不失为一种有用的探测工具。

质量介于电子和质子之间，因而被称为 μ 子。μ 子和电子 e⁻、τ 粒子等在很多方面有相似之处，而在质量上比重子、介子要轻得多，所以人们又把它们划归一类，称为轻子。

在物理学上发生的事情，在生活中也能发生，本想寻找某一个东西，而找到的却是另一个东西。那么，为什么会有 μ 子呢？它到底是"谁"呢？

物理学家们用了半个世纪的时间，试图弄清楚 μ 子的特殊"身世"，但这一切努力至今也没有取得太大的成果。人们只知道它比电子重 207 倍，不稳定，平均寿命为 2.2 微秒，在其他性质上与电子相似，在微观世界中起着电子的作用。因此，有人又把它称为重电子。按理说，μ 子和电子之间也应该像质子和中子、τ 粒子和电子之间一样能够自发地相互转变，但是大量实验都没有发现 μ 子和电子之间的相互转化。直到现在，人们仍然不知道如何解释 μ 子存在的意义以及为什么它比电子重那么多，μ 子之谜仍然没有揭开。

顺便说一句，1947 年，英国物理学家鲍威尔和他所领导的实验小组，改用高空探测气球进行实验，果然在宇宙射线中发现了汤川秀树预言的那种介子。为了和 μ 子相区别，它被定名为 π 介子。经过测量，它的质量是电子的 273 倍。它与 μ 子不同，能与原子核发生猛烈的作用，完全符合科学家们所想象的那个核力传递者的形象。

高空探测气球

怎样才能揭开轻子之谜？

粒子加速器

在基本粒子这个大家族中，强子的数目最多，轻子的数目要少得多，目前只发现了 10 种。有迹象表明还存在重轻子 τ 的正、反中微子，所以一般认为轻子共有 12 种。

轻子这个小家族的第一个成员电子 e⁻，是人们于 1897 年发现的，但直到今天，人们对它的内在性质也缺乏了解，只知道它的半径 r<2× 10^{-16} 厘米。

1937 年，人们又在宇宙射线中发现了轻子家族的第二个成员 μ 子。人们对它进行了许多研究，并将 μ 子和电子 e⁻的性质加以全面比较，结果发现它们非常相像，只是质量相差很大，有 200 多倍。为什么如此相似的粒子在质量上相差那么大呢？这个差别是怎样造成的呢？既然有了电子 e⁻，为什么又要有 μ 子？μ 子在物质世界中究竟起什么作用呢？这些疑问合到一起，就被称为"e—μ之谜"。

多少年来，很多杰出的物理学家试图揭开这个谜，但都未获成功。美国的物理学家盖尔曼把这个问题列为粒子物理学的头号大难题，另一位物理学家培耳甚至这样说："也许要等爱因斯坦再世，才能解决这个问题。"

既然存在着 μ 子，就应该存在比 μ 子更重的轻子。很多物理学家把希望寄托在发现重轻子上。他们认为，如果能找到更重的轻子，就有可能揭开"e—μ之谜"。

1975 年，以培耳为首的一个实验小组不负众望，终于在美国斯坦福大学的 e⁺—e⁻对撞机上，发现了重轻子——τ 重轻子。它的质量约为 1784MeV，大约是 μ 子的 17 倍，是电子 e⁻的 3500 倍。不过，τ 重轻子的性质与电子 e⁻和 μ 子的性质还是非常相似。这样一来，τ 重轻子的发现不但没有揭开"e—μ之谜"，反而使这个谜扩大成了"e—μ—τ之谜"。

随着 τ 重轻子的发现，科学家们对轻子族产生的疑问越来越多。轻子到底有多少种呢？如果有下一个轻子，它的质量究竟是多大呢？轻子族有没有类似元素那样的周期表呢？轻子的质量差异反映了轻子内部什么样的特点、性质和规律呢？诸如此类的问题都摆到了物理学家们的面前，但他们在短时间却不容易对此做出全面的解答来。

氢弹爆炸

低温核聚变能实现吗？

早在1925年，英国物理学家弗朗西斯·威廉·阿斯顿在用准确度达万分之一的质谱仪测量原子核质量时发现，任何原子核的质量都要比组成该原子的所有粒子的质量总和少一些。这种现象就叫"质量亏损"。

根据爱因斯坦的质量能量相互联系关系式，质量和能量之间存在着一种正比关系。由于原子核的质量比组成它的核子的总质量少，所以在单个核子相互靠近而结合成原子核时，必定会有一部分能量释放出来。由于这种能量是从原子核里面放出来的，所以人们就叫它原子能。

最早被人们发现的原子能是重元素的原子核裂变时产生的能量，人们利用这个原理制造出了最初的原子弹。后来，科学家又发现，轻原子核在极高温下能够产生聚变反应，于是根据这个原理制造出了氢弹。

轻核聚变所产生的能量要比重核裂变产生的能量大得多。比如，一个氘核结合成一个氦核时能释放出17.6兆电子伏特的能量，平均每个核子放出的能量是裂变的好几倍，是化学燃料的几百万倍。而且，作为聚变燃料的氘的储量在地球上异常丰富。一升海水中约含0.03克氘，用来发生核反应可以放出 10^{10} 焦耳的热量，相当于300升汽油。地球表面海水的贮存量达 10^{18} 吨，如果把其中储藏的氘所能提供的能量都开发出来，按目前全世界能量的消耗率估计，可用上几百亿年。显然，如果能够利用轻核聚变获取能源，将会使人类彻底摆脱未来肯定会出现的能源危机。

那么，怎样才能使轻元素的原子核发生聚变反应呢？目前科学家找到的途径就是热核反应：把核聚变燃料加热到一亿度以上的高温，使带正电的粒子克服彼此间的排斥力，在相互碰撞的过程中接近到可以发生聚变的程度。氢弹爆炸就是核聚变反应，不过这种反应速度很快，瞬间释放的巨大能量人们根本无法控制，因而只能作为杀人武器。

要想使轻核聚变产生的巨大能量为人类所利用,就必须做到人为地控制聚变反应。那么,怎样才能使轻核聚变反应置于人为的控制之下呢?世界上许多国家的科学家都在积极地进行这方面的理论与技术问题的研究,并取得了一些重要

热核聚变实验堆

的成果,而其中之一就是在低温下实现核聚变。

前边讲过,只有在高温高压下才能把较轻的原子核汇聚在一起,通过碰撞释放出能量来,而英国物理学家弗莱希曼、美国物理学家庞斯,却于 1987 年在常温 27℃下首先实现了低温核聚变。

他们采用的方法并不复杂:在一个盛有重水——氘的试管里插入两个电极,一个是铂电极,一个是钯阴极。接通电源后,试管就会发热,这是氘核流向钯阴极,在阴极上发生聚变反应的结果。与此同时,计数仪上面的数据显示出,反应时伴随着中子和放射线。

这个实验的成功震动了整个物理学界,中国、美国、俄罗斯、匈牙利等许多国家的科学家都投入到室温条件下实现核聚变的研究中来,而且很多实验一再证明室温条件是有可能实现核聚变的。

然而,也有一些实验没有获得成功,因而有些科学家对室温下实现核聚变的可能性保持怀疑。他们认为,人们在试管中看到的那种现象,也许是一种化学反应罢了。

尽管室温下究竟能否实现核聚变目前仍然是个谜,但大多数科学家却对此持乐观态度。他们认为,科学研究是要有过程的,今天人们在试管中看到的现象和氢弹爆炸比起来,确实是微弱得不值一提,但这并不说明常温下的核聚变反应不存在。只要继续探索下去,人类就有可能获得新的"太阳"。

一名 17 岁的美国中学生西亚戈·奥尔森自称在家中的地下室里成功地完成了小型核聚变反应。

质子也会"死亡"吗？

在我们生活的宇宙中，万物都是由质子、中子、电子以及其他一些粒子组成的。应该说质子是可以"长生不老"的，不然整个物质世界就会轰然倒塌。然而，物理学家们在对微观粒子之间的相互作用力进行了深入的研究后，却得出了一个令人惊诧的结论：被称为物质世界砖块的质子是很不稳定的，它也会衰变。

当然，质子衰变所需要的时间是非常长的，据推算，质子的平均寿命在 10^{29}~10^{33} 年之间。假如你的体重是 500 牛顿，要过上 1000 年，才有可能从你的身上"死亡"一个质子。由此可见，在人的有生之年，甚至在地球的有生之年，都不可能觉察到质子的衰亡带来的任何影响。

然而，关于质子也会衰变的说法，目前还只是处于理论假设之中，要想对它加以证实，就要通过实验对质子的衰变过程及寿命进行检测。

要想进行上述检测，首先，找到一大块物体作为探测对象，它必须含有充分多的质子，比如含有 10^{30} 个质子。如果是一大块铁，它至少要有 150 吨重。如果质子的寿命是 10^{31} 年，那么对这块铁观测一年，就可能在它身上看到十几个质子发生变化。其次，还要安装上充分多又充分灵敏的"眼睛"，紧紧盯着质子不放。最后，为了避开中微子的干扰，还要把实验装置安放在地下。

俄罗斯『质子-M3』火箭

第一个寻找质子衰变的探测装置是由印度和日本的科学家在 1980 年联合建造的，选定的实验地点在印度柯拉金矿的废矿井中距离地面 3000 米处。经过两年时间的观察，这个实验小组总共发现了六个质子衰变的事例，其中有三个据说是比较可靠的。据计算，质子的平均寿命大约为 $7×10^{30}$ 年。

在美国俄亥俄州的莫顿盐矿进行的实

验,是将一万吨水(大约含 1033 个质子)灌入矿井中,然后用光敏检测器观察水。经过 80 天的观察,没有发现质子衰变,这意味着质子寿命的下限至少为 $6.5×10^{30}$ 年。

在法国勃朗峰的一处隧道里,科学家们建造了一台重达 1500 吨的探测器,用来观察质子变化的计数管数量较多,每支计数管也比较细小。如果质子的寿命是 10^{31} 年,那么每年它就能收集到 10 个变化的质子。

尽管世界上有好几个这样的探测器,但至今还没有获得令人信服的证据,对于有些观察到的据说是质子衰变的证据,不少物理学家认为,很难否定这种质子衰变完全不是中微子造成的。但是,现在也找不到任何可靠的理由说明质子不会衰变。为了使目前的一些基本理论得以自圆其说,很多高能物理学家宁肯相信是目前的实验还未达到所要求的精度,而不肯相信是基本理论出了毛病。

究竟质子会不会衰亡呢?它的寿命到底有多长?衰变后会成为什么?这些为物理学家关注的问题,都需要得到回答,然而目前又无人能够做出准确的回答。

美国研究的反物质太空船,以正电子为燃料,飞行六周就可到达火星。

科学未解之谜

有没有反物质呢?

我们知道,普通物质的质量都是正的,人们把它们叫作正物质。既然有正物质,那么会不会有质量为负的负物质或反物质呢?

最早提出反物质这个概念的人,是奥地利出生的英国科学家兼宇宙学家邦迪。纳粹德国占领奥地利后,邦迪遭到了迫害,被迫迁往英国。他定居英国后,在剑桥大学获得了硕士学位。邦迪热衷于研究宇宙的结构,他相信宇宙里既然有正物质,就一定会有负物质。

邦迪的想法提出后,引起了许多科学家的兴趣,积极地投入到寻找反物质的研究中来。他们首先想到,原子可以分解成原子核和围绕原子核旋转的电子,原子核的内部还有质子和中子。在这些小粒子中,除了中子不带电外,电子带有负电,质子带有正电,它们的质量和性质差别极大。那么,会不会有一些粒子,它们的质量及各种性质和质子或是电子完全相同,仅仅是电性相反,即电子带有正电,质子带负电。由此科学家们进一步想到,既然质子、电子和中子能够组成原子,那么由反质子和正电子是不是也可以构成反原子呢?更进一步设想,由反原子是不是可以构成反物质呢?

物理学上有一个不成文的规定，凡是与现有的物理规律都不发生矛盾的，就有可能存在，或者可以先假定它的存在。按照这种假定，物理学家们满怀信心地踏上了通往反物质世界的道路。1928年，英国物理学家狄拉克从理论上首次论证了正电子的存在，这种正电子除了电子电性和电子相反外，一切性质都和电子相同。1932年，美国物理学家安德逊在实验室里发现了狄拉克预言的正电子。1955年，美国物理学家西格雷等人又用人工的方法获得了反质子。此后，人们逐渐认识到，所有的微观粒子都有自己的反粒子。

粒子与反粒子好像一对孪生姐妹，却不能共处，只要它们一碰面，就会化成一道光消逝而去，不留下一丁点儿灰烬。人们把这种现象叫作正反粒子的湮没。这个现象还表明，正反粒子的湮没，能把全部质量都转化为能量。

有些科学家估计，如果一个负粒子与太阳上的一个正粒子相遇，就会把能量交给太阳，使太阳的温度升高。于是有人认为，是负粒子把太阳加热的。如果真是这样的话，就解决了一个存在已久的难题：为什么天文学家观测到的中微子数目只有理论值的1/3。另外，如果上述说法能够成立的话，就可以通过研究太阳发热的规律，反过来证实反物质的存在。

正、反物质相撞能够转化出巨大的能量，而且不会有任何废物产生，这对于千方百计寻找新能源的人类来说，无疑有着诱人的前景。可是，到哪里才能找到反物质呢？如果说果真有反物质的话，那么地球上是很难找到的。因为地球上到处都是普通物质，反物质一出现，就会像冰块遇上火球一样，或者一起消失，或者转化为别的东西。

反物质探测射阵列

有人从理论上推测，在广漠无垠的宇宙空间里，可能存在由反物质构成的天体，甚至很可能存在着反物质世界。但是，哪些天体是由反物质构成的，哪些天体是由普通物质构成的呢？如果有一天由正物质组成的"正星系"与由反物质组成的"反星系"不期而遇，会产生什么样的结果呢？那时会造成两个星系同时化为乌有,还是会产生出震撼整个宇宙的巨大能量呢？这些问题至今都无法断定。

虽然反物质还处在虚无缥缈之中,但科学家们一直没有停止过寻找。早在20世纪50年代,美国的布鲁克海文实验室就建成了质子与反质子对撞的加速器。到了1965年,美国物理学家莱德曼和他的同伴们又找到了一个由反质子和反中子组成的复合物,实际上它是一个反氘核。1979年,美国科学家把一个有60多层大楼那么高的巨大气球放到离地面35千米的高空,气球上载有一批十分灵敏的探测仪器。结果,它在高空猎取到了28个反质子。这是在地球以外第一次发现反物质。此外,还在星际空间发现了反物质流。

尽管如此,很多科学家们仍然认为,反物质究竟存在与否,现在还不能匆忙下结论。不过,宇宙中存在着反物质世界的这种想法,却深深地吸引了众多的天文学家,天文学领域还因此而诞生了一种新的宇宙学说——对称宇宙学。科学家预言,如果真的存在着反物质世界的话,不仅许多宇宙之谜,如宇宙起源之谜、类星体之谜等能够得到解释,人类还有可能从正反物质相撞中获得巨大的能量。

科学未解之谜

孤立子是什么东西？

1834年,英国著名科学家斯各特·罗素偶然观察到了一种奇妙的水波。1844年,他在《英国科学家促进协会第14届会议报告》这份材料上发表了"论波动"一文,对这种水波做了生动的描述：

"我正在观察一条船的运动,这条船被两匹马拉着,沿着狭窄的河道迅速前进着。突然,船停了下来,河道内被船体带动的水团并不停止,它们积聚在船头周围激烈地扰动着,然后水浪呈现出一个滚圆而平滑、轮廓分明的巨大孤立波峰,它以巨大的速度向前滚动着,急速地离开了船头,在行进中它的形状和速度并没有明显的改变。我

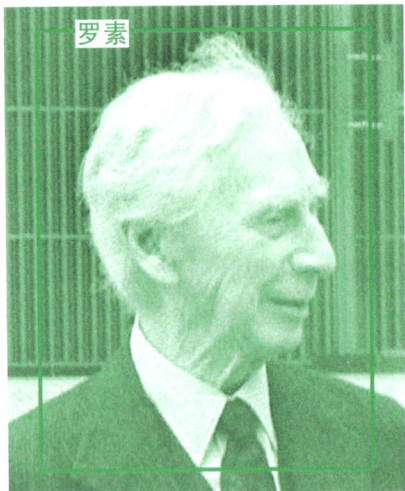
罗素

骑在马上紧跟着观察，它以每小时十二三千米的速度滚滚向前，并保持长约9米、高30~45厘米的原始形状。渐渐地，它的高度下降了，当我跟踪了两三千米之后，它终于消失在逶迤的河道之中。"

罗素认为，他观察到的这个奇特现象是流体运动的一个稳定解，并称它为"孤立波"。

当时，罗素未能成功地使人们相信他的论断。此后，有关孤立波的问题在许多物理学家中引起了广泛的争论。直到1895年，才有人从理论上证实了孤立波的存在，但是有很多人认为这种波不稳定，因而研究它没有什么物理意义。

随着现代科学技术的发展，人们对孤立波的认识日益深入，并测量到它有固定的能量、动量和质量，具有类似粒子碰撞后不变的性质，因而孤立波又被称为孤立子。

20世纪70年代，在一些物理学家的努力下，人们终于在水箱实验中人为地再现了罗素当年亲眼看到的浅水孤立波。

随着理论与实验相结合研究的展开，科学家们在流体物理、固体物理、凝聚态物理、超导物理、激光物理、生物物理等领域中，相继发现了孤立子的存在。比如，固体中热脉冲的传播，超导体中的磁力线沿着约瑟夫超导结构的传播，等离子体中磁流体的波运动，离子声波运动，铁磁体中布洛赫运动，电子线路中低频道波网络上电流—电压的传输以及生物神经细胞轴上传导的冲动等等，都属于孤立子运动。

在激光打靶中，人们也观察到由于坍塌出现的涡旋型孤立波的传播以及激光光束在非线性介质中自聚焦产生的孤立子。利用孤立子理论，可以成功地解释激光打靶中产生的密度坑以及红外线的红移等问题，而这些问题多年来用经典理论一直不能给予满意的解释。

当然，并不是所有的物质都存在孤立子，它的出现离不开一定的条件。物理学家认为，只有处在扩散型的介质中，物质受到非线性的作用，并且后面的作用刚好抵消了前面的作用时才能产生孤立子的运动形态。

目前，对孤立子的研究已经不再局限于实验室内。美国新泽西州荷尔姆代贝尔实验室的科学家们在石英蕊光纤材料中观察到了光脉冲型孤立子的传播，接着就开始使用孤立波来改进信号传输系统，提高其传输率，即在传播中具有不损失波形、不改变速度，保真度高，保密性好等优点。

尽管如此，科学家对于孤立子的真实面貌还是没有认识得十分清楚，对孤立子的研究能够怎样应用到实际生活中去，目前也还不十分清楚。

科学未解之谜

能够找到希格斯粒子吗？

把相应于守恒定律的整体对称性变成局部对称性的理论，在物理学上就称为"规范理论"。凡是规范理论，必然要引入特定类型的媒介粒子，称为"规范玻色子"，比如光子就是传递电磁力的规范玻色子。

1961 年时，物理学家格拉肖、温伯格和萨拉姆提出了弱电统一理论，并进一步预言了中介玻色子的存在。他们认为，在电弱力之间充当媒介角色的便是光子和中介玻色子。

格拉肖等人在建立弱力和电磁力相互作用的统一模型时，采用了希格斯的机制来说明规范玻色子的质量来源。皮特·希格斯是英国爱丁堡大学的教授，他发现，绝大多数的场当场强处处为零时，能量为最小，但是有一种场只有当场强为某一均匀、有限值时，能量才是最低的。这种场就被称为希格斯场，它刚好能起到超导体的类似作用，为传递弱作用的规范玻色子赋予质量。

格拉肖等人引入了四个希格斯场来说明规范玻色子质量的来源，其中有三个希格斯场使三个规范玻色子($W^\pm$、Z^0)得到了质量，剩下的一个规范玻色子质量仍然为零，它恰好就是光子。第四个希格斯场应该对应一个很重的粒子，人们就把它叫作希格斯粒子。

在实验物理学家的努力下，人们终于发现了带正、负电荷的中介玻色子 $W^\pm$ 和不带电荷的中介玻色子 Z^0。从理论上讲，既然存在着 $W^\pm$、Z^0 粒子，就必定存在着希格斯粒子。于是，物理学家开始满怀信心地搜寻起希格斯粒子来。但是，尽管他们不惜重金，动用了各种各样的高能加速器来寻找希格斯粒子，甚至试图通过天文观测收集存在希格斯粒子的证据，但至今也没有找到希格斯粒子的一点点蛛丝马迹。

1983 年 6 月，有人在巴黎召开的一次国际会议上宣称发现了一个有点儿像希格斯粒子的新粒子，但经过科学家的仔细分析和严格审核后，这一发现被否定了，人们白欢喜了一场。

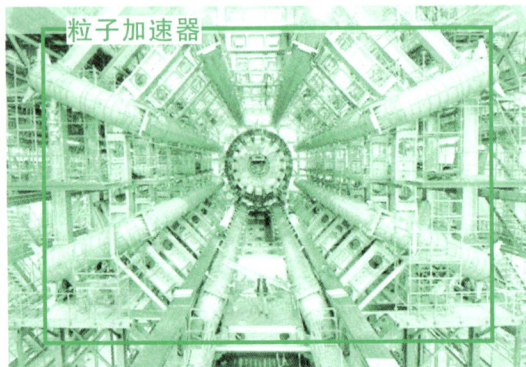
粒子加速器

1984 年年底，美国斯坦福大学直线加速器中心的科学家们又宣布，发现了一种希格斯粒子的孪生兄弟 ζ 粒子。ζ 粒子与理论上预言的希格斯粒子十分相似，几乎难以区别。因此，有些理论物理学家认为，ζ 粒子就是希格斯粒子，它们本来就是同一种粒子。

但是，发现 ζ 粒子的科学家们却不同意这个看法。他们在实验中发现，在 ζ 粒子衰变成一个 τ 粒子和一个反 τ 粒子的过程中，ζ 粒子的产量与其余粒子的产量之比，跟理论预言的希格斯的理论值并不完全一致。因此他们认为，还需要做进一步的实验，才能对 ζ 粒子的性质做出认定来。

目前，人们对希格斯粒子的了解还只限于理论预言之内，但是这种预言也很不明确。人们除了知道它很重、不带电、没有自旋以外，其他具体的性质就知之甚少了。特别是它的质量，有人说它只比质子重几倍，有人却说它至少是质子质量的几百倍。所以，很多物理学家都这样认为，只有首先在理论上获得进展，不然就没有希望找到希格斯粒子。

虽然希格斯粒子这么难寻，但物理学家却不肯放弃寻找它的努力。尤其是格拉肖等人提出的统一理论更需要找到希格斯粒子，这是检验该理论正确与否的关键。另一方面，有些物理学家正在另辟蹊径，他们试图重新修改他们的标准模型，使 ζ 粒子转变成希格斯粒子。

科学未解之谜

到底存不存在磁单极子？

我们都知道，电和磁都不能单独存在，它们是分布在空间的电磁场的两个组成部分。那么，既然电有带单位电荷的正电子和负电子，有没有带单位磁荷的粒子——磁单极子呢？

19 世纪时，英国科学家麦克斯韦就告诉我们，电来源于电荷，磁却来源于电荷的

磁悬浮列车是一种没有车轮的陆上无接触式有轨交通工具。它利用常导或超导电磁铁与感应磁场之间产生相互吸引或排斥力的原理，使列车"悬浮"在轨道上面或下面，使运行没有摩擦，从而克服了传统列车车轨黏着限制、机械噪声和磨损等问题，时速可达 500 千米。

运动，并没有磁荷存在。在自然界中，磁体的磁极总是成对出现的，每有一个 N 极就有一个 S 极，不管把磁体分割成多少小的块，都不会产生分立的 N 极和 S 极，也就是说，不会有分离的磁单极。

　　然而，还有一些科学家不相信自然界中会出现这样的不对称：只有电荷，没有磁荷。到了 1931 年，终于由英国理论物理学家狄拉克把这个怀疑提了出来。他推测，如同存在着单个的电粒子一样，磁单极子也必定存在。

　　此后，科学家们就一直在寻找磁单极子。人们动用了现代最新的精密仪器，采取了各种方法，但所有的实验结果都表明，无论是在地球物质中，还是在天体物质中，都没有发现磁单极子。

　　尽管如此，许多物理学家仍然坚信狄拉克的假设是正确的，没有发现磁单极子并不证明它不存在。根据狄拉克给出的公式，磁单极子很重，这样的粒子在加速器中是产生不了的。更何况磁单极子一旦诞生，就会同其符号相反的磁单极子发生碰撞，一下子就会把它的能量消耗殆尽，从而湮灭。

　　1975 年夏天，由美国加州大学和休斯敦大学的物理学家组成的一个联合科研小组，突然在一次国际会议上宣称，他们从高空的宇宙线中成功地发现了一个由磁荷代替电荷的粒子——磁单极子。这一消息立刻在世界物理学界引起了极大轰动，但没过多久，人们就感到失望了。原来，他们用气球把感光底版送到空气极其稀薄的高空，经过几昼夜的宇宙线的照射，底版上留下一些又粗又黑的痕迹。与其他粒子相比，对周围物质产生强相互作用的磁单极子会留下这样的痕迹，但重离子也会留下这样的痕迹。美国的物理学家们恰恰无法排除后一种可能。

20世纪70年代中期，"大统一理论"的问世，又激发了人们对发现磁单极子的极大兴趣。这种理论把强相互作用力、弱相互作用力、电磁力统一起来，并预言了几种新的粒子，其中就有磁单极子。该学说还算出了磁单极子的质量大约是质子的10^{16}倍，也许比细菌还大，是高能宇宙第一次大爆炸能量的"结晶"。据有的物理学家估算，如果磁单极子真的存在，那么它们在地球周围和宇宙中的密度极小，平均每10^{16}个质子中只有一个磁单极子。

"大统一理论"所预言的那种磁单极子大概很难发现，因为按物理学上核的尺寸，大多数单极子是慢粒子，慢粒子对物质电离作用较弱，需要有极大功率的探测器才能发现它们。

1982年2月，35岁的美国物理学家凯布雷拉宣布，他找到了磁单极子。他把一个电阻为零的铌线圈放入一个超导铝箔圆筒内，这个圆筒能屏蔽掉外界磁场对铌线圈的影响。当磁单极子进入圆筒，穿过线圈时，线圈中由于磁单极子造成磁通量的变化，就产生了感生电流。这项实验所取得的数据，与磁单极子的理论完全符合。不过，以后凯布雷拉再也没有观察到那次实验中观察到的那种极为罕见的现象，别人做相同的实验也没有观察到。因此，至今还没有人能找到磁单极子存在的确切证据。

自从磁单极子的假说提出以来，已经过去半个多世纪了。通常来说，在这么长的时间里，一个假说如果不能被证实，那么就会被抛弃，而磁单极子却是个例外，很多物理学家仍然相信它的存在，仍然在热情地寻找它的踪迹。

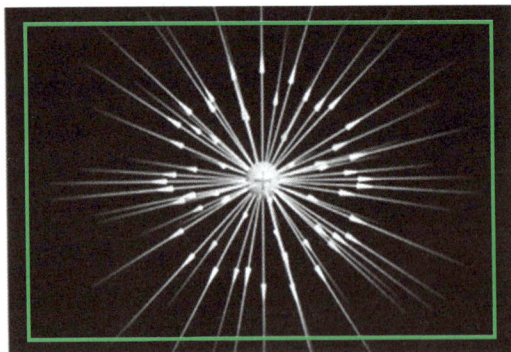

科学未解之谜

存在分数电荷吗？

当人们还不了解电的本质的时候，认为电是附着在物体上面的，因此就把电称为电荷。习惯上也把带电体本身简称为电荷，如运动电荷、自由电荷等。

现代科学则告诉我们，许多基本粒子都是带电的，有的是正的，如质子，有的是负的，如电子，电荷的绝对量都相等，电荷就是电量的最小单元。

早在1917年，美国科学家密立根就坚信物体的带电量一定是某个最小电量的整数倍，即自然界中存在着基本电荷。为了证明这个推断，他设计了有名的油滴实验，精确地测定了电子的电量，他花了三年多时间，测量了数千个油滴的电量，又对数千个杂乱无章的数据进行了归纳整理，结果找出了最小电量是 $e=1.59\times10^{-19}$ 库仑。这就是一个电子电量，也叫基本电荷。现在公认的基本电荷 $e=1.6021892\times10^{-19}$ 库仑。

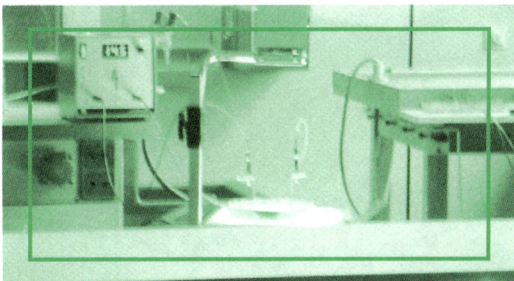

然而，1977年时，美国斯坦福大学的一个研究小组却提出了一份报告，宣称他们观察到了电量为1/3的分数电荷。他们所做的这个实验是把超导铌球悬浮在磁场中进行的。在此之后，他们又重复了这个实验，又观察到了分数电荷。但是其他一些研究小组在重做这一实验时，却没有观察到分数电荷。

美国弗吉尼亚大学的一个研究小组，用动力磁浮置法进行寻找分数电荷的实验。他们把直径0.2毫米的钢球浮置在一个磁体的磁场中，用气体电离的方法使钢球带电，再用放大器测量磁场线圈中感生的同样频率的交变电流成分，这样就可以测量出钢球所带电量的大小。

这个研究小组在实验中共用了24个钢球，对大部分钢球测量过两次，所得出的结果是，小球上电量的变化总是一个电子电量的整数倍，并未观察到分数电荷。

不过，钢球上找不到分数电荷并不等于铌球上也找不到，但问题在于，铌球上找到分数电荷的实验却未能多次有效地重复进行。这样一来，分数电荷到底存不存在就成了一个谜。

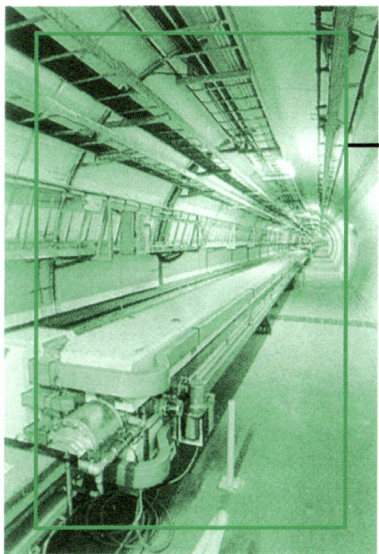

科学未解之谜

快子是不是真的存在呢？

根据爱因斯坦的狭义相对论，在我们生活的这个宇宙中，一切物体都无法以超过真空中的光速的相对速度运动。为了使物体到达光速，就得花费无限多的能量，而要推动它超过光速，就要花费比无限多还要多的能量，这简直是不可思议的。

然而，有的科学家却不这么认为。美国的两位科学家比纽克和苏达珊最先提出一种假定：存在着一种比光速还快的粒子，可以称作快子。在很长一段时

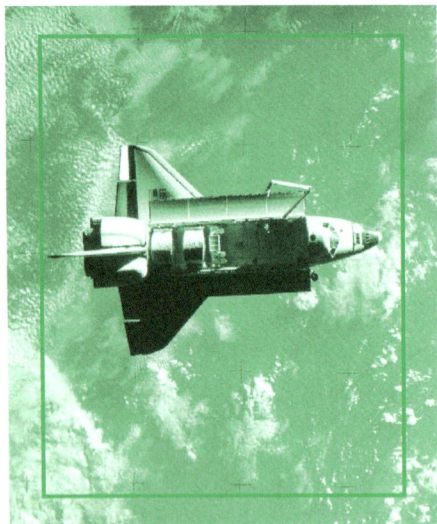

间里，人们对这种假定难以接受，因为一旦接受了它，相对论的大厦就会摇摇欲坠。直到1967年，美国哥伦比亚大学的杰拉尔德·范伯格，才确定了快子在科学中的地位。

范伯格认为，快子应该是存在的，只不过它具有负重力的性质，不像宇宙中其他物质那样是靠万有引力吸引的，而是互相排斥的。如果把我们的宇宙称作"慢宇宙"的话，那么快子就处在"快宇宙"中。在"慢宇宙"中，不运动物体的能量等于零，当它获得能量后，其运动就会越来越快；如果它获得了无限多的能量，它就会被加速达到光的速度。在"快宇宙"中，情况恰恰相反，当能量为零时，快子就会以无限大的速度运动，它得到的能量越大，跑得也就越慢；当它得到的能量为无限大时，其速度就会低于光速。

总之，在我们这个"慢宇宙"中，一个物体在任何条件下都不能运动得比光还快。而在"快宇宙"中，一个快子在任何条件下都不能运动得比光慢，光速是光子的最小运动速度，光速是两个宇宙之间的分界线。

那么，快子是不是真的存在呢？如果快子真的存在并以超光速在运动，那么它在飞过时就必定会留下一道可以探测到的光尾迹。不过，大多数快子都飞得极快，比光还要快几百万倍，即使是那些非常罕见的高能快子，以慢到接近光速的速度飞行，其速度也是快得惊人，很难捕捉到它的尾迹。

1934年，一位名叫巴维尔·切伦科夫的苏联物理学家观察到了一种蓝光，据说它就是快子飞过后留下的"尾巴"。物理学家把这种光称为"切伦科夫辐射"。1937年，苏联的另外两位科学家伊利亚·弗兰克和伊戈尔·塔姆，对切伦科夫的发现做出了解释，结果他们三个人分享了1958年的诺贝尔物理学奖。

为了探测"切伦科夫辐射"，人们还设计出了一种特殊的仪器——切伦科夫计数器，它只对速度非常快的粒子起作用，并且能够根据这种光的发射角度估计出那些粒子的飞行速度。如果快子真的存在的话，物理学家们就希望通过探测切伦科夫辐射来获得有力的证明。

光速能不能被超过呢?

　　根据相对论所做出的结论,光速在所有已知的速度中是最大的,任何物体的运动速度都不可能等于光速或超过光速,光速是自然速度的极限。

　　然而,科学家们一直也没有放弃过超越光速可能性的研究。假如有一天能够造出等于光速或超光速运动的火箭来,人们坐上它就可以追上地球上发出的光信号,从而看到地球上过去发生的事情。

　　根据经典物理学中的速度合成公式,相对运动的合成速度是可以相加的。比如,由以声速飞行的喷气式战斗机发射出一枚导弹,这枚导弹就会以两倍于声速的速度前进。同样道理,从光子火箭上向前发射一束光,它岂不是可以两倍于光速的速度向前传播? 实际上,这种情况是不会发生的。19世纪末,美国科学家迈克尔逊和莫雷合作做了一个著名的实验,证实了这样一个重要结论:光在真空中的速度永远不变,不管是在什么观察系中测量它,也不管发射光束的光源是否在运动,情况都是一样的。

　　大量事实都证明上述结论是正确的。目前世界上最强大的加速器都无法将带电粒子如电子、质子加速到光速。

　　相对论则从理论上阐明了这一结论。当物体的速度接近光速时,物体的特性就会发生意外的变化,其中之一是物体质量会随之增加,与光速越接近,质量增加得越大。如果物体的速度达到光速时,其质量就会变为无限大。要给一个质量无限大的物体加速,就需要有一个趋于无限大的力,这显然是不可思议的。

然而，尽管科学家们从实践和理论上做了这么多阐述，还是有不少人对光速不可超越的结论提出了怀疑。他们这样问："光波自身不就是以光速向前传播的吗？"按照相对论的推导公式，只有光子的静止质量是无限大，其速度才能达到光速，而这又是不可思议的。唯一的正确解释就是，光子的静止质量为零，运动中光子的质量为0/0，这个值可以是任何一个数值。可是，有不少物理学家在对光子进行探索中，却认为它的静止质量并不为零。有人还通过实验得出光子的静止质量小于$1.6×10^{-50}$千克。如果真是这样的话，相对论就要进行修正了。

在地球上，人们恐怕很难发现超光速现象，但在浩瀚的宇宙中，却可以发现这种奇异现象。早在1972~1974年，美国的一些天文学家就发现一个叫3C120的类星射电源，它自身的膨胀速度达到光速的四倍。在此之后，又有人发现3C273、3C345、3C249等类星射电源的各自两个子源的分离速度分别超过光速的7倍、10倍和19倍。近年来，天文学家又发现了十多个类星体，它们的两个子源的速度都达到了光速的7~8倍。

对于这些观测事实应该怎样解释呢？有人认为，这可能是天体引力场使光线汇聚产生引力透镜放大效应的结果，其实是一种假象，实际上并不存在超光速的事实。也有人认为，当类星体的两个子源以超光速的速度分离时，就好像直角三角形直角边上的两个点，它们在斜边上的投影点也可做超光速分离，这也叫投影效应。还有人认为，如果一个物体体积小于类星体无数倍，单位质量大于类星体，它所发射的电磁粒子的动量就会大于类星体许多倍，从而出现质量趋向无限大，因而它的速度就有可能大大超过光速。

到目前为止，还没有人能够肯定光速可以被超过，但是以往做出的光速无法超过的结论却受到了怀疑。那么，光速究竟能不能被超过呢？这个问题可能在很长一段时间里都会作为科学之谜存在。

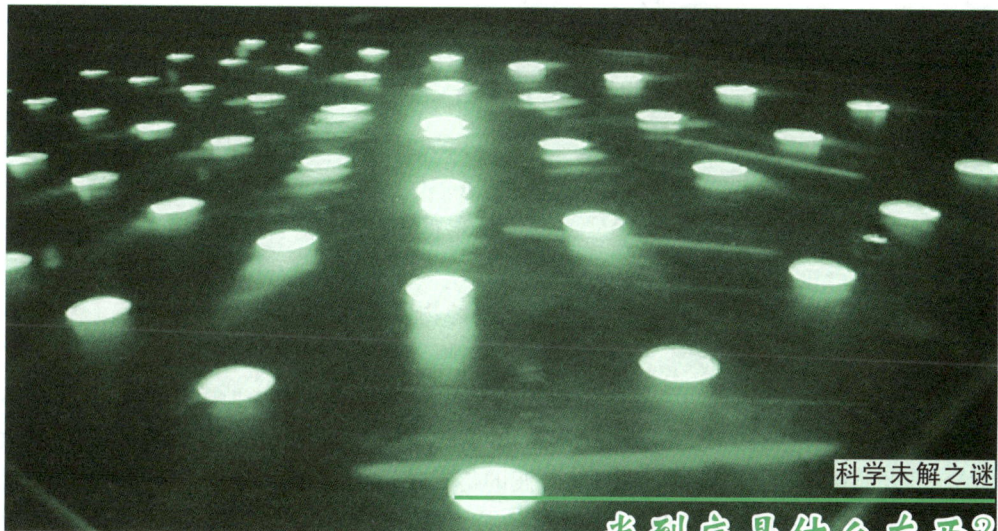

科学未解之谜

光到底是什么东西？

光是人们在日常生活中最熟悉的一种现象。白天有日光,晚间有月光,坐在屋里还可以接受灯光的照耀。总之,光给我们带来了光明。然而,光到底是个什么东西呢?

早在 17 世纪时,科学家们就对光的本质产生了浓厚的兴趣,他们做了大量实验,也提出了许多理论,并逐渐形成了两大学派:一派是牛顿主张的微粒说;另一派是由惠更斯提出的波动说。

1666 年,英国科学家牛顿做了探讨光的本性的第一个重要实验:让太阳光通过一块三角棱镜,经棱镜射出光束,成为一条按红、橙、黄、绿、蓝、靛、紫顺序排列的彩色光带。为了解释这个光学现象,牛顿认为,光是由弹性微粒流组成的,由光源发出,以高速做直线运动。牛顿以此为论据,阐明了光沿着直线传播的性质以及反射定律,也解释了光的折射现象。

与牛顿同时代的荷兰科学家惠更斯却认为,光是一种机械波,和声波一样,依靠媒质来传播。各种颜色的光波长不同,传播速度也不一样,波长越短,传播速度越慢,因此紫光偏折得最厉害。

自从微粒说和波动说提出后,科学家们就一直在进行着激烈的争论。但限于当时的实验条件,无法用实验事实来判断这两种学说的孰是孰非。不过,由于微粒说能够比较直观地说明光的直进现象,所以较易为人们所接受。

进入 19 世纪后,微粒说开始受到怀疑,英国物理学家托马斯·杨格发现了同一光源的两束光相遇后会产生明暗相间条纹的干涉现象。法国物理学家菲涅尔又发现了光能拐弯的衍射现象。这两种现象用牛顿的微粒说是无论如何也解释不了的。

虽然波动说一时占了上风,但它本身也存在着重大漏洞。振动的传播必须有弹性

物质,那么传播光的媒质又是什么呢?我们能够看到遥远太空中闪闪发光的星星,却听不到地球之外出现的爆炸声,这说明光可以通过真空传播,即传播光的媒质存在于真空之中。为了自圆其说,坚持波动说的人不得不臆造出一种"以太"介质。以太又是什么呢?这是一种极为神秘的又难以想象的物质,它无孔不入,不仅充满了整个宇宙,也渗透于一切物体之中。

使波动说在 19 世纪彻底战胜微粒说的是英国物理学家麦克斯韦。他总结了所有当时已知的关于电磁学的经验知识,预言了电磁波的存在:变化的电场和磁场以每秒 30 万千米的速度在真空中传播,即电磁波的传播速度恰巧等于光速。于是,他大胆地指出,光也是一种电磁波。1888 年,赫兹又用实验证实了电磁波的存在,但是电磁理论还需要用所谓的"电磁以太"为媒质,只是它代替了"机械以太"。

自从麦克斯韦的电磁理论确定后,光的波动理论似乎取得了最终胜利,人们觉得它可以圆满地解释一切有关光的传播现象了。然而,到了 20 世纪初,微粒说又东山再起。爱因斯坦指出,用波动说无法解释金属光电效应。当一束光照到某些金属表面上时,就会有电子跑出来。爱因斯坦用普朗克的量子理论解释了光电效应,由此证明了光量子的存在。由于这方面的成就,爱因斯坦获得了 1921 年的诺贝尔物理学奖。

那么,光究竟是什么呢?现代物理学家们在这个问题上达成了妥协,他们认为,光既有波动性,又有粒子性,也就是说,光既是粒子又是波,具有"波粒二象性"。光在传播过程中主要显示出波动性,可以用电磁波理论来解释;光在发射和它与其他物质作用时,就显示出粒子性,以光量子的形式穿过真空。从光子运动的统计规律中,人们可以了解到波动的结果;从电磁场的量子化中,人们又可以了解到光的微粒性行为。

对于以上解释,有不少科学家感到并不满意,他们提出了种种理由加以责难,并通过一些实验表明,"波粒二象性"实际上是自欺欺人,不过是在玩文字游戏,根本无助于问题的解决。实事求是地说,人类至今还不具备回答"光究竟是什么"这个问题的能力。

科学未解之谜

运动物体的温度会发生怎样的改变？

在讲解狭义相对论时，爱因斯坦告诉我们，如果一个人能跑得像光那么快，以至于跟上光线的话，会看到世界上的一切都变得异乎寻常：尺会变短，正方形会变成长方形，圆会变成椭圆，钟表会变慢，运动物体的质量会加重等。

运用狭义相对论的原理，人们很快建立起了相对论力学、相对论电动力学、相对论量子力学等等。在这些学科中，绝大多数的物理量运动的相对论变化，都可以用洛伦兹变换公式来确定。

洛伦兹是荷兰的物理学家，他在以太学说的基础上提出了高速运动的参考系与静止参考系之间的时间、空间坐标的变换形式，后来就被称为"洛伦兹变换"。

然而，在把狭义相对论运用到热力学上时，人们却对温度的相对论变换关系提出了很多不同意见。换个通俗的说法，就是运动物体的温度会发生怎样的改变。

1907 年，狭义相对论刚刚诞生两年，爱因斯坦和曾于 1918 年获得诺贝尔物理学奖的德国物理学家麦克斯·普朗克就把相对论应用于热力学，导出了热力学量的洛伦兹变换公式。他们采取的方法不同，但得出的结论却是完全一致的：运动物体的温度会变小，即运动物体会越变越冷。后来，人们就把这称为爱因斯坦—普朗克的运动物体降温说。

"降温说"提出之后，得到了物理学界的普遍承认。直到 1963 年，一位名叫奥特的物理学家才在他逝世后发表的一篇论文中，提出了完全相反的意见。他用另一种方法得出了新的结论：运动物体会变热，温度会升高。人们把他的结论称为"升温说"。

"升温说"问世后，有过一段一波三折的经历。先是有人对它做了详细的证明，可是不久有人指出了证明中的错误，反过来支持"降温说"。后来，又有人利用熵的洛伦兹不变性和辐射功率不变性，对奥特的"升温说"提出了一种新的推导方法，又得出了运动物体变热的结论。

"升温说"出现三年后，即 1966 年，兰德伯格又提出"温度不变说"，即运动物体的温度既不会升高，

也不会降低。他还提出了一个理想实验，以此来证明自己的观点。

除了以上三种学说之外，冯·凯普等人还提出了运动物体温度变化的第四种学说。这个学说认为，不存在着一个普遍适用的温度变换公式，在一定的条件下，"降温说""升温说"和"温度不变说"都是对的。

究竟运动物体的温度会出现怎样的改变呢？由于相对论热力学还是一个尚未建立牢固的学科，各种各样的意见还未得到统一，因而这个问题至今只能作为一个未解之谜存在。

科学未解之谜

摩擦力的本质是什么？

在日常生活中，人们对摩擦这种现象并不陌生。比如，在冬季结冰的路面上，行人很容易滑倒，但是撒上一层细沙后，就很安全了。又如人们为了减少机器内部零件的摩擦，便不时地添加润滑油。这些现象都与摩擦力有关。有人为摩擦下了这样的定义：摩擦是指互相接触的物体在接触面上发生的阻碍相对运动的作用，这种阻碍相对运动的力，叫摩擦力。由于摩擦力与人的生活息息相关，所以有关摩擦力的研究和探索一直在进行着。但是对于摩擦力的本质，人们已经争论了好几个世纪，至今仍没有完全弄清楚。

最早对摩擦进行实验研究的代表性人物是文艺复兴时期的达·芬奇。他对表面光滑程度不同的物质的摩擦做了比较，提出物体间的摩擦程度取决于物体表面粗糙程度的大小，表面愈粗糙，摩擦力愈大，即固体表面的凹凸程度是产生摩擦的根本原因。这一想法后来逐步被发展成为一种学说——凹凸说。该学说认为：物体表面无论经过何种加工，都必然留下或大或小的凹凸，这种表面凹凸不平的物体相互接触，就必然产生摩擦。有人对此做过这样一个比喻：固体表面的接触，犹如把一列山脉翻过来盖在另一列山脉上一样。由于它们的相互咬合，所以只有把凸部破坏掉，才能使之滑动，这便是产生阻碍相对运动的摩擦力的基本原理。这种学说在很长一段时间里，受到许多人的支持。

对于摩擦本质的另外一种看法是分子说。这是由英国的物理学家德萨古利埃提出的。他认为,摩擦力产生的机理在于摩擦面上的分子力交错所致。这个大胆的设想从正面反对了站在力学机械论立场上的凹凸说。该学说指出,物体表面愈是光滑,摩擦面愈是相互接近,表面的分子力相互影响当然随之增强,这样摩擦力也就增大。但是这种学说由于加工技术上的原因,一直没有得到实验的证实,因而人们对此很难接受。

进入20世纪以后,分子说开始得到强有力的支持。一个叫尤因的人首先指出因摩擦引起的能量损失,是因固体表面分子引力场的相互干涉所致,与凹凸程度无关。以大量的实验数据来证实分子说的是著名学者哈迪。他利用先进的研磨技术进行实验,结果发现,把两个物体表面磨光滑,它们之间的摩擦力可以减少。但是这种光滑水平达到一定程度时,摩擦力反而有所增加,甚至两个光滑的金属面能对合"粘"在一起。这正好证实了分子说的观点:两个物体表面的分子进入彼此的分子间的引力圈,两者间能产生强烈的黏合作用,并以摩擦力的形式显示出来。哈迪的实验为分子说提供了有力的证据,分子说因而获得了广泛的承认,并被进一步发展为黏合说。

然而应当指出,凹凸说并没有因分子说和黏合说的进展而被废弃,它与对立的分子说和黏合说都持之有据,言之成理。有人在这两者的基础上提出了包含凹凸说内容的综合性的现代黏合论。看来,有关摩擦力本质的争论还将继续下去。究竟敦是孰非,人们将拭目以待。

科学未解之谜

引力波存在吗?

就目前所知,自然界只有万有引力和电磁力是可以远距离起作用的力。那么,引力的本质是什么呢?它是如何传播和起作用的呢?究竟有没有引力波呢?这个问题一直吸引着许多科学家在进行不懈的探索。

牛顿创立的万有引力定律是人类对引力认识的第一个里程碑。在万有引力定律中,物体间的引力作用是瞬时(不需要时间)、超距(不需要媒介)传递的。法国天文学家、数学家拉普拉斯在他的名著《宇宙体系论》中说过这样一段话:"我

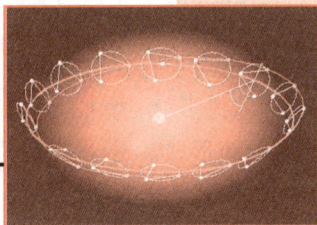

美国国家科学基金会(NSF)批准了一项耗资为 2.05 亿美元的激光干预引力波天文台升级计划。升级完成后,这台引力波探测器能对成千上万个星系展开监控,使找到神秘的引力波成为可能。

们可以确定引力的传播至少要比光速迅速 5000 万倍。因此,我们可以认为引力的传播是瞬时的,而不怕产生任何感觉得到的误差。"

20 世纪初,爱因斯坦提出的狭义相对论指出,宇宙中一切物体的速度不能超过光速,并揭示了时间和空间的相对性。既然如此,引力怎么能以超过光速的速度传播呢?爱因斯坦提出的广义相对论成功地解决了引力的理论问题,进而又从理论上预言了引力波的存在。那么,既然不存在超距、瞬时传播的引力作用,那么引力波的存在就似乎是理所当然的事了。

引力波既然是波,那么它的波动方程如何求得呢?是纵波还是横波?引力波有限的传播速度是否等于光速呢?这一系列理论上的问题需要逐一加以考察。

爱因斯坦从广义相对论中著名的引力场方程着手,为了突出主要因素,先假定空间和时间的弯曲足够小(相当于存在非常微弱的引力场)。在这种前提下,引力场方程就简化成了一种特定的新形式。这种新形式从某些特定的坐标系中看来是一个普通而标准的波动方程,它和电磁波的波动方程形式完全一样。这个特定的坐标系被称为爱氏坐标系。在爱氏坐标系中,在引力波波动方程中扮演波动传播速度角色的是光速 c。接着爱因斯坦又从理论上证明了引力波是横波,以及引力波不同于电磁波的其他特征。

爱因斯坦的学生英麦尔德又提出了新的问题。人们在做物理实验时,总要有一个实验室(一个特定的参照系),任何物理规律也同样必须由某一具体的参照系

科学已揭之秘

测定引力波

美国马里兰大学的韦伯教授是第一个从 20 世纪 50 年代开始就认真进行引力波测定工作的人。韦伯把一个大铅桶悬在真空室内,使它冷却到接近绝对零度($-273.15℃$),然后测定来自太空的引力波穿过铅桶时所引起的微小膨胀和收缩。后来,国际上许多研究者都效法韦伯研究引力波。遗憾的是,人们始终未能直接搜寻到引力波。其根本原因在于,引力效应极端微弱,使得处理引力的一些具体技术问题困难重重。

来表达。现在的问题在于,如果我们选择不同的参照系来做物理实验,是否会得出同样的结果呢?或在不同的参照系内总结出的物理规律的具体形式是否一样呢?也就是说,当我们通过坐标变换,将物理定律从一个参照系变换到另一参照系时,物理定律的形式是否保持不变呢?

英麦尔德的问题是:既然引力波的波动方程只能在爱氏坐标系中才成立,那就意味着爱氏坐标系有着特殊的意义。进一步分析表明,引力波的存在与否和参照系有关。这就等于说在不同的参照系中自然规律有可能不一样。这就迫使科学家们做出选择:不是广义相对论失效,就是这种出没无常的引力波纯粹是一场数学游戏。

直到1959年,科学家们才绕过这个怪圈,把引力波从困境中解脱出来。他们从理论上证明了一个静止的物体带有能量而且可以被探测到。只要有平面引力波存在,不管什么参照系都应该能观察到。于是,再一次表明各个参照系仍然是平起平坐的,广义相对论的基石没有受到威胁,同时引力波也没有沦为出没无常的幽灵。至此,引力波的理论工作大体完备了。

1974年10月,在波多黎各的阿雷西博射电天文台,美国科学家泰勒等人应用世界上最大的射电望远镜,发现了一颗脉冲星——PSR1916+16,这颗距地球1.6万光年的脉冲星,竟以每秒300千米的高速与一个黑暗的伴星互绕转动,但其转动周期在四年中缩短了0.4毫秒(即每年缩短0.1毫秒)。这意味着它的能量由于不断辐射引力波而在逐渐地损耗。泰勒把观测值与根据广义相对论理论计算值相比较,发现符合得很好。由此,间接地证明这颗脉冲星在辐射着引力波。四年之后,泰勒在国际天体物理学大会上宣布了这一观测结果,当即在科学界引起了轰动。我国广州中山大学的科研工作者也建立了一套引力波探测系统,其灵敏度业已进入世界先进行列。

美国加利福尼亚理工学院有人提出用激光"天线"来探测引力波,其方法是使激光束往返于地球与月亮之间,当引力波通过时,可测量这两个天体之间距离微小的改变。有的理论物理学家估算,银河系中每年至少有一次因星球的坍缩引起的重大引力波事件。由脉冲星和双星的每日强有力的运转,也应该提供连续不断的引力波。此外,在一年中,由黑洞吞掉的物质应当产生10~15次引力波的巨大变化。

科学家们一旦测到引力波,并能进行常规测定,

英国焦德雷尔班克 76 米直径射电望远镜

将会为人们提供首次(也是最好的)机会来研究恒星和黑洞中心所发生的巨大变动。引力波代表着物理学上一个令人振奋的新境界。有人设想,由于引力波不会被屏蔽,可利用它做穿透地球的通信联系。引力波也将成为宇宙的"电视"波,宇宙中的每一件大事都会作为一个节目而被播放出来。引力波的研究,将为宇宙观测打开一扇新的"窗口"。

要想最终证实引力波的存在,还得用直接的方法找到它。目前,各国科学家都在积极的探索中,将目前的接收灵敏度再提高 3~4 个数量级,达到稳定地接收到引力波所必需的灵敏度的程度,那时再进行决定性的实验,就可以对引力波是否存在得出结论了。

鸡毛和石块哪个下落得更快?

如果一个人站在高处,同时将一根鸡毛和一块石块扔下去,哪个下落得更快呢?当然是石块。这是一个人人皆知的常识。然而,鸡毛下降得慢并不只是因为它比石块轻,而是因为它体轻面积大,能产生浮力。假如把外在因素都排除掉,哪个下落得快呢?

这个问题已经争论了 2000 多年,至今也没有最终的定论,反而变得越来越新奇有趣。

最早对这一问题做出解答的是公元前 4 世纪的古希腊哲学家亚里士多德。他认为,重的物体比轻的物体下落快,如果让鸡毛和石块同时下落,石块落地快,鸡毛落地慢。亚里士多德的这种观点被当作权威意见,一直被信奉了 2000 多年。然而到了 16 世纪,这种传统观点受到了最有力的挑战。意大利物理学家伽利略巧妙地提出:如果把一个重物和一个轻物绑在一起,结果会怎样呢?这一问正好点中了亚里士多德的漏洞。按照亚里士多德的观点,重物下落快,轻物下落慢,二者绑在一起,快的必然变慢,慢的必然变快,其下落速度应比重的慢,而比轻的快。另一方面,重物下落快,那么轻物与重物绑在一起,自然要比重物还要重,下落速度应该更快,而事实却不是这样。伽利略不仅指出亚里士多德理论的自相矛盾之处,而且还通过著名的斜塔实验——两个铁球同时着地这一无可辩驳的事实,否定了这种理论的正确性。

至此,鸡毛与石块下落的快慢问题,似乎已经有了答案。用现代科学术语来说:在真空中,一切下落物体的加速度都是相同的。日常生活中我们所见到的重物先落地轻物后落地的现象,只是由于空气阻力的缘故。然而,随着科学技术的发展,科学家们再次对物体的下落运动产生了怀疑:各种不同物体下落加速度是不是完全相同呢?有没有微小的差异呢?

对此,美国物理学家菲施巴赫进行了细致的实验。虽然他发现物体下落的加速度随着材料的不同只发生微小的差异,但他坚持认为这足以证明不同的物质、不同化学结构的物体,其重力加速度是不同的。更令人吃惊的是,他认为造成这种下落加速度不同的原因,是地球和物体之间,除引力之外,还存在着微小的排斥力。这种排斥力后来被美国物理学界正式命名为超负载力。它的大小与物体内的质子、中子总数有关,但不一定与质量成一定比例。另外,它还与物体的化学成分有关,但具体原因却无人知晓。

超负载力的提出,使人们对物体下落速度这一问题产生了更大的兴趣。美国马萨诸塞大学的两位物理学教授多诺古和候斯坦,从不同物体的引力质量和惯性质量略有不同这一前提出发,推导出了不同物体具有不同的下落速度这一结论。他们认为,以量子的观点来看,所谓带电粒子,其实是一圈围绕"质子云"的粒子,这些质子始终被该粒子发射、吸收着,永远处于动态平衡的状态。这个过程改变了带电粒子的总能量。根据爱因斯坦的质能定律,能量的减少,意味着该粒子惯性质量的减少。一般说来,含有相同物质成分的物体,热的总比冷的要下落得慢,即引力加速度与物体的质量和温度有密切关系。

当然,这两位物理学教授得出的结论是很难进行检验的,因而人们对这种理论只能保持将信将疑的态度。

鸡毛与石块究竟哪个下落更快呢?这个看似简单的问题得到了越来越多的人的关注,相信科学家们总有一天会找到正确答案的

人类科学史上等待回答的未解之谜

33

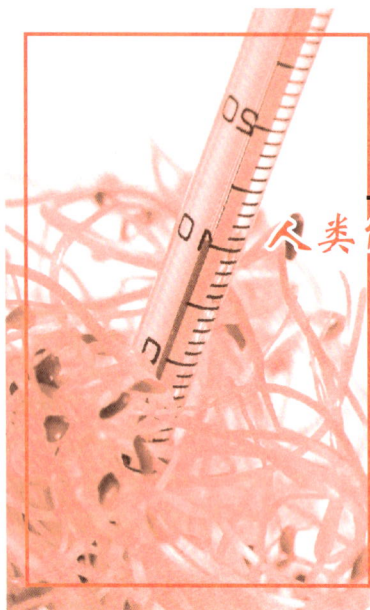

人类能在多大程度上接近绝对零度？

绝对零度又称最低温度。17世纪末，法国物理学家阿蒙通发现，在水的沸点以上，温度与气体压力成正比。他认为压力下降应有个限度，因此，温度下降也应有个限度，按他的推算，温度下降的限度是–24℃。

1878年，法国物理学家查理据此总结出一个定律：一定质量的气体，压力不变，温度每下降1℃，气体体积的缩小为其在0℃时体积的1/273。这样推算下来，最低温度应是–273℃。

19世纪末期，英国物理学家开尔文指出，温度下降1℃时，分子内能量下降了1/273，在最低温度时分子能量下降为零。开尔文将–273℃定作开氏温标的零度(0K)。开氏温标又称热力学温标，热力学温度与摄氏温度间的关系为T=t+273。根据精确的测量，0K应是–273.15℃。在科学上，又称这一温度为绝对零度。

人类能运用一定的方法达到绝对零度吗？早在18世纪末，人类就已经开始在朝这方面努力了。

18世纪末，科学家马伦在用氨气检验玻意耳—马略特定律时发现，当压力大于7个大气压时，即使不再增加压力，氨气的体积仍继续减少，因为氨气已开始液化了。后来，人们用加压法液化了不少气体。1823年，英国科学家戴维·法拉第在加热分解密封玻璃管中的氯化物时，发现试管冷端出现了液化的氨。由此可知，压力和温度都会影响液化。根据这个认识，人们又成功地液化了许多气体，但氧、氮、氢等仍无法液化，所以科学界一度认为它们是不可能液化的"永久气体"。

如果将液化气体慢慢降压，蒸发时蒸气仍然散逸，余下的液体温度下降，从而就能获得低温。1835年，人们用这种方法获得了–110℃(163K)的低温。

1861~1869年间，爱尔兰化学家安德鲁斯发现每一种气体都有一个临界温度，高于该温度时，即使加很高的压力，气体

开尔文

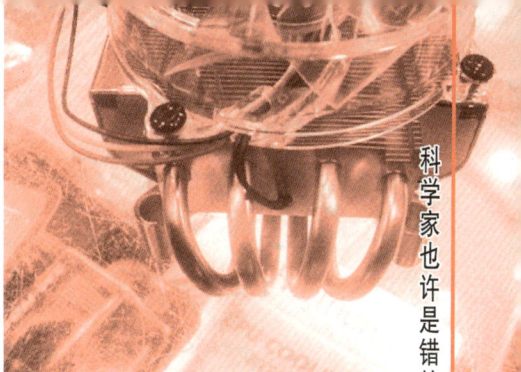

也不会液化。1872 年，范德瓦尔斯用分子运动论建立了物态方程，只要对某几种气体测出几条等温曲线，便可以用这个方程求出该气体液化的临界温度。1877 年，波克特用级联法（一种采用临界温度不同的气体逐渐蒸发冷却而获得较低温度的技术）在-140℃(113K)和 500 个大气压下使氧液化。几乎在同时，凯泰不仅液化了氧气，还液化了氮(90K)和一氧化碳(78K)。

氢气的临界温度又要低得多，无法用级联法液化。到了 1898 年，英国人杜瓦用多孔塞膨胀法才在 33K 低温下将氢液化。第二年，他又使氢固化成功，实验中他实际达到了 14K 的低温。1895 年在大气中发现了氦，氦是最轻的稀有气体，极难液化，甚至在杜瓦获得的固化氢的温度下，不论加多大压力，它仍是气体。

这次轮到了一个叫翁纳斯的荷兰莱登大学的教授来一展宏图了。他花了 10 年时间，在莱登物理实验所建立了巨型液化氧、氮、空气的工厂，又在实验所里建立了训练技工的学校，为向低温进军做了充分的准备。1908 年 7 月 9 日实验开始，10 日下午 4 时 20 分氦气循环开始，至 7 时半，最后几滴液态氢即将耗尽，仍未发现氦液化的迹象。正在翁纳斯失望之时，旁观的一位教授提出，或许氦已经液化。用灯从器皿下端一照，果然液面出现了，中央器皿中几乎积满了液态氦。另一教授还发现液面新月面与玻璃壁接触处界限模糊，与液态氢和液态空气的情况大不相同，可惜当时并不知道这是超流动性的一种表现。自然界中最后一种未被液化的气体终于液化了，实验中温度已低达 4.2K。后来，翁纳斯又获得了 0.7K 的低温。

叩开 1K 的大门以后，翁纳斯采用了更大的抽气机，去降低氦的蒸气压，企图达到更低的温度，但直至他临终仍无长足进步。绝对零度能不能达到呢？在氦液化成功的前两年，有人就提出一个假设，认为绝对零度是不可能达到的。现在，科学家通过物理定律可以确定，绝对零度是永远也不可能达到的。但是，在向绝对温度挺进的过程中，出现的现象是引人入胜的。

温度降到 1K 的过程中，科学家们发现了许多异常现象，比如液态氢蒸发时所需的热量异常低，在液氦温度下有超导电现象等，这些现象用经典物理学无法解释。1926 年德拜与吉奥克提出一种磁冷却法，用这种方法在 1957 年达到了 10^{-3}K，后来，又突破了 10^{-6}K 大关。目前，科学家用激光将原子冷却到绝对零度以上百分之一摄氏度，这是人类如今所能达到的最低温度，离绝对零度所差极微。

虽然绝对零度成了一个不可实现的希望，但科学家们在向这个目标挺进的奋斗却一直没有停止，这就引发了一个很有趣的问题：人类能在多大程度上接近绝对零度呢？或者说人类在自己制造的超低温世界里能与绝对零度有多大距离呢？这个问题只有留给献身于超低温研究的物理学家们来回答。

为什么会出现超导现象？

在金属导体内部，既存在着原子和带正电的正离子，又存在着自由电子。在外界电力的作用下，当自由电子在导体内部运动时就会与规则排列的原子和正离子发生磁碰撞，从而阻碍了电子的定向运动。导体这种阻碍电流通过的性质，就叫导体的电阻。

由于存在着电阻，电流在通过导体时就会损失电能。在长距离输电中，大约有1/10的电能损失在沿途上。有了电阻，还会引起发热，如果不能及时地散热，电机或电器就不能正常地工作下去。要是能找到没有电阻的材料该有多好呀！

1911年，荷兰物理学家卡麦林·昂纳斯在做低温实验时，偶然发现当水银冷却到零下40℃时，其电阻值逐渐减少。当温度降到4.15K(-268.977℃)时，水银的电阻不再缓慢减少，而是突然一下子降到了零。

昂纳斯的发现立刻引起了整个物理学界的注意，很多科学家都投身到这方面的研究中来，经过几十年的不懈努力，人们陆续发现还有几千种各种各样的金属、合金，在温度降到某一数值时，电阻也会消失。人们把这种电阻突然消失的现象就称为"超导现象"，而把具有超导电性的物质叫作超导体。

物质的超导性是相当宝贵的特点，一旦投入应用，势必会引起现代科技发展的重大变革，也会对科学技术的每一领域带来深刻的影响。然而要想让这一切变成现实，就需要揭开超导的奥秘，了解超导现象的微观机理。

早在1950年，英国物理学家弗罗里希就预言，超导体的临界温度与同位素的质量之间存在着一定的关系。所谓临界温度，就是导体从正常导电状态变为超导电状态时的转变温度。在这种转变发生时，同位素之间的电子分布状态是相同的，而原子质量是不同的。那么，超导的出现会不会是由于电子和晶格原子相互作用产生的呢？弗罗里希对于自己提出的这个问题一筹莫展。

1955年，由美国伊利诺斯大学物理学教授约翰·巴丁以及罗伯特·施里弗、利昂·库珀组成的一个研究小组，对超导现象的微观机理进行了深入探讨。经过几年的通力合作,他们终于完成了一套完整的超导微观理论，并由此荣获了 1972 年度诺贝尔物理学奖,这一理论以他们姓氏的头一个字母命名,称为"BCS 理论"。

BCS 理论认为,当两个电子的作用为吸引力时,就形成了相互束缚的电子对。两个电子结成电子对后,其中一个即使受到晶格振动或杂质碰撞而受阻碍,另一个也会起到调节作用,使电子通路不受影响,这就是产生超导现象的原因所在。某一个电子穿过晶格之后,周围的离子受其影响被聚集到一起,它们就会吸引另外的电子,但是电子并没有被吸住,而是在离子的间隙中溜掉,临近的电子溜掉后,离子又去吸引新靠近的电子。如此不断地吸引、溜走,就形成了电子的流动。

BCS 理论并非完美无缺,与实验结果也有不少偏差,于是科学家们又对它进行修正和补充。巴丁教授在参与提出了 BCS 理论后,又与他人合作提出了激子超导模型。该模型以电子—激子相互作用机制为基础，认为进入半导体的金属电子会通过激子来产生吸引力作用而配对,从而产生超导现象。

1968 年,美国科学家麦克米兰指出,BCS 理论实际上是一种电子—声子弱耦合理论,而他提出的是强耦合理论。根据该理论,超导与声子频率有关。声子软化到一定程度后,材料就会发生结构相变。他估计,以电子—声子相互作用为机制的超导体,其临界温度不可能超过 40K。

然而,这一理论极限后来被突破了。本来,要实现超导性,就需要极为昂贵的液态氦,还要花费很多电力,甚至远远超过利用超导材料省下的电力。于是,科学家们千方百计地去寻找高温超导材料。

寻找高温超导材料绝非易事。从 1911 年到 1973 年,人们花了 60 多年的时间,才把材料的超导温度从 4K 提高到 23.2K。1986 年 4 月,从瑞士传出喜讯,苏黎世 IBM 实验室的科学家们,利用绝缘材料获得了 30K 超导的结果。在这之后不到半年的时间里,又使超导温度达到 98K。进入 20 世纪 90 年代后,科学家们已经把超导材料的临界温度提高到 100K 以上，并大有向室温(300K)冲刺的势头。

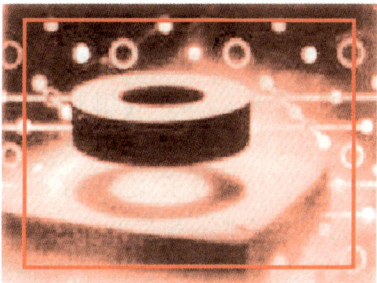

既然超导的临界温度超过了 40K,那么就势必要对原有的理论进行修正或更新。美国物理学家马

梯亚斯提出了一个"原子集团"假说,认为金属点阵中出现的原子集团,会抑制材料的结构相变,又能维持点阵的不稳定性。

另一位美国物理学家菲利普·安德森也提出了一个新的超导理论,认为电子不是互相吸引而是互相排斥,正是这种排斥使得电子与电子不断挨近、结合。

中国的一些科学家认为,在晶态和非晶态的半导体界面上,只要有一定的载流子浓度,就容易形成激子超导系统。

尽管科学家们对于超导现象提出了许多理论,但它们总是不具备普遍意义,常常是只能解释某些现象,而不能解释另一些现象。因此,直至今天,超导的微观机理仍然是一个科学之谜。

物质的颜色是怎样来的?

把西红柿放在太阳光下观看,人们会看到它是红色的。如果把它放在蓝光之下,人们就会看到它变成黑颜色的了。这是为什么呢?

原来,自然界中各种物质之所以是五颜色六色的,其奥秘全在于光线的反射和吸收。太阳光是由七种颜色的色光组合而成的,当它照射到西红柿表面上时,西红柿会把红色光反射回去,而把其他所有波长的光线都吸收了,所以它就呈现出红色。而蓝色中没有红色,当西红柿把蓝光都吸收后,看上去就成黑色的了。

由此可见,凡是不透明物体的颜色,既依赖于它所反射的光的颜色,也依赖于照射它的光的颜色。如果某个不透明物体能够把太阳的七种色光都反射掉,它就呈白色;如果某个不透明物体把投射到它表面上的所有色光都吸收掉,它就呈黑色。

那么,为什么不同的物质会吸收不同的色光呢?显然,这个答案只能到物质结构中去寻找。

科学家告诉我们,任何物质都是由分子构成的。物质的分子在外界的作用下(例如光照),会发生相应的电子跃迁、电子振动级跃迁和分子转动能级跃迁。通俗地讲,就是从能量比较低的地方跳到能量比较高的地方。正是这种跃迁,使得分子"吃"掉了照射到它上面的某种色光的光能,从而使该物质呈现出被反射掉的色光的颜色来。

不过,也有一些物质并不呈现颜色,这又是为什么呢?科学家认为,这也许是那些物质的分子不存在可以跃迁的电子,或者不存在能量较高的空轨道,也许虽然存在可以跃迁的电子和相应的空轨道,但这些分子所吸收的光并不在可见光区域,而在紫外光区域。所以,人们用肉眼就看不到它们具有什么颜色。

尽管科学家们从理论上解释了物质为什么会有颜色这个问题,但运用同样的理论却解释不了所有这个方面的问题。比如,根据理论计算,有些物质应该呈红色,但人们看上去却不是红色;有些物质应该是无色的,而实际上却是彩色的。这些情况都在提醒人们注意,也许是这些物质有着某种特殊情况,也许是目前关于物质颜色和物质结构的理论还存在着不完善甚至是错误之处,这些疑问都需要科学家们加以解答。

科学未解之谜

湍流是怎样形成的?

19世纪时,英国工程师、物理学家奥斯本·雷诺,把染料注入管道中缓慢流动的水中,这时染料显示出水是以直线或流线的形式流过管道的。水的这种运动就好像具有各种不同速度的流体层在平行运动,因而这种流动称为层流。当雷诺改用直径较大的管道做实验,并使水加速运动时,结果染料显示出水流产生的旋转、混合,变成了湍流。

在生活中,人们对于湍流并不陌生。比如,当长江流到三峡一带时,随着河道变窄,河水的流速陡然加快,河面上就出现了大大小小的一个个漩涡,河水有时左转,有时右旋,有时直泻,有时折击,真是千变万化,处处凶险。湍流并不只是在水中或液体中才有,在空气中也有。奔腾呼啸的台风,急速打旋的龙卷风,喷气飞机激起的颠簸气流,都能表现出流体湍流运动的特性。

人们在实际生活中还可以发现,浓度较大的或较黏的流体不容易形成湍流。从雷诺系数(反映流体变成湍流性质的数值)看,流动的水可达百万,糖浆只有0.1,而地壳下的岩浆还不到百万分之一,除非它在火山活动期间喷发出来,否则它是不会变成湍流的。

那么,湍流究竟是怎样形成的呢?它又是怎样运动的呢?

有些学者认为,湍流运动瞬息万变,捉摸不定,它的形成完全是偶然的、随机的,湍流的每一个点上速度极不规则，极度混乱。要想对运动流体做出准确描述，就必须知道所有初始条件，而要知道许许多多个初始条件却是不现实的，也没有什么意义。

还有一些学者认为，紊乱中必然存在着基本秩序，湍流并不完全是由随机因素引起的，它的内部也存在着基本秩序。这些学者认为湍流有着可以认知的原理，但这个原理到底是什么，他们的认识却出现了分歧。

物理学家哈洛认为，湍流的基本形式就是小漩涡或涡流。湍流中有成千的漩涡，它们一个接着一个，任何一个单独的小漩涡都与其他漩涡有关。

物理学家菲金鲍姆认为，流体是经过"倍增周期"现象变成湍流的。比如，以一定的频率摇荡容器里的液体，随着振荡频率的加快，雷诺系数不断加大，周期的次数也会加倍。雷诺系数进一步加大，周期数就再次加倍。经过无数的加倍周期后，最终就形成了湍流。

湍流问题被认为是流体力学中最根本、最困难的问题。虽然人们早就提出了种种观点和理论，但至今还没有出现一个完满的结论。

金属为什么会"疲劳"呢？

1954年，一架英国"彗星号"喷气式客机从罗马起飞，大约半小时后，在没有任何先兆的情况下，突然坠落，造成了机毁人亡的惨剧。

事故发生后，人们从海底打捞出了这架飞机的碎片，请来专家进行仔细分析，结果表明，这一事故是由金属疲劳造成的。

金属不是生物，既没有肌肉，又没有神经，怎么会像人一样疲劳呢？其实，这只是一种形象的说法，它指的是金属在外力作用下的破坏现象。

金属疲劳现象用肉眼是发现不了的，因为这种现象造成的事故也是突如其来地发生，直到临发生前，也没有明显的迹象能够察觉。不过，我们可以通过一个小实验来认识这种现象。请你找来一根细铁丝，不管你怎样用力拉，也不管你力气有多大，也不可能将它拉断。如果你用双手来回弯曲铁丝，那么很快就会使它折断。

从上边这个小实验中，我们可以发现，金属疲劳和人体疲劳有着本质的区别。人经过适当休息后，可以从疲劳中恢复过来，而金属一旦疲劳，不仅不能恢复，还会导致毁灭性的破坏。据统计，现代工业中零件的损坏，有将近80%是由于金属疲劳引起的。自从第二次世界大战以来，世界上已有几千艘船舶的沉没，几十座桥梁建筑的倒塌，几百起火车翻车事故，这些都是由金属疲劳引起的。

因为金属疲劳，一架美军F-15战机解体分为两半。

那么，金属为什么会疲劳呢？早在1839年，法国的彭赛就首先论述了金属疲劳问题，并提出了"金属疲劳"这一术语。到了19世纪50年代，德国人沃勒首先得到了表征疲劳特征的S-N曲线，并提出了疲劳极限的概念，从而为这方面的研究奠定了基础。在此之后，人们对金属疲劳现象进行了大量研究，使之不断发展成为一门综合性的应用学科，取得了很多研究成果，但有关疲劳破坏的机理还没有完全搞清楚。

金属疲劳有各种各样。当金属受到酸碱的腐蚀时，一些部位的应力就比其他部位高得多，加速裂缝的形成，这叫"腐蚀疲劳"；机械的螺栓、铆钉接头等连接件，经常会发生摩擦损伤，这叫"擦伤疲劳"；有一些材料物件在高温环境下受力，很容易产生"热疲劳"；在噪音环境中工作的物件，容易发生"噪音疲劳"。

金属疲劳的表现方式虽然各不相同，但科研人员认为，其中的机理应该是一样的，于是他们提出了各种解释。近年来出现的比较有影响的是疲劳裂纹扩展理论。这种理论认为，金属材料表面和内部的结构并非十全十美，在冶炼、轧制和机械加工过程中，往往会产生一些气孔、砂眼、夹碴和划痕等缺陷。这些毛病虽然小，但是在交变力的作用下，便会产生裂纹，并且会随着时间而逐渐加深，直至承受不了外力的作用，最终产生断裂。有关研究人员曾用三架"彗星号"飞机在实验室里进行过模拟实验，在经过了上千小时的运行后，金属材料果真产生了小裂纹。在这方面的研究中，科学家们已经提出了几十个裂纹扩展公式，但都是近似公式，没有把影响裂纹扩展的一些主要因素完全考虑进来。

还有一种理论是疲劳累积损伤理论，这是说明疲劳裂纹形成的重要理论。目前已经建立了几十个损伤理论，包括线性理论、修正理论经验公式和半经验公式等，但都存在着很大的局限性，只能在特定的条件下使用，所以需要找到一个合理的统一理论。

此外，还有人提出了循环软化、滑

移、位错、空洞合并和拉链等理论来解释金属疲劳现象,但都没有获得一致认同。

金属疲劳是现代工业的一个隐患,因此,科研人员不但要弄清金属疲劳的机理,还要找到对付金属疲劳的办法,对现代化工业设备采取预防和保护措施。在这方面,人们通常采用的一个办法是改进机器零件的结构,尽量减少不连续的部位,使受力比较均匀。另一个办法是借助压缩空气流把金属小球或玻璃小球均匀地喷射到金属制件的表面,使其表面获得压力,抵消掉一部分疲劳的损害。研究人员还在不断努力,以便找到更多更有效的办法,彻底战胜金属疲劳这个"敌人"。

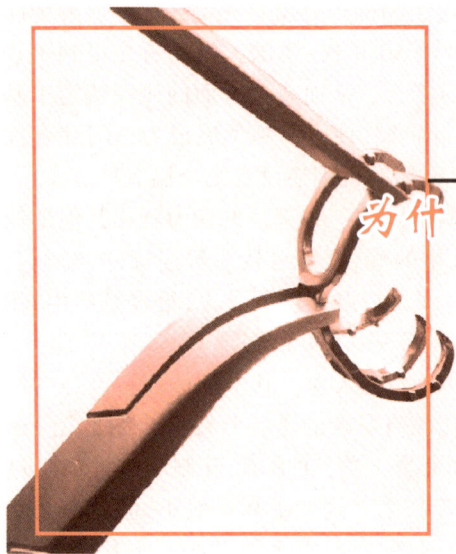

科学未解之谜

为什么有的合金会有"记忆力"?

1958年,美国海军军械实验室的巴比勒在一个偶然的机会里,发现镍钛合金竟然像人一样,也有一定"记忆力"。在室温下,镍钛合金硬如钢铁,把它放入冷水中后,就会变得像保险丝一样柔软。这时候把它弯成一定形状后,再把它浸入温水中,已经弯曲的镍钛合金就好像恢复了"记忆力",立刻就会弹成弯曲之前的直线形状。如果再把它放进冷水里,它还会变成刚才的弯曲形状。

这一发现引起了科学家们的极大兴趣,他们立刻意识到这有可能开拓出一个科技新领域,于是纷纷投入到这一研究中来。目前,世界各国已研制成几十种有记忆能力的合金,如金镉、钛钴、钛铁、锆铷等,其中最有代表性的是镍(51%)钛(49%)合金。这些合金都具有"热记忆"或"冷记忆"的特性,因而科学家们把它们称为"记忆合金"。

科学家们把记忆合金的记忆本领称为"形状记忆效应"。这种效应又可以分为两种:一种是单向记忆效应,它只能记住高温时的形状,冷却后却不能记忆低温形状;另一种是双向记忆效应,既能记忆高温形状,又能记忆低温形状。记忆合金还有一种超弹性效应,它是一种类似橡胶变形的行为,随着外力的去除,能全部回复原来的形状而不会永久变形。

为什么无生命的合金材料会有"记忆"呢?关于记忆合金的作用原理,科研人员虽然进行了大量阐述,但至今还未能完全讲清楚。通常的解释认为,记忆合金的内部有一种特殊的可逆结构变化。在受到很大的外力作用时,记忆合金内部的金属原子可以暂时离开自己原来的位置,被迫迁移到邻近的位置上,并暂时留在这个位置上。这时,我们就会看见记忆合金改变了它的形状。如果通过浇热水或阳光照射对变形的合金进行加热,金属原子由于获得了运动所需的足够能量,同时在原结构合力的作用下,又会重新回到原来的位置上去,于是它就恢复了原来的形状。

科学家们使用电子显微镜对记忆合金进行了大量观察,结果发现,当温度发生改变时,合金内部的晶格结构就会发生种种变化,比如镍钛合金在冷却到一定温度时,其晶体结构就会由立方晶格变为菱形晶格,这一转变被称为"马氏体转变",这时合金就会变得非常柔软而极易变形。当温度升高到一定程度时,其结构又会从菱形晶格转变为立方晶格,从而呈现出形状记忆效应。许多科学家认为,记忆合金的奥秘就在这里。

另外,科学家们还发现,记忆合金的形状记忆效应又与合金的成分、唤醒记忆的温度有一定关系。比如,将镍和钛这两种金属对半掺和,其合金的唤醒温度为80℃;如果把镍的比例减少千分之一,使钛的比例相应增加千分之一,合金的唤醒温度就会下降到70℃;当镍的比例降为45.5%,钛的比例增加到54.3%时,合金的唤醒温度恰巧是0℃。

人们在探索记忆合金奥秘的同时,又在积极地利用记忆合金神奇的记忆功能。据称,目前已有100多种记忆合金器件获得了专利。在航天技术方面,它更是大显身手。比如,科学家们曾经研制出了一种登月用的月球天线,它像一把撑开的大伞,占的空间很大。如果把它按原样放在宇宙飞船里,就会占去很多宝贵的空间。如今用记忆合金来制作这个天线,在低温下把它折压成小球一样大,装入宇宙飞船。进入太空后,被太阳一加热,它就会立即打开,恢复原来的形状并开始工作。

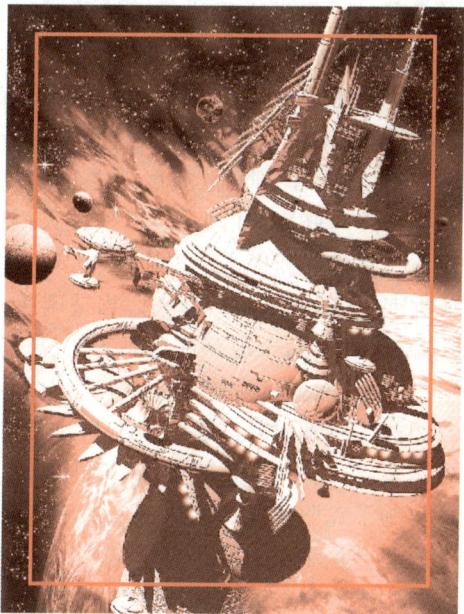

1973年,美国发明家奇韦·班克斯还用记忆合金制成一个模型。它由一个水平放置的轮子和两个水槽组成,轮子的辐条上固定着一个U形的镍钛合金丝,一个水槽里装着50℃左右的温水,另一个水槽里装着25℃左右的冷水。当U形镍钛丝经过热水槽时,就会凭"热记忆"弹直,这种弹力的一部分就会驱动轮子转动。当镍钛丝经过冷水槽时,又会凭"冷记忆"弯曲成U形,把能量蓄积起来。这个模型做成后,轮子转了几十万次后仍未见减速,镍钛合金丝经过上万次的歪曲,也没有因为金属疲劳而折断。人们把这台模型称作班克斯热机。1980年,班克斯又制成一台 20 瓦的记忆合金热机。

班克斯的发明使很多科学家激动不已，他们预言这将引发一个划时代的革命。如果能够制造出几百千瓦甚至几万千瓦的记忆合金热机，那么就会彻底改变世界范围内的能源结构。要知道，这种热机既不烧油，又不耗电，只需要相差几十度的水温，而且不会排出废气、废料。这既可以开发新能源，又不会污染环境。

然而，按照热力学第一定律，能量不能自生也不能自灭，班克斯热机如果会像永动机一样工作，那么记忆合金在冷水中弯曲所耗的能量就要总是小于它在热水中弹开所释放的能量，这是怎么回事呢？有的科学家认为，热力学第一定律并没有错，问题在于人们对于记忆合金的奇妙特性还没有认识清楚。很显然，这种解释的说服力并不强，而具有很强说服力的解释目前还没有出现。

科学未解之谜

硼锰合金为什么不会热胀冷缩？

一般来说，物质都有热胀冷缩的特性。当温度升高时，组成物质的分子就会打破松散的排列，开始独立地运动，进行拥挤和碰撞，其结果就是迫使所有分子分开得远一些，物质就膨胀了，密度随之减小。反之，当温度下降时，分子间的距离变小，物质就会收缩，密度随之变大。

物质热胀冷缩的原理，已经被人们广泛地应用在日常生活和生产中。比如，乒乓球瘪了，浸入开水中烫一下，球内空气受热膨胀，压力变大，就会重新鼓起来。当玻璃瓶上的铁盖子拧不开时，可以把它倒过来放在热水中浸一下，由于玻璃膨胀系数小，铁盖子膨胀系数大，瓶口和铁盖子之间的缝隙就会变大，自然就容易拧开了。

热胀冷缩也会造成很多不利的后果。比如，高压输电线如果拉得较紧，在寒冷的冬季里，电线一收缩，就会绷断造成事故。

为了克服热胀冷缩所带来的不良影响，科学家们一直在努力寻找膨胀系数很小的材料。这种努力终于有了结果，日本东京大学的可知教授，找到了一种膨胀系数几乎等于零的合金——硼锰合金。

钟表中的钟摆和游丝,其膨胀系数不能大,否则钟表走时的误差就会变大。

可知教授按照一定比例,把硼和锰元素混合在一起,然后均匀地放进坩埚里,加热到1200℃,再经过加压,硼元素就均匀地分布在锰中,于是就得到了硼锰合金,这种合金在25~300℃之间膨胀系数几乎等于零,它的硬度又可与金刚石媲美,而且导电和导热性能也良好。

为什么硼锰合金几乎不受热胀冷缩规律的制约呢?它的硬度又为什么这么大呢?这些问题都需要科学家们做出解答。

科学未解之谜

闪电是怎样产生的?

在古老的传说中,闪电是天神发怒造成的。这个说法显然是不科学的,然而要想对它做出科学的解答却并非易事。早在1752年,富兰克林曾经通过风筝实验证实了当时许多科学家的猜想:闪电实际上就是电火花。但是直到今天,科学家们仍然搞不明白这种壮观的闪电景象到底是怎样发生的。翻腾不息的云朵为什么会突然变成"高压发生器"?雷电云层中怎么会极化出大量的正负电荷呢?要想得到这个问题的答案,远比用风筝把雷电引到地面上来困难得多。

为了揭开闪电之谜,科学家们想出了各种各样的办法:将气球放到雷电云层中进行探测;派飞机围绕云层飞行,甚至穿过雷电云层;用火箭触发闪电。但是,在神秘的闪电面前,这些办法显得毫无用途。

从已有的资料来看,雷电云层只要超过3.2千米时,就有可能产生闪电。云层上部的温度往往很低,带有正电荷;云层底部温度较高,带有负电荷。当正负电荷之间的电场足够强时,就会击穿空气绝缘层,产生闪电。就一般情况而言,云层越厚,顶部温度越低,上下的温度相差越大,所产生的电场也就越强,雷电也就越激烈。

但是，到底是什么驱使正负电荷分开的呢？不少科学家长期以来一直以为，降雨也许是原因。最流行的解释是，以大雨滴或非球的形式倾泻下来的雨水携带着负电荷，而像小尘粒和冰晶这样带正电荷的微粒就在云层上部积累起来，结果产生了足以引起闪电的电场。为了使这一假说得到证实，一些美国科学家曾经用雷达来测试闪电产生之后降雨速度有无变化。他们是这样想的：如果说降雨产生了雷电，那么雨滴就是抵抗大气电场力而前进的，从而降落受到了阻碍。闪电之后，电场就会减弱，降雨的速度就会相应加快。但是，他们观察的结果表明，闪电与降雨是没有这种关系的。

英国一位科学家提出了另一种解释：最初充电过程产生了小雹块与冰晶或极冷水滴的碰撞。雹块撞裂开后，带正电的冰粒聚集在云层上部，而带负电的、较重的碎雹粒继续下降，形成了云层下方的负电极。但是如果用降雨来解释闪电，未免会有一点儿牵强的意思。我们大家都知道，在降雨之前也经常会发生闪电现象。为什么在温度高于冰点的云层中、在尘暴发生之际、在火山爆发时也会产生闪电呢？

与上述看法不同的科学家们认为，雷电云中的电荷是在云层外产生的。大气中的过量正电荷被吸附于上部云层里，它们又吸引云层上方大气中的负电荷，这些负电荷就附着在不断被气流裹挟而下的云粒上。正负电荷的分离正是这些上下运动的剧烈气流的作用。

然而，这一假说像其他各种假说一样，没有得到证实。人们还必须多多了解雷电云的内部作用过程，方能令人满意地解释闪电现象。即使解释了闪电是怎样产生的这个自然之谜，还会有许多关于闪电的疑问在等待着我们去解决。比如说，为什么闪电经常像树枝一样分布于天空中？为什么闪电总是那样一种怪模样的"之"字形呢？为什么在陆地上产生的闪电较多，而在浩瀚无际的大海上却极少产生闪电呢？为什么雷电本应击毁高处的物体，可有时却偏偏将低处的物体击中呢？面对着这些问题，科学家们至今还是无能为力。

球状闪电为什么会爆炸？

在自然界中，闪电的形状是多种多样的，有树枝般的线状闪电，有东闪西烁的片状闪电，还有火箭状、珠链状等闪电。但最奇特的还要算球状闪电。它是在空气中飘浮游动的团状火球,有粉红色、红色、黄色、蓝色或白色等,直径从几厘米到几十厘米。它最喜欢钻洞,有时候它会发出咝咝的叫声，然后一声闷响就消失了。春夏季节见到球状闪电的时候最多,但有时在冬天也可以看到。

在一般情况下,球状闪电是无害的。但由于它能轻而易举地穿过玻璃,有时还会产生定向爆破,释放出来的能量相当于10千克炸药的威力,可以把人炸死。因此,当这个不速之客闯到你身边时,千万不要去碰它。

球状闪电是什么东西呢？这个问题长期以来使科学家们争论不休。很多人认为,它是一种密度不大的冷等离子团,即便是极强的空气流,也改变不了它的球体形状。

苏联科学家德米特里耶夫在一个偶然的机会里,初步揭开了球状闪电的秘密。那是一个夏季的傍晚,雷雨交加,他看到一个火球向树林中冉冉飘去,缠绕在树枝上,最后熄灭了。他在树下采集了一些空气样品,带回实验室化验,发现其中臭氧和二氧化氮多得异常,因此推测球状闪电里所含气体可能发生了剧烈的化学反应。

1979年,苏联科学家制造出了一种球状闪电的模型,并进行了一系列实验,证明它内部的氮在高温下,能同臭氧生成二氧化氮,而二氧化氮也能使臭氧分解,它们的寿命从1秒到40分钟。球状闪电从生成到消失也在几秒到几分钟之间。

科学家们认为,如果能够最终解开球状闪电之谜,就可以帮助人类解决未来的能源。

那么,球状闪电为什么呈球状,又是如何穿透缝隙的呢？苏联科学家根据流体力

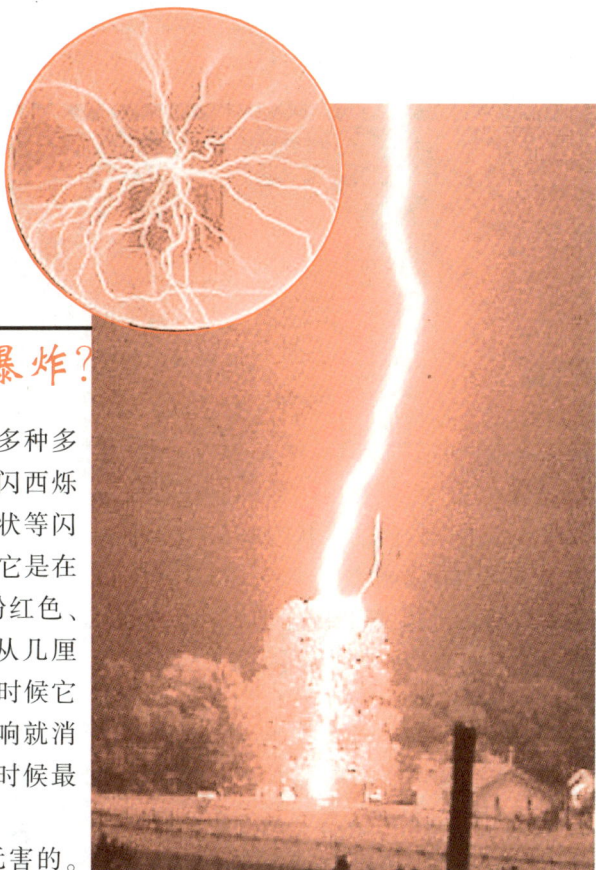

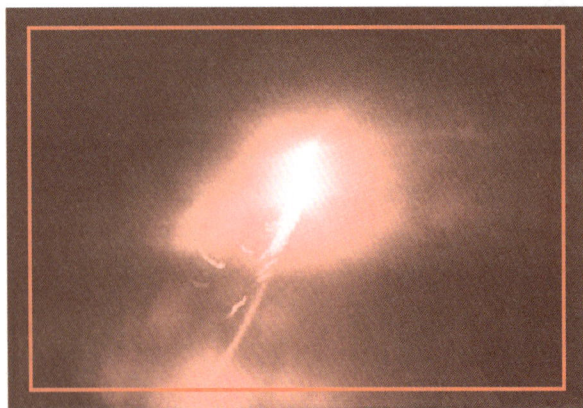

学的原理,对这两个问题做出了新颖的解释。他们指出,如果有两种密度相同而互不相容的液体,当将其中一种液体滴一滴到另一种液体中,那么滴入的液体在另一种液体中必然呈球状。冷等离子团与空气之间的关系与之相仿。

他们又指出,在缝隙处一般都会形成穿堂风,而裂缝处室内和室外气压不同,整个球状闪电被穿堂风带入室内。这时的球状闪电本已变形,但由于新环境中气压处于平衡状态,所以又重新聚拢收缩成球状。

目前,人们对球状闪电已经有了初步认识,但它到底是由什么组成的?爆炸的能量是从哪里来的?为什么会定向爆炸?这一连串问号至今仍然是个谜。

1981年1月的一天,一架"伊尔-18"飞机从苏联黑海之滨的索契市起飞。当飞机升到1200米高空的时候,突然一个直径为10厘米的大火球闯入飞机驾驶舱,接着就是一声震耳欲聋的爆炸声,随即火球就消失了。几秒钟后,它令人难以理解地通过了密封的金属舱壁,在乘客座舱内重新出现。它在惊讶的乘客头上缓慢地飘浮过去,到达后舱时分裂成两个半月形,随后又合并到一起,最后发出不大的声音离开了飞机。

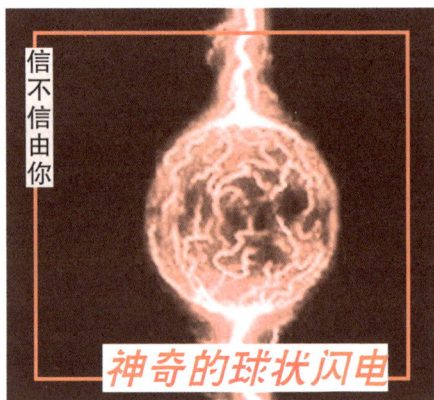

信不信由你

神奇的球状闪电

驾驶员立即驾机着陆,检查时发现飞机头部和尾部各有一个大窟窿,但飞机内部却没有任何损伤,乘客也没有受到任何伤害。

这种奇特的球状闪电在世界上许多国家和地区都留下过踪影。1837年,一个大火球穿过玻璃跑进一户人家的壁炉里,又滚落到地板上,像一只蜷成一团发光的小猫。当火球滚到主人的脚边时,主人躲闪开来,它便从天花板溜进烟囱,轰的一声把烟囱炸塌了。

在西欧某地,一个雷声隆隆的夜晚,有人看到从树上滚下一个黄色的火球。它由黄变蓝,由蓝变红,越来越大。当它与地面接触时,发出一声巨响,变成三道光线向三个方向飞去,其中一道光线把一个行人击倒了。

第二辑 化学之谜

科学未解之谜

自然界中的各种元素是从哪里来的?

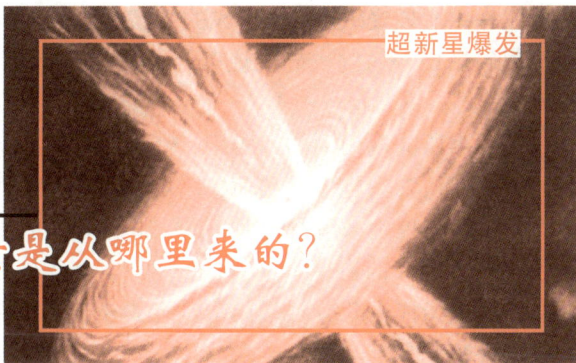
超新星爆发

大千世界里有各种各样的数不清的东西,它们到底是由什么组成的呢?化学家们在对这些各式各样的东西进行分析之后,发现它们都是由为数不多的一些最简单的物质组成的。人们把这些组成万物的最基本的物质就叫元素。

那么,自然界中的那么多元素又是从何而来的呢?它们是如何演化的呢?

自从 20 世纪 40 年代开始,科学家们就对元素的起源和演化展开了研究,提出了不少学说,如平衡过程假说、中子俘获假说、聚中子裂变假说等,但由于这些假说都不能比较全面地说明宇宙中元素的相对含量,因而不能得到广泛承认。相比之下,很多科学家都比较赞成恒星中生成元素假说。

科学家们早就注意到了,凡是在其他星球上发现的元素,我们地球上都有,反之也是一样。这种现象就提示我们,元素的生成和演化是发生在宇宙中的一种普遍现象,而不是地球上所特有的。于是,在 1957 年,由布尔毕基夫妇、佛乐、霍意四位科学家共同提出了"恒星中生成元素假说"。这个假说认为,大部分元素都是在恒星演化过程所发生的核反应中生成的。这一假说又称为 B2FH 理论,B2FH 是由上边提到的四位科学家姓名的第一个字母组成的。

当星际物质依靠引力收缩形成原始恒星时,它的中心温度高达 700 万~1000 万度,恒星内部就会发生

科学已揭之秘

元 素

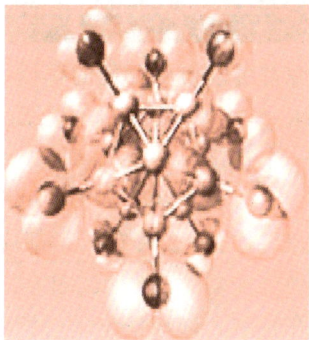

1923 年,国际原子量委员会做出决定,把核电荷相同的一类原子称为一种元素。到今天为止,人们已经发现的天然元素总共有 93 种,此外的全都是人造的元素。大自然中的 600 多万种化合物种类,都是由这 93 种天然元素之间的种种排列组合构成的。比如水就是由氢和氧这两种元素组成的,一氧化碳和二氧化碳是由氧和碳这两种元素结合而成的。

核反应——氢燃烧。氢燃烧形成的"灰",就是氦元素。随着恒星温度的进一步升高,还会出现碳燃烧、氧燃烧、硅燃烧等等,这样就会不断产生出新的元素,直至产生较重的铁元素。

在人类所能观测到的宇宙中,氢元素最多,氦元素次之,接下来是碳、氮、氧等。总之,元素越重,含量越少。然而,在铁附近的元素含量却突然增多起来,这是为什么呢?

用B2FH理论来解释这种现象,那就是恒星产生出铁元素后,内部的核反应就停止了。质量很大的恒星不会"寿终正寝",而会在死亡前发生超新星爆发,这时它所释放的巨大能量能在几分钟之内将铁元素生成一系列重元素,如铀、钍等,所以它们的含量就格外多起来。

随着超新星爆发,储藏在恒星内部的各种元素就被抛入茫茫星际空间,使原先仅含轻元素的星际物质受到较重元素的"污染"。这样一来,新的原始恒星形成后,其中就含有了较重的元素,它们又继续演化,生成一批又一批新的元素。

B2FH理论虽然得到了很多科学实验的证明,但是它也不能解释清楚所有与元素生成及演化有关的问题。比如,恒星最初形成时的氢元素是从哪里来的?重元素果真是在超新星爆发中产生出来的吗?超铀元素是地球上所没有的,只能通过人工合成的方法获得,而在宇宙中别的天体中却有,这是为什么呢?有的科学家曾在超新星的光谱中找到了超铀元素锎,这又说明了什么呢?以上这些问题还都有待于科学家们进行更深入的探索。

锂、铍、硼这些元素是怎样形成的?

根据布尔毕基夫妇等人提出的元素在恒星中演化的理论,许多化学元素的起源都可以得到合理的解释。比如,氦在1000万度的条件下进行燃烧,就会由氦聚变为碳-12核和氧-16核等;而氦核是由氢在700万度的条件下燃烧时,四个氢核聚变为一个氦核。

从以上两个例子就可以看出,元素的生成离不开恒星内部的高温高压条件。既然是这样,那么所有元素都应该是耐高温高压的,而实际情况却并非如此,有些元素就极为脆弱,如锂、铍、硼等,一旦温度升高,它们就会被破坏,锂在空气中就会氧化,铍在稀酸和碱溶液中就会溶解,硼在自然界中一般也不能单独存在。那么,这三种元素又是怎样形成的呢？

根据大量的研究结果，大多数科学家都认为质子聚变是生成锂、铍、硼元素的主要过程。在银河系空间，充满了巨大的低密度气体和尘埃云，它们就是所谓的星际介质。星际介质中含有大量碳、氮和氧，当宇宙射线穿过星际介质时，那里的高能质子流和α粒子流就会猛烈撞击星际介质中较重的元素，使它们发生分裂，从而产生出锂、铍和硼。由于星际介质那里的温度远远低于恒星内部，所以适合于锂、铍和硼的存在。

科学家们还提出了种种模型，对锂、铍、硼的起源进行解释。有一种模型认为，超新星爆发后向内爆聚产生的激波通过恒星外层时，就会产生出锂、铍、硼。但有人对此提出了疑问，激波后面的温度太低，怎么能产生出生成锂、铍、硼所需要的高能粒子流呢？

目前，大多数科学家倾向于认为，在宇宙空间中，宇宙射线撞击较重的元素氮、碳等，就可以产生出锂、铍、硼等轻元素。通过粒子加速器进行模拟实验，也证明这种假设是正确的。

然而，以上解释还不能说明锂、铍、硼等元素的宇宙丰度（即元素在宇宙的平均含量）为什么比较低这个现象，因此，这三种元素的诞生之谜，就不能说完全揭开了。

科学未解之谜

世界上还会发现新的元素吗？

宇宙万物形态各异，但实际上都是由元素构成的。今天，科学家已经发现的元素总共有 109 种。然而，世界上的元素就这些吗？人们还会不会发现新的元素呢？

我们知道，元素的发现史是相当漫长曲折的。1869 年，俄国化学家门捷列夫发现各种元素的性质都有周期性的变化，根据这种变化，他将已知的元素排了一个周期表，这就是著名的"门捷列夫元素周期表"。在这张表上，当时共有 63 种元素。可是，这位科学家清楚地知道，还有许多元素等待着人们去发现，因为在周期表上还有许多"座位"空着。门捷列夫特意预言了 3 种元素，将它们的物理性质和化学性质详细地列了出来。果然，在不到 20 年的时间里，这 3 种元素都被科学家找到了，它们的性

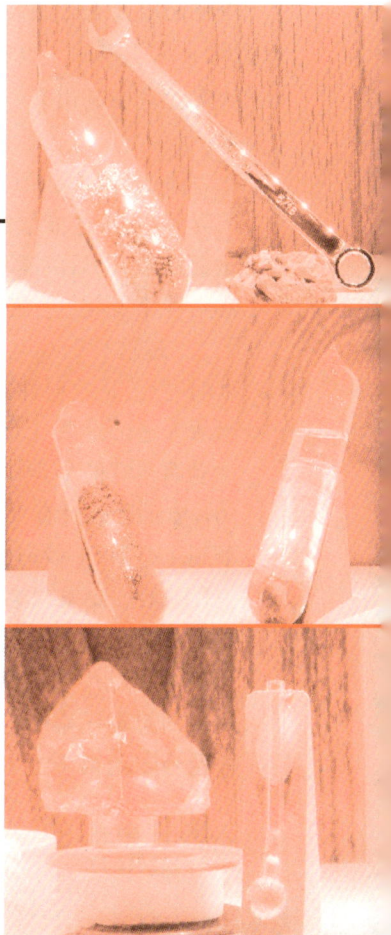

门捷列夫

质和门捷列夫预言的一模一样。

随着光谱分析技术的出现，掀起了一个寻找新元素的热潮，世界各地的海水、河水、各种各样的矿石、各处的土壤都被放在光谱分析仪面前分析着，新元素像雨后春笋一样，接二连三地涌现出来。到了20世纪40年代，元素周期表上已出现了92号元素，除了第43、61、85、87这四个"座位"还空着以外，周期表已排得满满的了。于是有人想，也许92号元素铀就是最后一种元素了。

正当化学家到处搜索仍然一无所获而感到山穷水尽之时，物理学家却从实验室里接二连三地制造出许多新元素。1937年制得了第43号元素锝，1939年又由人工制得了87号元素钫，1940年又制得了85号元素砹。在发现砹以后，几年时间过去了，可是61号元素却仍然踪影全无。直到1945年，人们才从铀核裂变产物中发现了这一元素，并命名为钷，钷也是用人工方法制得的。这样一来，原来空着的四个座位就全都填满了。在1940年，又人工制出了93号元素镎和94号元素钚。从这以后，每隔几年就有几种新元素从实验室中制出来。现在，元素的名单上又增加了第108号𬭸元素和第109号𬭶元素。

那么，元素这张名单到底有没有尽头呢？会不会再有新元素出现呢？有的科学家认为，新元素还能继续被发现，不过发现新元素的工作将变得越来越困难了。从93号元素开始，以后的这些元素都是人造的放射性元素。放射性元素有一个奇怪的脾气，就是善于变化，它在放置过程中，一边不断地放射出各种射线，一边就变成别的元素了。不过这种把戏有的变得快，有的变得慢，化学家是用半衰期来衡量它的。什么叫半衰期呢？就是放射性元素使自己的原子数目的一半蜕变成别的元素所需要的时间。人们从人造的这些元素中发现一个规律，元素符号越大，它的半衰期就越短，比如98号元素锎，它的半衰期有470年，99号元素锿只有19.3天，100号元素镄只有15小时，101号元素钔只有大约30分钟，而103号元素铹只有约8秒钟，107号元素的半衰期不到1毫秒(1秒=1000毫秒)，而到了110号元素，它的半衰期预计仅有一百亿分之一秒左右。要发现半衰期更短的新元素，当然会越来越困难。按照这种观点，似乎109号元素就已经是元素的最后一位了。

但最近几年来，科学界又出现了一种新的理论。根据这种理论，有人预言：在尚未发现的超重元素中，存在着一些孤立的稳定元素，比如第114、126、164号元素就是这样的稳定元素。当然，这种理论究竟是否正确，还有待于未来的实验去证明。

人类科学史上等待回答的未解之谜

科学未解之谜

超重元素存在吗？

在 20 世纪 30 年代时，曾有人认为 92 号元素铀就是元素周期表的终点。后来，新元素的不断发现，使得以上说法不攻自破。但是人们发现，随着核电荷数的增加，超铀元素的稳定性在急剧降低。比如，104 号元素的半衰期为 70 秒，而 107 号元素仅为 2 微秒。如果照此推算下去，110 号以后元素的半衰期就会短得难以计量。

在对元素的稳定性进行研究时，人们注意到在原子核中，如果质子数和中子数符合某些特定的数字（2、8、20、28、50、82、114、126、164 等），这些原子核就比较稳定，寿命也比较长。但是，长期以来，出现这种情况的原因一直搞不清楚，人们觉得这几个数目实在令人费解，就给它们起名为幻数。

既然稳定的核具有幻数，那么具有幻数的核也就具有稳定性。也就是说，元素的稳定性并不一定会随着原子序数的增加而每况愈下。于是，有些科学家就提出了"超重核稳定岛"假说。

"超重核稳定岛"是用来形象地比喻理论上预言可能存在的稳定超重元素。在这些元素的周围，到处都是半衰期极短的不稳定元素，就像一片茫茫大海，而超重元素就像这片大海上的岛屿。

根据这种假说的推测，质子数为 114、中子数为 184、原子序数为 114 的原子核特别稳定，在它的周围会有一些比较稳定的元素，它们能够起到铀那样的作用，并成为原子弹的原料和核燃料的元素。还有人推测出质子数 108~111、中子数近似 164 的核最稳定，这些质中子的组合可以形成近百个超重核。根据"超重核稳定岛"假说，还有人计算出这些元素的半衰期长达一亿年之久，也就是说，这些元素如果被发现后，能像金、银、铜一样"长寿"。

"超重核稳定岛"虽然还只是一种假说，但有些科学家却对它深信不疑，他们甚至预言了 114 号元素的一些性质：它是一种金属，同铅类似，密度为每立方厘米 16 克，熔点为 67℃，沸点为 147℃。还有人预言 110 号元素和 164 号元素的寿命很长，可以存在 1000 万年以上。

然而，假说毕竟是假说，最终还是需要由科学实践来验证。目前，虽然有人声称用质子轰击独居石晶体获得了 116、124、126、127 号元素，有人声称在陨石中发现了 114 号元素，但这些说法都还没有得到最后的科学证实，因此，超重元素究竟存在不存在，目前还是一个现代科学之谜。

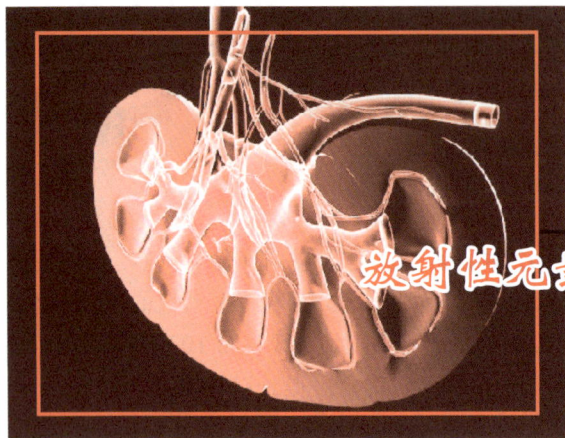

放射性元素为什么能放出射线？

1896 年 3 月 1 日，法国物理学家亨利·贝可勒尔正在用一种强荧光物质——硫酸双氧铀钾盐做实验，想以此弄清荧光物质与 X 射线的关系。他把铀盐放在用黑纸包起来的照相底片上，让太阳光的紫外线照射铀盐激发荧光，结果照相底片感光了。贝可勒尔认为这是 X 射线的作用。

有一次，连续几天阴雨连绵，不见太阳，他就把铀盐和包着黑纸的照相底片放进抽屉里。过了几天，他在冲洗底片时却发现，强烈的辐射作用已使底片变得很黑。这一现象说明，这种铀化物并不产生 X 射线，而是产生出一种天然的放射线。

自从贝可勒尔发现了铀的放射性现象后，玛丽·居里和她的丈夫陆续又发现了放射性元素钍、钋和镭，人们对元素的放射性现象有了进一步了解。放射性是原子核自发地放射出某些射线的现象。这些射线主要有 α、β、γ，还有正电子、质子、中子、中微子等。能自发放射出射线的同位素叫放射性同位素，又叫不稳定同位素。化学上把一种元素通过放射出射线而变成另一种元素的现象称为放射性衰变。例如，铀 235 经过 11 次连续衰变，就会变成铅 207 这种稳定的同位素。

实验证明，温度、压力、磁场、化学催化剂等都不能影响同位素的放射性，因为这些因素只能引起原子核外电子状态的变化，而放射现象是由于原子核内部各种粒子相互作用和变化引起的。

现已知道，原子核中有 84 个或多于 84 个质子的元素都是放射性元素。在原子核中，存在着带相同数量正电荷的质子，而一种元素是否稳定或是否具有放射性，就取决于原子核内中子数与质子数的比值 $n:p$。如果 $n:p$ 比值太大，原子核中的中子数远远多于质子数，该原子核就会放出 β 射线，也

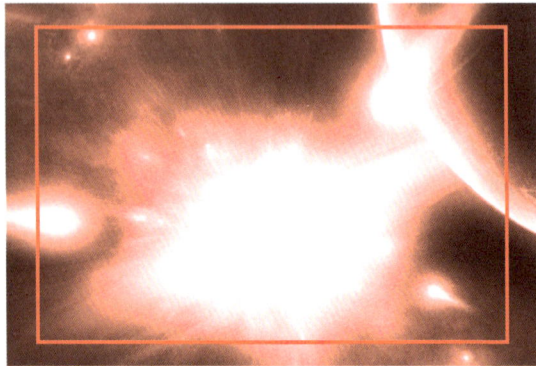

就是电子流,从而减少中子数,增加质子数,使 n:p 比值降低,向稳定区域移动。如果 n:p 比值太小,原子核中质子太多而中子太少,这时原子核也将通过放出正电子或者俘获电子,从而增加中子数,减少质子数,使原子核达到稳定。而只有 n:p 的比值在 1.21:1~1.5:10 之间时,原子核才具有稳定的结构。一旦 n:p 值偏离了这一范围,元素就会千方百计地通过放射性现象来达到这一范围,从而变成稳定态。

科学家们还发现,放射现象与衰变过程关系密切。在 α 放射时,衰变过程是由原子核通过相互作用和隧道效应发射 α 粒子而发生的。β 放射伴随着 β 衰变过程,β 衰变是通过弱相互作用而发生的。

长期以来,人们在探索放射线产生的原因和微观机制方面,已经取得了很多成果,但是对于元素的放射线之谜,科学家们还没有彻底揭开。

天然辐射的危险阈值是多少?

我们生活在地球上,周围充满了放射性物质。这些放射性物质,就好像阳光、空气和水一样早已存在着,但人们对它们的发现却很晚。直到 20 世纪初,才有一些科学家致力于放射学的研究。结果表明,天然辐射主要有三个来源:第一个放射源来自宇宙射线。这种射线来自外层空间,射到地球周围的大气层上,使原子具有放射性,这种原子就向人们发射放射线。

第二个放射源来自 γ 射线,γ 射线从高山、岩石、土壤中向我们射来。第三种放射源来自我们所吃的食物。食物进入人的胃后,一部分被人体吸收,另一部分通过皮肤排出,并向周围辐射,于是每个人都成了一个独立的放射性辐射体。测量表明,一个体重为 70 千克的人每分钟能放射出 200 万次放射性衰变。由此看来,放射现象不只是与原子能和核武器有关,人体本身也是一个辐射源。

对于这种天然辐射,必须承认一个事实,那就是任何人无论如何也无法躲避它的照射,而且人类已能适应正常的辐射强度。一般的天然辐射所产生的危害是非常小的,对人体不会有什么害处。但当科学家们用人工方法把天然辐射的剂量加强以后,它的危险性也就增加了。这就要求人们必须对天然辐射的危险阈值给予准确科学的测量和估计,高于这个阈值,对人类就大大不利了。可是,测定这种危险阈值却是一件非常困难的工作。到目前为止,还没有人能估测出这个阈值达到多少才会对人类产生危害性,而这又是一个急需回答的问题。

美国物理学家麦克劳克林博士的研究结果,对我们回答这一问题也许会有帮助。他对天然氡 ^{222}Rn 放射性气体的特征及作用进行了研究,发现这种气体有无数子体,其中有一对浓缩度特别高的碳氢子体,若被人吸入肺部,人就会患严重的肺病而死亡。

麦克劳克林博士认为,每个人都有吸入碳氢子体的可能性。因为我们所居住的环境中,没有一种材料是不发出辐射的,住房、工作间、墙壁、天花板、地板都会放射一定量的氡 ^{222}Rn 以及两种子体氦气,但它的浓缩度极低,所以危险性也不大。但是目前许多建筑物都采取密封形式,使得放射性气体易于集聚,人为地制造了放射性"收集器",人体吸入的机会大大增多,危险性也就加大了。人们一天24小时中有80%~90%的时间是在室内度过的,危险性就更大了。对于居住在密封房屋里的人来说,并没有被这种放射性所伤害的确实证据,但长期居住,必然会受到影响,有点儿像慢性中毒。

某些放射性对人类的生存来说也许是必要的,但若过多就会变成是有害的。人类已能测定出危险性很大的最高的辐射级,可却无人能明确标出低辐射级有害与无害之间的界线。天然辐射的危险阈值还是一个等待回答的大问题。

物质有多少形态?

世界上的各种物质是形形色色、丰富多彩的。但不管物质如何种类繁多,变化多样,如果将它们进行分门别类,大多数人都会毫无困难地指出,哪些物质是固体,哪些物质是气体,哪些物质是液体。物质具有这三态的特点,是大多数人在中学课本里就学到的常识。

然而,物质除了这三种形态之外,还有没有别的形态呢?科学家们认为,物质远不止固体、液体和气体这三态。除此之外,还有等离子态、中子态等形态。

可以用水做例子:将固态的冰加热到一定程度,它就由固态变成液态的水了,温度再升高,水就会又蒸发成气体。但是,如果将气体的温度继续升高,会得到什么样的结果呢?

人类科学史上等待回答的未解之谜

当温度升高到几千度以上的时候，气体的原子就开始抛掉身上的电子，于是带负电的电子开始自由自在地游逛，而原子也成为带正电的离子。温度越高，气体原子脱落的电子就越多，这种现象叫作气体的电离化。科学家把电离化的气体，叫作等离子态。除了用高温以外，用强大的紫外线、X 射线和丙种射线来照射气体，也能使气体转变成等离子态。

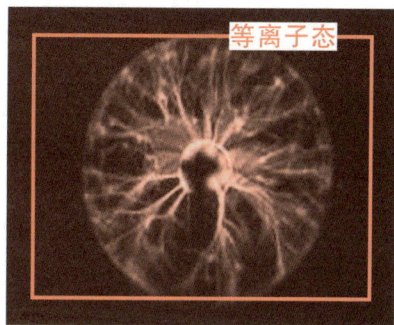

等离子态

人工所造成的等离子态可能令人感到稀罕。其实，在广阔无边的宇宙中，等离子态也是物质最普遍存在的一种形态。宇宙中大部分发光的星球，其内部的温度和压力都高极了，这些星球内部的物质几乎都是处在等离子态。只有在那些昏暗的行星和分散的星际物质里，才能找到固体、气体和液体。

其实，人们在自己的周围，也可以找到许多等离子态的物质。比如，在日光灯和霓虹灯的灯管里，炫目的白炽电弧中，都能找到等离子态物质的踪迹。再者，在地球周围的电离层里，在美丽的极光里，在大气中闪光放电的流星的尾巴里面，也能找到这种奇妙的等离子态物质。

科学家们发现天空中的白矮星，虽然个子不大，可是它的密度却大得吓人。它们的密度是水的 3600 万倍到几亿倍。这是什么原因呢？我们知道，物质是由原子构成的，普通的物质，原子和原子之间有着很大的空隙。原子的中心是原子核，外面是围绕着它旋转的电子层。

原子核很重，它的重量是整个原子的 99%，但是它的体积却很小，如果把原子比作一座高大的楼房，原子核就像一颗放在大楼中央的玻璃弹子，因此，原子内部的空隙是很大的。在白矮星里面，压力和温度都大极了。在几百万大气压的压力下，不但原子之间的空隙被压得消失了，就连原子外围的电子层也被压碎了，所有的原子核和电子都紧紧地挤在一起，这时候，物质里面就不会再有什么空隙了，因此，物质也就特别重了。这样的物质，科学家把它叫作"超固态"。白矮星的内部就是充满着这样的超固态物质。在地球中心，压力达到 35.5 亿百帕左右（1 个大气压=1013 百帕），因此，也可能存在着一定的超固态物质。

如果在超固态物质上再加上巨大的压力，那么原来已经挤得紧紧的原子核和电子，就不

可能再紧了,这时候,原子核只好被迫解散,从里面放出质子和中子。从原子核里放出的质子,在极大的压力下会和电子结合成为中子。这样一来,物质的构造就发生了根本的变化,原来的原子核和电子,现在却变成了中子。物质这样的状态,叫作"中子态"。

中子态物质的密度极大, 它比超固态的物质还要大 10 多倍。一个火柴盒那么大的中子态物质,可以有 30 亿吨重,要有 9.6 万多台重型火车头才能拉动它。在宇宙中,估计只有少数的恒星,才具有这种形态的物质。

除了中子态、等离子态外,物质还有没有别的形态呢? 许多科学家们认为还有,只不过人们现在还没有发现罢了。

水就是 H_2O 吗?

所有的初中化学课本上都这样写着: 水是化合物, 它的分子式是 H_2O。可是一些勇敢的科学家却提出了疑问:这个分子式是否正确呢?我们是否真的已经知道水是一种什么样的物质了呢?

不少化学家都这样认为,水分子不是以单个的形式出现的。尽管水是流动的,可是它们的分子与分子之间还是具有一定的结构的。也就是说,水是由一些水分子结合在一起,从而组织成有秩序的"凝块"。但这些凝块中到底有多少个水分子,这就不得而知了。科学家们猜测,这些水的凝块也许是由 300 多个水分子构成的,或者是由 8 个或 12 个水分子构成的……然而,这一猜测仅仅是一种猜测而已,目前还没有一个令人信服的实验能够证明这一勇敢的猜测。

1970 年,苏联有位名叫博里斯·迪利亚甘的物理化学家发现了"聚水",并提出了关于"聚水"的崭新学说。这条惊人的新闻轰动了致力于研究水结构的科学家们。

其实,迪利亚甘做的实验也很简单,没有什么特别的地方。他在一只很细很细的石英管中把水蒸气冷凝成水,结果惊奇地发现,这种水比普通的水重了 40%,在 500℃下也不发生变化,只有在 700℃ 的条件下才又变为正常的水。最后,在 −40℃ 的条件下,这种水又凝结成玻璃状的水。

迪利亚甘的这一发现,引起了许多科学家的浓厚兴趣。有些科学家通过观察和实

人类科学史上等待回答的未解之谜

验,证实了迪利亚甘的发现是非常正确的;而有一些科学家则根据某些理论、原理,通过电子计算机的大量运算,论证了"聚水"的存在。还有一些人从"聚水"的发现联想到了塑料,因为塑料是一种聚合物,例如乙烯分子聚合成聚乙烯,因此他们认为水分子聚合成"聚水"也是顺理成章的事情。

然而,还有不少人不同意迪利亚甘的观点,认为"聚水"是根本不存在的。甚至还有不少科学家想用实验来否定它的存在,他们从不同的方向进行实验,果然得出了对"聚水"的新的见解——"聚水"是根本不存在的。可是,如果完全按照迪利亚甘的方法去进行实验,确实能够发现"聚水"。

在这种无可奈何的情况之下,有人提出了一种折中的解决办法。他们认为:如果水在很细的管子里,确实能够形成一个薄层,而正是这个薄层才使水出现了"聚水"这种特殊性质。很显然,这种解释缺少依据,很难让人信服。

1973年,一批来自各个国家的科学家在大学城——海德堡,对"聚水"进行专题讨论。正当这些科学家们在兴致勃勃地制定科学研究规划时,从莫斯科传来了令人惊愕的消息:迪利亚甘已不再坚持"聚水"的观点。他说:"也许'聚水'的发现同水的结构没有丝毫关系。"

就在迪利亚甘否定自己的发现的三个月后,美国费城的一位科学家对"聚水"又提出了新的见解。他认为,有机体的膜中的水会显示出某种奇特的结构。于是,对水的讨论从"聚水"的概念变成了"结构化水"和"极化的多重水层"的概念。不过,在这种情况下,要进一步提供证据的实验更为困难,因为在活的有机体中进行实验,不像在玻璃管中进行实验那么容易。

真理都是相对的,都是无穷尽的,对水的认识也不例外。水是 H_2O,这只是我们对水的一种认识成果而已,也许"聚水"和"结构化水"的见解将更能揭示水的一些性质,使我们对水有个更明确的认识。

便宜的金属能变成贵重的金子吗？

炼铁成金或点石成金，这一直是人类的梦想。在中国古代的许多神话和传说中，都有不少具有这样本领的术士和神仙，只要他们用手指轻轻一点，石头等类的东西就会变成金灿灿的黄金。炼铁成金或点石成金，说穿了，就是将便宜的金属或其他物质炼成贵重的金子。

古代的帝王虽然占有了全国的财富，过着极其奢侈的生活，但他们仍不满足，总是念念不忘两件重要的事情：一件是怎样使他们长生不死，永远地占有和享受被他们掠夺来的财富；另一件就是怎样获得更多的黄金，来填满他们的金库。于是，在帝王们的周围，就出现了一大批的炼丹家。他们一方面在提炼使人长生不死的仙丹，另一方面在研究怎样把铅、汞、铜等便宜的金属转变为黄金。

炼丹家有自己的一套理论，他们认为，所有的金属都是硫黄、水银和盐构成的，至于能够组成什么样的金属，则取决于这些元素配合的比例。如果把某种金属中这些元素的组成比例变化一下，就能将它变成另一种金属。那么，怎样才能改变这些比例呢？炼丹家认为需要有一种"哲人石"，如果在一般金属中加入这种"哲人石"，再进行各种热处理(如加热、燃烧等)，一般的金属就可以变成黄金。于是，炼丹家花费了许多时间和精力去寻找"哲人石"。显然，这种努力是徒劳的。

炼丹家还有一种理论，认为黄金是接近于最纯的金属，而一般的金属是不纯的。把一般金属中所含的渣滓清除掉，最后就会变成黄金。很明显，这也是一种荒唐的想法。因为这样的方法只能用来制造纯金属，却不能制造黄金。炼丹家曾用这种方法制造出一些"药金"，但根据现代分析技术的鉴定，这些药金不过是一些合金，如锌、黄铜等。

古代的炼丹家之所以不能点石成金，一方面是由于他们的理论和做法不正确，另一方面也是因为当时的科学技术和实验设备还没有达到点石成金的水平。到了20世纪,科学家们又重新想起了当年炼丹家"点石成金"的构想。

在核反应中,利用高能的 r 射线来照射某种金属元素。在元素周期表中,金和汞正好处在相邻的位置上,金的原子序数是 79,汞的原子序数是 80,如果用 γ 射线照射汞,它不是可以将汞转变为原子序数比它小 1 的金吗?根据这一变化,日本科学家松本高明进行了一次大型实验,将 1.34 吨汞放在一个特制的容器中,然后用 5000 万电子伏特的 γ 射线照射汞,照射时间为 70 天,最后得到了 74 千克的黄金。

看来,科学家们确实已经实现了把汞转变为黄金的设想。但遗憾的是,现在所用的方法恐怕只有科学实验的价值,因为用这种方法生产出来的黄金,远远比天然开采的黄金要贵,而且成本大大高于得到的黄金的价值。

科学家们经过努力后,能不能找到一种有效的方法来炼制黄金呢?对于这个问题,现在还不能做出肯定的回答。

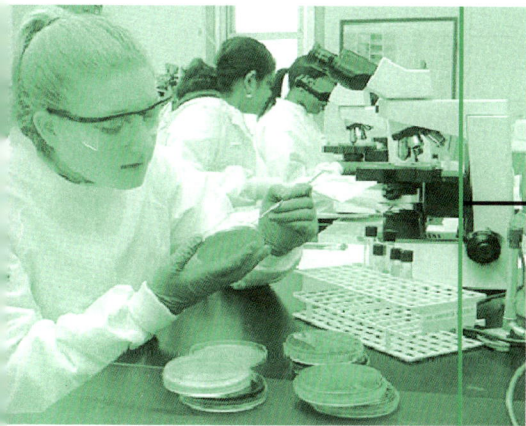

科学未解之谜

化学振荡是怎么回事?

1873 年,德国化学家李伯曼曾经做过一个有趣的实验:他把水银放在玻璃杯的中央,再把重铬酸钾和硫酸的混合液慢慢地注入杯中,然后将一个铁钉放在紧靠水银附近的溶液中。这时,一个奇异的现象出现了,水银珠竟像人的心脏一样跳动起来。

这种现象就叫"化学振荡"。说起振荡,人们并不陌生,钟摆的往复摆动,就是典型的振荡,心脏的收缩和舒张,也是一种物理振荡。与之不同的是,化学振荡虽然发生在化学反应过程中,但它也是一种随时间周期性重复变化的过程,其实质完全相同。

自从李伯曼最早发现了化学振荡现象之后,化学家们接二连三地发现了许多别的化学振荡现象。比如,丙二酸在催化剂铈的作用下,被溴酸氧化,在一定的浓度范围内，就会出现溶液浓度随时间做周期改变的化学振荡，每隔 30 秒钟，试管里的溶液就会改变一次颜色，一会儿变红，一会儿变蓝，大约可以持续 50 分钟。

化学振荡是怎么回事呢？这个现象一出现，科学家们就对它展开了研究。1910 年，洛特卡提出了一个以质量作用定律为基础的振荡反应数学模型。1931 年，沃尔特拉在洛特卡模型的基础上，又提出了一个更完善的模型，被称为洛特卡—沃尔特拉模型。尽管这个模型已经被化学界所普遍接受，但它并非尽善尽美，人们还期待着有更好的模型出现。

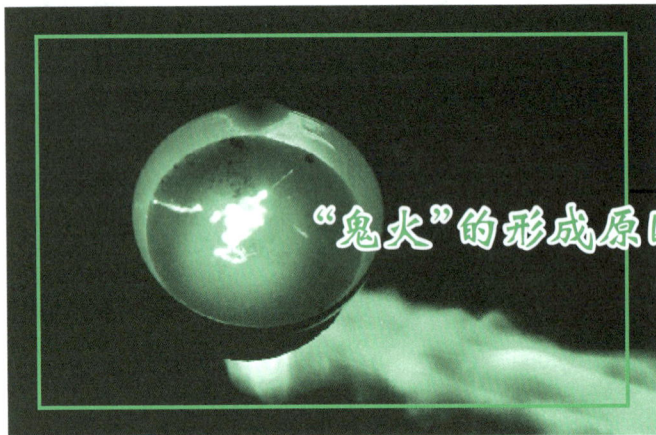

"鬼火"的形成原因彻底查清了吗？

在美国科罗拉多州的伟特山区有一个坟场，每到夜间这里就会闪出一团团浅蓝色的火花，它们像灯笼一样在空中游荡，令人毛骨悚然。

这种现象古今中外屡有发生，人们叫它"鬼火"。蒲松龄在《聊斋志异》中，就经常提到它。

当然，"鬼火"不可能与死者的灵魂有关，但它作为一种奇异的自然现象，却引起了很多科学家的兴趣。当年，在苏联科学院里还专门设立了一个"火球观测情报收集分析中心"，对"鬼火"进行全面详细的研究。

美国科学家在整理有关目击"鬼火"的实例中，发现大致可将其分为火球形、鬼火形、火柱形、焰火形四种。其中鬼火形和火球形出现次数十分频繁，其直径大小在 50 厘米以下，大约持续七秒钟。并且，各种"鬼火"的颜色互不相同，有的是火红色，有的是淡蓝色，而白色和橙色最多，有的光亮刺眼，甚至超过汽车的车头灯亮度。另外，"鬼火"的出现大都是在七八月份的傍晚，天气晴朗的情况居多，少数发生在雨夜和雷声中。

对于"鬼火"这种现象，最常见的科学解释是磷燃烧或甲烷燃烧。这种观点认为，坟地上或山野里出现的"鬼火"是由于人和动物尸体腐烂而产生一种含磷成分很大的气体，在向外泄露的过程中，受气温或其他条件的影响而发生燃烧形成的。但是从收集到的资料看，能够与磷火对应的"鬼火"特别少，并且那些"鬼火"具有特别形状，很难使人相信它是气体燃烧的结果。

还值得一提的是出现在美国新泽西州的长谷镇的"鬼灯"。这里有一条绵延数百千米的铁路，当地人经常在夜间发现，铁路上会出现一种神秘的发光气团，摇曳着一直升入高空。当地人就把这种光团称为"鬼灯"。

最初有人认为，长谷镇铁路上的钢轨是导体，它能收集大地的电荷，然后在外界因素的诱发下，以"鬼火"的形式释放出来。然而，这种说法很快就遭到了否认。因为铁路公司将这段路轨全都拆除卖掉后，"鬼灯"的出现仍然有增无减。另外，如果这种说法成立的话，那么有铁路通过的地方，都应该有"鬼灯"出现，这显然不符合事实。

后来，在1976年，新泽西州成立了一个科研机构，专门研究长谷镇"鬼灯"的来龙去脉。该机构首先集中了全国各地关于"鬼火"的报告材料，然后请来地质专家对"鬼火"出现地区的地质情况进行分析。结果发现：凡是"鬼灯"出现的地点都有一个共同点，它们都明显地位于地质上的断层区或断层区的边缘。在经过一段时间的研究之后，地质专家们认为，"鬼火"的出现主要是石英在作祟。石英是地壳中最普通的矿物，它在受到压力或扭曲力时就会带电，即物理学家所说的"压电效

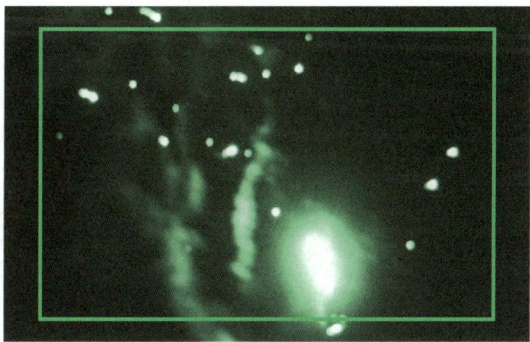

布朗山"鬼火"

布朗山位于美国北卡罗来纳州，从20世纪初，住在山脚下的居民就常常看见山上闪烁着"鬼火"，它们有时是红色的，有时黄中带白。1913年，美国国会专门派了一个地理调查团来查明这件怪事。调查团发现，布朗山上到处是青紫色的花岗石，山坡上没有沼泽，因此沼气燃烧的可能性并不存在。

据目击者说，布朗山"鬼火"通常从晚上7时左右出现，闪烁大约30秒后熄灭，但4~5分钟后又会出现。另一些目击者说，他们经常看到山坡上突然升起一团火焰，盘旋一阵，接着像火箭一样冲天消逝。

调查团的结论是：山脚下的空气充满尘埃，使空气具有折射性，于是，火车头的灯光、汽车的车灯以及草丛燃烧所发出的火光，就通过空气折射到山顶，从而形成了"鬼火"。

但是，到了1925年，另一份调查报告指出了上述结论的漏洞，那就是：布朗山居民早在60多年前就发现了"鬼火"，而那时还没修建铁路，汽车也不流行。这份调查报告还指出，当布朗山区出现旱灾时，"鬼火"就不出现，直到旱季结束了好一阵子后，才会出现。从这一点上分析，"鬼火"的出现可能与水、海洋、河流有关。至于真正的原因何在，一时还找不出来。

应"，这是产生"鬼火"的根本原因。

该科研机构的发言人罗伯特·琼斯在进行研究总结时说："当新泽西州的地下断层发生位移错动时，地下埋藏的石英晶体矿就会受到大约每平方米3100吨的压力，结果造成了石英晶体的压电电荷。"当这种足够量的电荷上升到地表时，就会释放到空中。由于这种电荷的释放十分强烈，能导致周围的空气充分电离、受热以至发光，所以任何地方只要有这种情况，人们就会看到直径5厘米左右的光球出现。

为了获得更可靠的证据，该机构采用了各种传感器和种类齐全的照相机，对"鬼火"进行监测。结果在"鬼火"出现时，仪器不仅记录到了电压波，还记录到了射电频率上的辐射，这种结果使该机构提出的理论解释的可靠性进一步增强，即"鬼火"是由于气体电离造成的。

几十年的时间过去了，"鬼火"之谜还没有被彻底揭开，但科学家们却提出了很多有价值的猜想。很多人认为"鬼火"很可能是某种能量现象。在这类观点中，苏联的物理学权威卡皮查提出的电磁波假说较为著名。他认为，很多外界因素、云或建筑物、树木等都可以产生强大的电荷，由于这些电荷的变化，波长不等的电磁波照射到地面上被反射，与入射波交互干涉后形成一种接近地表的驻波，驻波的存在可以产生很强的电场，这个电场引起空气产生的等离子状态或激励状态，就会以"鬼火"的形式出现在我们的眼前。

还有的专家注意到，"鬼火"有时伴随打雷而出现，因此他们设想"鬼火"也像打雷一样，是一种静电摩擦所产生的现象。根据这个原理，在实验室内可以人为造出这种火球来。

以上情况说明，科学家以往对于"鬼火"的解释很可能只是局部的，形成"鬼火"的原因可能还有很多，需要人们去进一步探讨，才能真正揭开"鬼火"之谜。

人类科学史上等待回答的未解之谜

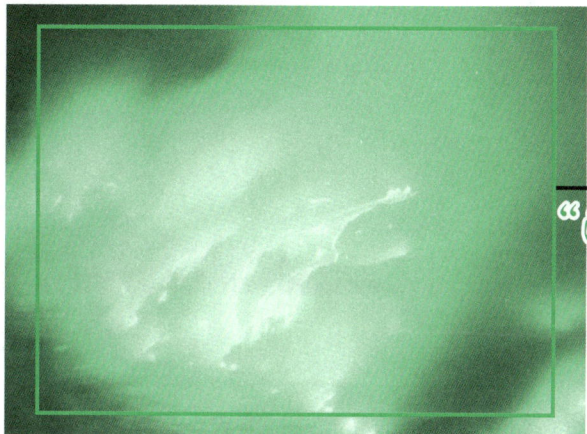

科学未解之谜

"海火"是怎样产生的？

1975年9月2日傍晚,在江苏省近海朗家沙一带,海面上发出微微的光亮,随着波浪的起伏跳跃,就像燃烧的火焰那样翻腾不息,一直到天亮才逐渐消失。第二天夜晚,亮光再次出现,而且亮度更强。以后逐日加强,到第七天,有人发现,海面上涌现出很多泡沫,当渔船驶过时,激起的水流明亮异常,如同灯光照耀,水中还有珍珠般闪闪发光的颗粒。几个小时以后,这里发生了一次地震。

对于这种海水发光现象,人们称为"海火"。我们知道,海火常常出现在地震或海啸前后。除了上面所说的那次朗家沙地震所引起的海火之外,1976年7月28日唐山大地震的前一天晚上,人们也曾在秦皇岛、北戴河一带的海面上看到过这种发光现象。其中在秦皇岛的油码头,人们看到当时海中有一条火龙似的明亮光带。1933年3月3日凌晨,日本三陆海啸发生时,人们看到了更奇异的海火。当波浪从釜石湾口附近的灯塔向海湾中央涌进时,浪头底下出现了三四个草帽般的圆形发光物,横排着前进,色泽青紫,像探照灯那样照向四面八方,光亮可以使人看到随波逐流的破船碎块。一会儿,互相撞击的浪花又把这些圆形发光物搅碎,随之不见了。

海火是怎样产生的呢？一般认为,这与海里的发光生物有关。水里的发光生物,因为受到扰动而发光的现象早为人们所熟知。因此,人们推测,当海水受到地震或海啸

信不信由你

发光生物

拉丁美洲大巴哈马岛上有一个著名的『火湖』。由于湖里繁殖着大量会发光的甲藻,因此每当夜晚,人们泛舟湖上,便会看到随着船桨的摆动,激起万点『火光』,蔚为奇观。已知海里发光的生物种类繁多,除甲藻外,还有许多细菌和放射虫、水螅、水母、鞭毛虫以及一些甲壳类、多毛类等小动物,它们都具有一定的发光能力。有人做过计算,一个发光菌所发出的光相当于1.9×10^{-4}倍普通烛光。受到风浪的冲击后,发光菌和一些发光生物就会发光。

水 螅

的剧烈震荡时,便会刺激这些生物,使它们发出异常的光亮——海火。然而,另一些研究者却对这种看法持有异议。他们提出,在狂风大浪的夜晚,海水也同样受到激烈的扰动,为什么却没有刺激这些发光生物,使之产生海火呢?因此他们认为,海火是一种与地面上的"地光"相类似的发光现象。

不久前,美国学者进行的一项实验有力地支持了后一种理论。在这次实验中,他们对圆柱形的花岗岩、玄武岩、大理石等多种岩石试样进行压缩破裂试验。结果发现,当压力足够大时,这些试样便会发生爆炸性碎裂,并在几毫秒内释放出一股电子流。正是这股电子流,激发周围的气体分子发出微弱的光亮。在实验中,他们还注意到,如果把样品放在水中,碎裂时产生的电子流也能使水发出亮光。尽管这种亮光非常微弱,但当强烈地震发生时,广泛出现的岩石破裂足以使人看到炫目耀眼的光亮。这使人们想到,某些与地震相关的海火的产生可能与这种机制有关。

不过,用上述机制却又很难解释海啸海火的发生。因为在海啸发生时,不像地震那样会发生大量的岩石爆裂。那么,这种海火又是怎样产生的呢?

一些人认为,海火作为一种复杂的自然现象,很可能有着多种成因机制,生物发光和岩石爆裂发光只是其中的两种可能机制。印度和苏联的一些科学家经过共同努力,提出了一种新的解释。他们指出,当飓风以每小时 280 千米的高速在海面上疾驶时,会激起滔天巨浪,风与海水发生高速摩擦,从而产生巨大的能量,使水分子中的氧原子和氢原子分离,在飓风中电荷的作用下,原子便会发生爆炸和燃烧,再加上空气中氧的助燃,海面上就会燃起熊熊烈火。

还有人推测,在地层里贮藏着大量天然可燃气体,地层的变动会导致天然气外泄,又由于地心热度超过了天然气的燃点,因而天然气一接触到氧气就会自然燃烧。水面上的喷火现象,很可能是这样造成的。

除以上成因之外,很可能还有其他原因,但究竟是什么原因,目前还不清楚。另外,由不同机制产生的海火有着什么不同的特征,这也还是一个有待研究的问题。

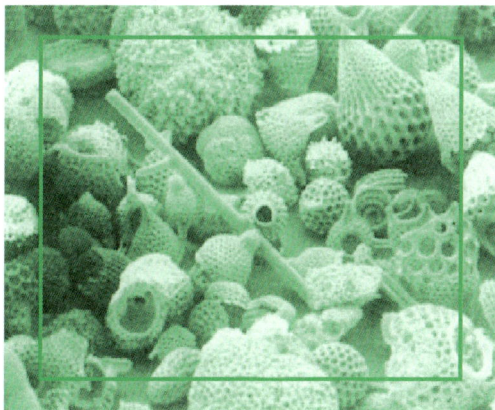

科学未解之谜

锰结核是怎样形成的？

1873年2月18日，英国的海洋考察船"挑战者号"在大西洋加纳利群岛西南约300千米处的海底打捞到一些赤色的富含锰铁质的块状物，以后在世界各大海域都有发现。特别是进入20世纪50年代以后，当人们采用水下摄影和水下电视窥探深海的秘密时，又意外地看到这种富含锰铁质的结核体在深海中有着极其广泛的分布。它们有的一个紧挨一个，像是精心摆设的水果摊，密度达到每平方米100个以上；有的相对稀疏地分布于海底，像是散落在草地上的一堆网球；有的则互相堆垒起来，像地窖中存放着的土豆，厚度达1米左右。根据调查，除了极地的洋底外，几乎世界各地的海域中都有锰结核。

锰结核一般为5~20厘米大小，酷似马铃薯，少数也有小于1毫米或大于1米的。它的显著特点是内部呈现一层又一层的同心结构，而核心则为各种各样的异物，如普通的沙砾、火山弹、生物碎屑等。由此可以证明，这些深海锰结核是在漫长岁月中，由含锰物质逐层沉积在这些物体上面而形成的。

锰结核一般含锰15%~35%，铁15%左右，此外，还含有镍、钴、铜、钛、钼、锆、镭等近40种元素。据估计，全部洋底锰结核总储量达3万亿吨，仅太平洋底就有1.7万亿吨，占1/2以上，其中含镍164亿吨、铜88亿吨、钴58亿吨、锰4000亿吨。如果按

1981年世界的消耗量计算，这些镍可供全世界使用2.4万年，铜可使用900年，钴可使用34万年，锰可使用1.8万年。由此看来，锰结核真是一个巨大无比的金属宝库，难怪有人把它称为"21世纪的资源"。

可是，锰结核中的那些金属是从哪里来的呢？多数人认为它来自海底的火山喷发。当那些富含各种金属的气体和液体被火山喷出来后，便随着海水运动扩散到附近的各个海域中去。火山岩在缓慢的蚀变

过程中,里边含有的金属也会被析出,沉淀以后形成锰结核。这种观点的主要依据是,锰结核大部分分布在火山活动区周围,锰结核中存在着火山岩。对锰结核进行放射性同位素检测,也发现其成分来源于大洋深处的海底火山物质。

也有一部分人认为,锰结核中的金属来自沉到深底的海洋的动植物遗体。当它们被生活在结核表面的底栖微生物食用后,便使其中的金属成分聚集起来,逐渐使锰结核增大。这种理论能够很好地解释很多锰结核表面有底栖微生物存在这一现象。

还有许多人认为,锰结核中的金属是来自多方面的,有的可能来自海底岩石的分解,有的可能来自海水对水下岩石所含金属的萃取,也有的可能来自河流输入的陆源物质等。这些各种各样来源的金属物质原先都以溶解状态存在于海水之中,当海水中的软泥质点像雪花一样向海底沉落时,这些金属物质有的受到软泥质点的吸附,跟着一起沉落,有的则以化学沉淀的方式直接析出,并凝结在海底原有的硬物上面,使之裹上了一层金属外膜。久而久之,便形成了一个个锰结核。

不过,问题到这里并没有完。据放射性同位素测量,一个锰结核的形成往往需要几万年甚至上百万年的时间,但它们却绝大多数都产生在海底表面上,只有极少量为沉积物所掩埋,而且其掩埋深度一般也不超过1米。那么,究竟是什么原因使锰结核能经历几万年甚至上百万年的时间而不被海底沉积物所掩埋呢?

有人认为,这可能与海底水流的作用有关。海底水流使得生长中的锰结核不断地来回流动或晃动,结果就有点像滚制汤圆一样,在滚动中长大,却不被埋没。但是,反对者提出,这一观点与锰结核的某些特征不相吻合。他们注意到,一些地区的锰结核,上下面的结构稍有不同,向上与水接触的一面比较光滑,而向下与沉积物接触的那一面则较粗糙。这显然表明它们不曾来回滚动。据此,有人提出,锰结核的不同部位曾经历过不完全相同的形成过程。靠水的一面主要是接受海水中的缓慢沉淀,而靠底的那一面则主要是接受来自海底渗析出来的金属,而且沉积速度相对较快,从而造成了上下两面的结构差异。但是这一看法未能回答为什么锰结核不被沉积物所掩埋这一现象。

一些研究者认为,锰结核之所以不被淤泥所掩埋,可能与淤泥中的一些底栖生物有关。这些生物在淤泥中活动时,会把锰结核拱抬出海底表面。人们确实发现锰结核表面有附着生物,但是这种情况主要见于水深不是很大的水域。而锰结核的分布区主要是水深 3500~6000 米的深海区。那里阳光不能到达,水压很大(350~600 个大气压),是没有什么底栖生物生存的,所以这一观点也有些站不住脚。

一些俄罗斯学者提出,锰结核之所以不下沉,与其下伏的海底淤泥的属性有关。他们推测,几厘米厚的沉积物表层是黏质悬浮体,其弹性和韧性与普通淤泥有着根本的区别。当悬浮体凝缩时,会不断排挤出内部的水分,同时悬浮体的弹性也迅速增加,以至具有类似橡胶那样的弹性。于是,本来位于悬浮体中的锰结核便被其弹力挤出表面。为了证实这一推测,他们把已知数据输入计算机,结果证明,甚至是埋在 60% 淤泥里的任何形状的锰结核,都有可能被弹挤出表面。

然而,反对者指出,海底淤泥中常见有许多生物化石的碎屑,为什么这些比重远比锰结核小的生物碎屑不被淤泥弹挤出来呢?何况海底淤泥有很多类型,其物理力学性质各不相同,为什么它们上面的锰结核都不被埋没呢?看来,锰结核的形成问题还有很多疑问有待于解答。

科学未解之谜

海底为什么会有可燃冰?

苏联有位名叫契尔斯基的天然气专家,曾致力于天然气气井注水方面的研究,以提高天然气的产量。有一次,他让工人往一口正在出气的气井里注入 20 吨水,这口气井却突然停止出气了。

为了弄清原因所在,想出挽救这口井的办法,契尔斯基到图书馆里查阅了有关文献。经过一阵思索,他又来到那口气井旁,让工人迅速从仓库里搬来 2 吨甲醇,注入气井中。过了几个小时,这口气井竟奇迹般地复活了,又像原先那样往外喷气了。

这是怎么回事呢?原来,许多气体在低温和高压状态下,都可能形成水合物。气井深处正好符合温度低、压力大这两个条件。注入的水与天然气结合后就会形成水合物——可燃冰,这样气井就不再冒气了。注入甲醇后,它跟水有很大的亲和力,于是破坏了水合物结构,天然气就又重新冒出来。

从上边这个事例中,化学家得到了一个启示,在地球上有些温度低、压力大的地方,那里很可能存在着天然的气水化合物——可燃冰。

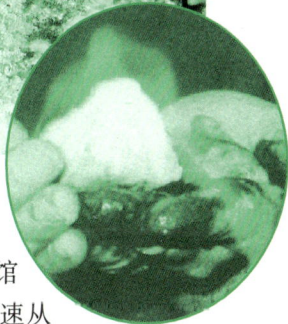

在地质学家、化学家的共同努力下,人们终于在北极的海底首次发现了大量的可燃冰。据分析,1立方米可燃冰含有200平方米的可燃气体。这里的可燃冰储量惊人,仅仅是目前已探明的储量,就比地球上煤、石油的总储量还大几百倍。

天然的可燃冰是怎样形成的呢?科学家的分析初步得出了这样的结论:海洋中生物和微生物死后,其尸体被细菌所分解,就生成了甲烷、乙烷等可燃气体。由于海底水温较低,压力较大,这些可燃气体就钻进了海底疏松的沉积岩中,与水结合成可燃冰。经过上千万年乃至上亿年的时间,就在海底形成了绵延数万千米的可燃冰矿藏。

对于以上解释,也有人提出了不同意见。比如,有人认为在地球形成时可燃冰就已存在,还有人认为可燃冰的形成与海底火山喷发有关系。因此,可燃冰的形成之谜至今还没有完全揭开。

和可燃冰有关的另一个难题是,人们怎样才能对它加以开采和利用。可燃冰沉睡在海底,需要有一种破冰剂破坏它的结构,才能把天然气释放出来。甲醇虽然可以充当破冰剂,但它的价格昂贵,无法大量使用。因此,在大规模地开采可燃冰之前,首先要获得一种物美价廉的破冰剂。而这种破冰剂在哪里呢?怎样才能制造出来呢?很显然,解决这些问题要比解开可燃冰的形成之谜更具有实际意义。

科学未解之谜

"笑气"为什么会有麻醉作用?

1789年,英国著名化学家汉弗莱·戴维首次制得了一种无色、无臭、略带甜味的气体。有一次,他偶然间吸入了这种气体,竟情不自禁地大笑一场。他又在朋友身上做实验,结果也是一样,于是他就把这种气体命名为笑气。

笑气的学名叫一氧化二氮,它在空气中含量很少,大约只占空气体积的二百万分之一,所以人们每天呼吸空气,也不会笑个不停。

刚开始时,人们以为笑气能使人致病。后来戴维在自己身上做实验,证明笑气对人的神经确实有奇异的作用,但却不会危害人体健康。不过,当时戴维并不知道笑气还有别的什么作用。

人类科学史上等待回答的未解之谜

1844年，一位名叫柯尔顿的人在美国某地打出巨幅广告，将在当地市政大厅里进行一次吸入笑气的公开表演，为此他准备了182升笑气，供20名志愿受试者使用，并派8名壮汉维持秩序。

举行表演那天，市政厅里观众爆满，人们争先恐后地前来观看这场有趣的表演。当20名志愿者吸入笑气后，一个个哈哈大笑，还做出各种各样的怪动作来，其中有1位青年竟然挣脱了8名壮汉的阻拦，拼命从高台上往下跳，结果造成大腿骨折，可他却毫无痛苦之感。

在场的观众中有一个名叫维尔斯的牙科医生，他看到这个情景后，就想到笑气一定还有麻醉镇痛作用。回去后，他便用笑气作为麻醉剂，为患者拔除龋齿，果然患者毫无疼痛感觉。

一个多世纪过去了，许多科学家对笑气进行了研究，对它的特性有了很深入的了解。比如，人们知道笑气能够像氢气一样助燃。在高温下，笑气就会分解成氮气和氧气。1个笑气分子会和6个水分子结合在一起，所以当水中溶解了大量笑气后，再把水冷却，就会有含有笑气的晶体出现。把晶体加热，笑气又会重新逃出来。利用这种性质，人们就可以制得纯净的笑气。然而，笑气为什么会使人发笑呢？它为什么会有麻醉作用呢？这个问题迄今还是一个谜。

科学未解之谜

二氧化碳能再生吗？

近年来，地球表面的温度有逐渐升高的趋势。很多科学家认为，这是二氧化碳增多的结果。一方面，全世界目前每年向大气中排入50多亿吨二氧化碳；另一方面，树木被大量砍伐，大气中本应为绿色植物吸收的二氧化碳没有被吸收，过多的二氧化碳就像一层厚厚的玻璃遮在地球上空，使得地球变成了一个大暖房。

那么，有没有办法使大气中的二氧化碳含量不再增加了呢？最理想的办法就是让二氧化碳再生，使它重新变成对人类有用的东西。科学家发现，浮游生物进行光合作用的效率极高，能将二氧化碳转换为对人类有用的物质。于是有人设想，利用生物技术大量培养浮游生物，这就等于建立起了一座大型海上工厂，以太阳光为能源，用细菌和藻等微生物固定二氧化碳，回收有用的物质。

也有的科学家设想，用现代化的技术将空气中的二氧化碳分离、回收、液化，然后倒进深海海底的凹处，让它们在海底和碳酸钙进行中和反应，这样就可以把二氧化碳储存起来。

还有科学家设想，将二氧化碳变成一氧化碳。一氧化碳是可燃气体，又是极有用的还原剂。如果真能做到这一点，就可以变废为宝了。

从理论上讲，把二氧化碳变成一氧化碳并不复杂，只要给二氧化碳的碳两个电子，就可以大功告成了，但实际做起来却不这么容易。法国的一批化学家起初在水溶液中用电化学的方法供应电子，想把二氧化碳变为一氧化碳，但结果很不理想，因为在水溶液中无法用电化学方法供应大量能量，也就无法使二氧化碳获得电子。

法国能源研究所的一批化学家，别出心裁地利用一种含有氮、碳、镍、钴的大环化合物为催化剂，通电后使二氧化碳顺利地变成了一氧化碳。但应用这项技术获得一氧化碳成本太高，因而只是在理论上有价值，不能进入实际应用。

尽管如此，人们在这方面进行的尝试还是大有益处的，一旦找到了再生二氧化碳的实用方法，就会使我们居住的地球获得新生。

地球上为什么到处都有碘？

在医院中，最常用的皮肤消毒剂就是碘酒。所谓碘酒，就是碘的酒精溶液。

法国巴黎附近曾有一位硝石制造者名叫库图瓦，碘就是他于1811年最早发现的。库图瓦在海水退潮时收集海里的海带、海藻等藻类，把它们烧成灰，再用水浸渍灰制成母液。他将母液放入曲颈瓶，然后放进硫酸加热，这时就有一股紫色的蒸气冉冉上升。这股蒸气凝结后，就变成了一种具有金属光泽的紫色结晶，这就是碘。在希腊文中，碘就是"紫色"的意思。

碘是一种令人难以捉摸的元素。它能杀菌治病，人体少了碘就会生病，但碘过多又会把人毒死。碘是灰色的非金属，却闪耀着金属般的紫色光泽。碘是固态，却可以不经过液化就能升华，变为气态。碘的蒸气是暗紫色的，而一般的碘盐却是白色的，只有少数几种碘盐例外，如碘银是浅黄色的，碘化铜是金色的。

关于碘的最大疑问，还是它的"出身"。碘是特别稀有的元素，只占地壳总量的一千万分之一，可是地球上却没有一个地方找不到它的踪迹。在我们生活的世界里，几乎一切东西中都含有碘。且不说海水、土壤里含有碘，就连最纯净透明的水晶、冰洲石里，也含有相当多的碘原子，甚至在来自天外的陨石里也发现了碘。

为什么地球上到处都有碘呢？为什么碘的存在这样分散呢？这么多碘是怎样来的呢？对于这些问题，有人做出了这样的推测：在地球形成早期，表面刚刚凝结，地球还十分灼热，裹在由各种挥发性物质的蒸气形成的浓密云层中。这时候，碘和氯一起从地下深处熔化的岩浆里分离出来，而灼热的水蒸气最初凝结出来的水流，就把这些碘和氯抓了过去，从此碘就储藏在最初的海水里，后来又渐散分布开来，并为后来出现的生物所吸收。

以上推测是否合乎事实，还有待于进一步证实。

反潜巡逻机

科学未解之谜

黏合剂为什么能把东西黏合到一起？

旧式飞机的表面常常会看到许多铆钉，它们所起的作用是把飞机的各个部分连接起来。而许多新飞机表面往往看不到很多铆钉，这是因为神通广大的黏合剂代替了铆钉的作用。从20世纪50年代开始，西方国家生产的"老鹰式"轰炸机、"三叉戟式"截击机、反潜巡逻飞机以及一些直升机的许多部件，都是用黏合剂胶接上去的。

对于金属部件之间的连接方式，人们已经用惯了螺栓、铆钉、焊接等，而对于胶接方式总有些不大放心。然而，很多事实证明，这种担心完全是多余的。在一次公开展览中，有人曾将两块宽25毫米的钢板互相叠合后并黏合成12毫米长的一段，结果它竟吊起了一辆1.5吨重的汽车而没有断裂。"协和式"超音速飞机和"空中客车式"飞机上使用的黏合剂，能够承受 180 度的高温长达 1万~5 万个小时而性能保持不变。

目前，黏合剂在很多领域里得到了广泛的应用，但对于它的原理，科学家们的解释却是众说不一。

粘接的过程大多数离不开固化。从物理作用上说，固化就是胶的物态发生变化，一般是从液态发生变化。比如水胶，它蒸发掉水分就会变硬，从而把两个物体粘接到一起。合成剂的固体一般是化学反应的结果。

然而，固化并不能说明胶接的本质。有时候，胶接能做到比材料本身更结实。这又是怎么回事呢？

最初的解释认为，胶不仅仅浮着于物体的表面，同时侵入到表面的细孔和洞眼中，于是就造成了黏合。这种解释比较简单，但却很能说明问题。例如铜和铝的胶接，如果金属表面有一层氧化物，就要比光亮的表面粘得更牢。

另一种解释认为，胶必须能浸润它所要粘接的表面，才能造成黏合。比如，在黏合铝和聚乙烯时，由于熔化的聚乙烯能够很好地浸润铝表面，它们之间的胶接就特别牢固。如果聚乙烯已经固化，树脂就无法把铝和它黏合起来。

还有一种解释认为，在极近的距离内，分子之间存在着一种引力，即"范德瓦尔斯力"。如果某个分子是极性分子（它的一端带正电，另一端带负电），那么它就会使附近的分子感应到极性，从而使它们因静电作用而吸附。

20 世纪 50 年代以后，"化学连接理论"逐渐发展起来。这种理论认为，在某种情况下，胶和被黏合材料之间是真正的化学联系，而胶就是"带钩的原子"。由于两层聚合物之间有着相互渗透作用，分子的相互扩散就使胶与材料紧密地结合在一起了。

最新的解释被称为"电化理论"。很久以前人们就发现，当黏性接触在真空中被撕开时，会出现放电现象。如果把粘在金属表面的聚乙烯剥离下来，也会产生类似的放电现象。这就说明，黏合剂可能类似于一个电容器，当两片分离时，就会产生内部电场，而这种电的相互作用就会造成黏合。最新的研究也表明，聚合物与金属的结合同半导体与金属的结合十分相似。

以上解释究竟哪一种更正确呢？这个问题目前还无法做出回答。

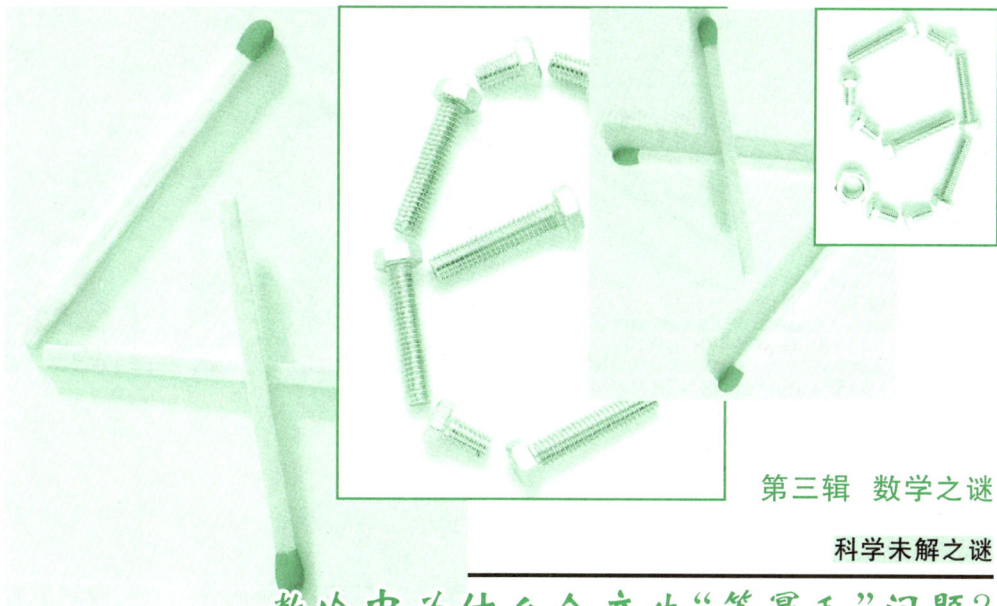

科学未解之谜

数论中为什么会产生"等幂和"问题？

　　数学中的分支学科——数论,历来是一门诱人的学科。数论中有许多题材妙趣横生,能使人沉湎其中,乐而忘返。

　　在数论中,有一种现象叫"等幂和"现象,也被称为"金蝉脱壳"现象,这个问题一直吸引着许多数学家去研究,去解释。

　　现在,请看两组自然数,每组中各有三个数,每个数都是六位,把这两组数相加,就会发现它们的和完全是相等的:

　　$123789+561945+642864=242868+323787+761943$

　　这样的性质,自然算不上稀罕。可是,它们各自的平方之和也是相等的,也即:

　　$123789^2+561945^2+642864^2=242868^2+323787^2+761943^2$

　　如果你不相信,可以亲自计算一下。算过之后,你也许会感叹道:"真妙啊！"

　　但真正的妙处还在后面。现在,请把每个数的最左边一位数字抹去,你会发现,对剩下的数来说,上述的奇妙关系仍然成立:

　　$23789+61945+42864=42868+23787+61943$

　　$23789^2+61945^2+42864^2=42868^2+23787^2+61943^2$

　　妙处至此并未结束。让我们不妨继续做下去,再继续抹掉每个数最左边的一位数字,结果,上述关系依然存在:

　　$3789+1945+2864=2868+3787+1943$

　　$3789^2+1945^2+2864^2=4868^2+3787^2+1943^2$

我们索性一不做,二不休,继续干到底,看看结果如何?

789+945+864=868+787+943

$789^2+945^2+864^2=868^2+787^2+943^2$

89+45+64=68+87+43

$89^2+45^2+64^2=68^2+87^2+43^2$

9+5+4=8+7+3

$9^2+5^2+4^2=8^2+7^2+3^2$

直到最后只剩下一个数,这一性质依旧存在。这就像"金蝉脱壳"一样,脱到最后一层,金蝉还是货真价实的金蝉,其个性可谓"至死不变"。

这真是妙不可言。且慢,妙处到此还未结束。现在我们"反其道而行之",即把每组数字逐个从右边抹掉,看看结果会如何。人们也许会猜想,经过这样的剧烈的动荡变化,这种性质就不会继续保存下来了吧!可事实与人们预料的恰恰相反,这种性质居然还保存了下来:

12378+56194+64286=24286+32378+76194

$12378^2+56194^2+64286^2=24286^2+32378^2+76194^2$

1237+5619+6428=2428+3237+7619

$1237^2+5619^2+6428^2=2428^2+3237^2+7619^2$

123+561+642=242+323+761

$123^2+561^2+642^2=242^2+323^2+761^2$

12+56+64=24+32+76

$12^2+56^2+64^2=24^2+32^2+76^2$

1+5+6=2+3+7

$1^2+5^2+6^2=2^2+3^2+7^2$

直到剩下最后个位数时,上述性质依旧如此。

这类问题在数论上叫作"等幂和"问题,在国内外,它一直吸引着大批爱好者。为什么会产生这种现象呢?科学发展至今,仍未能做出彻底的回答。

科学未解之谜

"费尔马数"是不是只有五个？

在寻找最大素数的过程中，数学家们同时都想到这样一个问题：能不能用一个公式把所有的素数都一一表示出来呢？如果能找到这样一个公式，就可以用它来解决有关素数的难题。

有很多数学家先后提出了许多他们自以为正确的素数公式，但都先后遭到了否定。直到今天，也没有出现一个理想的素数公式。

1640 年，被誉为"近代数论之父""业余数学家之王"的法国数学家费尔马也提出了一个素数公式：$F_n=2^{2^n}+1$

他发现，当 n=0,1,2,3,4 时，F_n 分别给出 3，5，17，257，65537，都是素数。这些素数就被称为"费尔马数"。由于 F_5 太大（F_5=4294967297），所以他没有进行验证就提出了一个猜想：对于一切自然数 n，F_n 都是素数。

费尔马擅长的就是数论，而他提出的猜想正好在数论的范围里，所以有不少人认为他是对的。不幸的是，这次他猜错了。

1732 年，欧拉发现，当 n=5 时，$F_5=2^{2^5}+1$=4394967297=641×6700417，偏偏是一个合数。1990 年，又有人发现，$F_n=2^{2^6}+1$=27477×67280421310721，也是一个合数。

接着，人们又陆续找出了许多反例，从 F_7、F_8 直到 F_{19} 以及许多 n 值很大的 F_n，全都是合数，却没有人能利用费尔马的公式求出一个素数来。由此可见，费尔马提出的所谓素数公式实际上是错的。

人们还发现，随着 n 值的增加，F_n 的值也以极大的速度变大，比如 1980 年求出：F_8 等于 1238926361552897 乘以一个 62 位的数。

目前 F_n 的值只能求出几十个，而这些全都不是素数。那么，人们不禁要问，"费尔马数"是不是只有费尔马给出的那五个，再也没有了？按照费尔马的素数公式，是不是只能有那五个素数，而不会再有新的素数了？这些问题至今还没有人能够做出回答。

孪生素数有无穷多对吗？

很早以前，人们就发现素数之间有一种奇妙的关联：许多素数之间只隔着一个偶数，比如，3 和 5,5 和 7,11 和 13,17 和 19 等等；它们的差都是 2，而且总是成对出现，好像一对对双胞胎。人们把这种数就称为孪生素数。

孪生素数并不是只有以上几对，再继续找下去，还可以发现 29 和 31,41 和 43,59 和 61……接连不断地找下去，总是会出现一对比一对更大的孪生素数，比如 10 016 957 和 10 016 959 就是其中较大的一对。

由于素数在自然中分布相当稀疏，有时在连续很多个自然数中一个素数也没有。例如在以下两个素数之间，竟然隔着 651 个合数。这两个素数是：2 614 941 710 599 和 2 614 941 711 251。于是，那些成对出现的孪生素数就十分引人注目，而寻找它们也不是一件容易的事。

尽管孪生素数不易发现，但人们总是能不断找到新的孪生素数。电子计算机问世后，人们借助它又发现了许多数值很大的孪生素数，它们有几十位乃至上百位，记起来太麻烦，于是人们就把孪生素数记成 a-1 与 a+1，或者记成 a±1。

1972 年，两位美国数学家发现了一对有 83 位的孪生素数，它们是 $76 \times 3^{169} \pm 1$。

1978年,数学家彭克又发现了一对有303位的孪生素数。1979年,美国数学家阿特金和李克特发现了一对更大的孪生素数,它们是$694513810×2^{2304}±1$。不久,他们俩又发现了一对有703位的孪生素数:$1159142985×2^{2304}±1$。大约在1980年,他们俩发现的一对新的孪生素数竟多达1000多位:$1024803780×2^{3424}±1$。

近年来,人们开始注意到孪生素数与梅森素数的关系。1983年,德国数学家凯勒发现了15对与梅森素数有关的孪生素数,其中最大的一对比阿特金与李克特1980年发现的那对还多几百位,它们是:$1639494×(2^{4423}-1)±1$。

既然孪生素数总是这样层出不穷,人们就不能不提出这样的猜想:孪生素数是不是有无限多个呢?

1948年,数学家波林那克猜测孪生素数有无穷多对,这就是著名的孪生素数猜想。但是直到今天,这个猜想仍然是猜想,并没有得到证明,使它成了和哥德巴赫猜想一样难以解决的难题。目前最好的结果就是用中国数学家陈景润的方法证明的下述命题:存在着无穷多个素数P,使P+2为不超过两个素数的乘积。

科学未解之谜

哥德巴赫猜想能够最终得到证明吗?

1742年6月7日,长期居住在俄国的德国数学家哥德巴赫,写信给当时的大数学家欧拉,提出了这样一个猜测:任何大于4的偶数都可以写成两个奇素数之和,比如,6=3+3,8=5+3;任何大于7的奇数都可以写成三个奇数之和,比如9=3+3+3,11=5+3+3,13=5+5+3。

同年6月30日,欧拉在给哥德巴赫的回信中说:"任何大于4的偶数都是两个奇素数之和。虽然我还不能证明它,但我确定无疑,这是完全正确的定理。"

欧拉的这番话激发了许多数学家的勇气和兴趣,他们纷纷着手证明哥德巴赫提出的猜想,但直到19世纪末仍未取得任何进展。一位著名的数学家说,解决哥德巴赫猜想的困难程度,可以和任何没有解决的数学问题相匹敌。于是,有人就把哥德巴赫猜想比作数学王冠上的明珠。

要想证明哥德巴赫猜想,就要检验所有的自然数,看一看哥德巴赫猜想是否对每一个数都成立。但困难在于自然数有无限个,不管验证了多少个,也不能确定下一个数还是这样。有人已经对直到$3.3×10^8$的所有偶数都做了验证,但还是不能解决这一

欧拉

问题。1937年,苏联的数学家证明了每个大奇数都可以表示为三个奇数之和,这个大奇数比10的400万次方(1后边跟400万个0)还要大,目前已知的最大素数比它还要小。但这离最后的结论还差得很远,因为它还没有证明奇数能否表示为三个奇素数之和。

于是,数学家们采取了分步走的办法,先归纳出一个类似于哥德巴赫猜想的命题,即先证明任何大于4的正整数,都可以表示为C(C是某个正整数)个素数之和。沿着这条路走下去。首先在1930年,苏联25岁的数学家西涅日尔曼证明了C≤800000。这是哥德巴赫猜想研究中的第一次大突破。接下来又有人先后证明了C≤2208(1935年),C≤71(1936年),C≤67(1937年),C≤20(1950年);1956年,中国的尹文霖证明了C≤18。

1937年,苏联著名的数学家伊·维诺格拉多夫用"圆法"和他自己创造的"三角和法",证明了充分大的奇数都可以表示为三个奇素数之和。这个证明被称为"三素数定理",这是迄今为止在解决哥德巴赫猜想方面取得的最大突破。

为了摘取这颗数学王冠上的明珠,数学家们还在不断地探索新路,他们提出了这样一个命题:每个大偶数都可以表示为一个素因数的个数不超过a个的数与一个素因数的个数不超过b个的数之和。这个命题可以简记作(a+b)。比如,(3+4)的意思就是充分大的偶数每个都可以表示为一个不超过三个素数相乘所得到的数与一个不超过四个素数相乘所得到的数之和。(1+1)的意思就是充分大的每一个偶数都可表示为一个素数与另一个素数之和。如果能够证明了(1+1),那么就等于证明哥德巴赫猜想是正确的。

1920年,挪威数学家布朗首先证明了(9+9)。在此之后,德国、英国、苏联的数学家分别证明了(7+7)、(6+6)、(5+5)、(4+4)。1956年,我国数学家王元证明了(3+3)。1957年,王元又证明了(2+3)。1962年,我国数学家潘承洞和苏联的数学家巴尔巴恩分别证明了(1+5)。同年,王元和潘承洞又合作证明了(1+4)。1965年,维诺格拉夫与苏联的数学家布赫夕塔布和意大利的数学家朋比尼又证明了(1+3)。

1966年,我国数学家陈景润证明了(1+2),但由于没有发表详细的证明,因而在国际上影响不大。1973年,陈景润发表了他修订过的论文《大偶数表为一个素数及一个不超过二个素数的乘积之和》,立即轰动了国际数学界,他的证明被称作"陈氏定理"。一

陈景润

位英国科学家赞誉陈景润移动了"群山"。

目前,数学家们正在向(1+1)进军。尽管看上去从(1+2)到(1+1)只有一步之遥,但要想跨过这一步,却是极其艰难的。有许多数学家认为,要想证明(1+1),就需要创造新的方法,以往的路很可能是走不通的。不过,这个猜想究竟能于何时、何地得到证明,将由什么人来做出证明,却是不得而知了。

科学未解之谜

是谁最早证明了勾股定理?

直角三角形两条直角边的平方之和等于斜边的平方,用公式表示为 $a^2+b^2=c^2$。这一结论被称为勾股定理。

三个自然数,如果其中两个数的平方之和,等于第三个数的平方,那么这三个数就是一组勾股数。3、4、5,这是人们最为熟悉的一组勾股数。

那么,这个定理是谁最先证明的呢?

国外大部分学者认为,是毕达哥拉斯最先证明的。从历史资料看,公元前6世纪时,古希腊数学家毕达哥拉斯就已经证明了这个定理。因而国外数学界把勾股定理称为"毕达哥拉斯定理",称勾股数为"毕达哥拉斯三角形"。据说,毕达哥拉斯学派的人们在证明了这个定理之后,欣喜若狂,杀了100头牛来设宴庆贺。因而人们又称勾股定理为"百牛定理"。

但是,毕达哥拉斯学派比较神秘,他们对证明过程严格保密,因而证明没有被传下来。从古流传到今的勾股定理的最早证明,人们是从《几何原本》上看到的。《几何原本》是古希腊杰出的数学家欧几里得于公元前4世纪时写的,是有名的传世名著。但是,这个证明是欧几里得自己做出来的,还是引用别人的,或者是毕达哥拉斯的呢?人们还不甚清楚,但习惯上人们将这一证明称为"欧几里得的证明"。

看来,谁最先证明勾股定理这个问题将在很长一段时间是一个科学之谜。至于谁最先发现了勾股数,恐怕也会成为一个科学之谜。

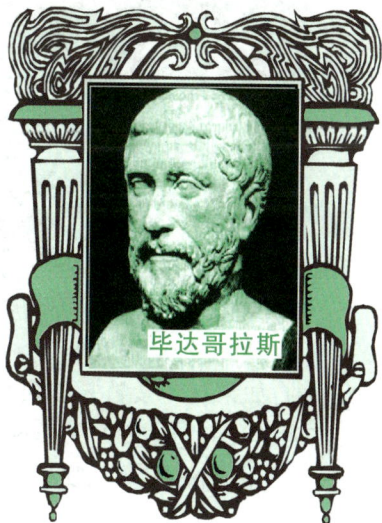

毕达哥拉斯

关于勾股数，人们一般认为3:4:5是一组最小的勾股数。有资料表明，古埃及人在公元前23世纪时，就已知道这个结论了。除了3、4、5以外，公元前1世纪左右成书的中国古算名著《九章算术》、古希腊数学家丢番图在公元3世纪写的《算术》书中，还有5、12、13；7、24、25；8、15、17；20、21、29等若干组勾股数，而且，丢番图还求得了求勾股数的公式。

　　从有些资料来看，也可能是古巴比伦人最早知道了勾股定理的结论。据考证，汉谟拉比时代的古巴比伦人在计算长方形对角线的长时，就知道并会运用勾股定理了，时间是公元前18世纪或比这更早。关于勾股数，现在保存在美国哥伦比亚大学的一块泥板上有15组勾股数，它的年代是公元前1900年到公元前1600年之间。这15组勾股数中的前四组是：119、120、169；3367、3456、4825；4601、4800、6649；12709、13500、18541。第11组是45、60、75。这就是人们所熟悉的3:4:5。

　　现在人们大都认为，虽然毕达哥拉斯可能是最先证明了勾股定理的人，却不一定是最先发现勾股定理的人，因为毕达哥拉斯曾到巴比伦和埃及游历和学习过，他不可能不知道巴比伦和埃及在这方面的成就。

　　在中国，人们很早就已经对勾股数、勾股定理及其应用有了认识。在约公元前1世纪时成书的《周髀算经》中，就有这方面的记载。大约是在公元前11世纪时，中国周朝初年的学者商高就已经知道了3、4、5这一组勾股数。在公元前六七世纪到公元前4世纪之间的某个时候，学者陈子就已经知道了直角三角形两直角边的平方之和等于第三边的平方。公元3世纪时，三国中吴国的学者赵君卿注解《周髀算经》时所做的"勾股圆方图"注，是中国学者对勾股定理的最早证明。

最大的素数是多少？

　　素数也叫质数，是指大于1，只能被1和它自身整除，而不能被其他正整数整除的整数。例如2、3、11、17、19、57等都是素数。

　　早在公元前300年，欧几里得就已经证明了素数有无限多个，证明大意是这样的：如果认为素数是有限多个，全部素数就是2、3、5、7、11……p，它们的乘积相加就是：$A = 2 \times 3 \times 5 \times 7 \times 11 \cdots \times p + 1$（1）。

　　由于整数$A > 1$，所以，它或者能被素数整除，或者它本身就是个素数。可是，从（1）

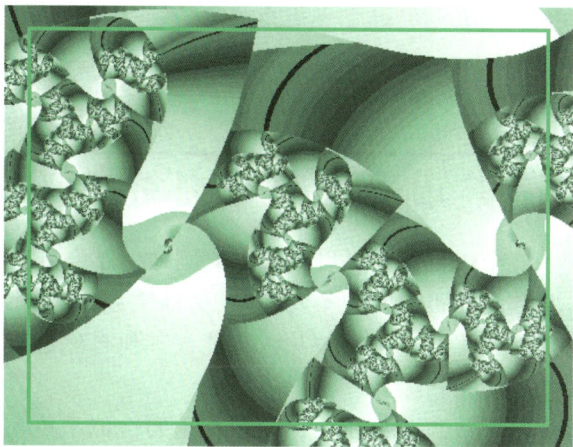

式看，A 不是 2、3、5、7……p 的倍数，所以，A 不可能被从 2 到 p 的任何一个素数整除。这样说来，应该是 A 有大于 p 的素数因子或者是 A 自身就是一个素数。也就是说，一定还有比 p 大的素数。这就说明在从 2 到 p 这个有限个素数以外，还有素数存在。所以，素数的数量是无限的。

素数在自然数中占有极其重要的位置，于是，人们就开始研究它的分布规律，寻找最大的素数——当然，这是指目前知道的最大素数。

现在人们已经知道：从 1 到 100 之间有 25 个素数；从 1 到 1000 之间有 168 个素数；从 1000 到 2000 之间有 135 个素数；从 3000 到 4000 之间有 120 个素数；从 4000 到 5000 之间有 119 个素数……

从上面的规律来看，数越大，出现的素数越稀少。

既然最大的素数是无限的，最大的素数也不存在。于是，人们的兴趣就集中在怎样才能用一个公式来表示素数，并且利用这个公式去发现一个比一个更大的素数。现在，每发现一个目前最大的素数，就是一个新纪录。

1640 年，大数学家费尔马提出一个猜想：$2^{2^n}+1$ 是素数。然而，100 年后，欧拉发现了当 n=5 时，$2^{2^5}+1$ 不是素数。现在，人们已经发现有几十个相反的例子，说明费尔马的猜想错了，因而他的 $2^{2^n}+1$ 的公式就不能成立。

1664 年，法国修道士梅森提出一个公式，2^p-1（p 必须是素数）是素数。这种素数称为梅森数。梅森本人算出了八个素数，另外还有人找到了 20 多个。

在 20 世纪 80 年代以前，人们知道最大的素数是 $2^{86243}-1$，这个数如果全写出来，全长 25962 位。

1986 年，人们知道最大的素数是 $2^{216091}-1$，利用中学代数知识，可以算出这个数的最后四位数是 8447。

最大的素数到底是多少，除了上述的数字以外，科学家们还在继续寻找。

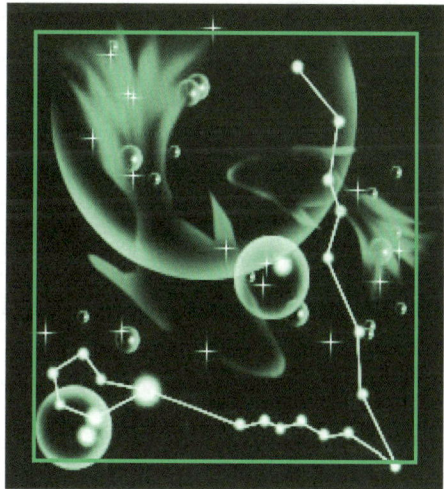

这些素数问题能够得到解决吗?

全体自然数可以分成三类:素数、合数和1。素数只能被1和它本身整除,又称质数;合数不仅能被1和它本身整除,也能被其他自然数整除。

素数和合数相比,素数的重要性似乎更大一些,因为每个合数都可以表示成几个素数的乘积。所以,有人把素数称作构成自然数大厦的砖瓦。

1既不是素数,又不是合数。

人类对素数的研究有着几千年的历史。早在古希腊时,数学家在素数研究方面就取得了两个极为重要的成果。一个成果是由被称为"几何之父"的古希腊数学家欧几里得取得的,他在公元前300年编写的《几何原本》中证明了素数有无限多个。另一个成果是由古希腊数学家埃拉托色尼取得的,他创造了求1,2,3…,n个数中的素数的筛选法。

除了以上两个研究成果外,人们还发现素数具有许多有趣的形式和性质。比如逆素数:顺着读与逆着读都是素数的数,如1949与9491,3011与1103,1453与3541等。无重逆素数:数字都不重复的逆素数,如13与31,17与71,37与73,107与701等。循环下降素数与循环上升素数:按1~9这9个数码反序或正序相连而成的素数,如1 987,76 543,23 456 789,1 234 567 891。现在找到的最大的一个循环上升素数一共有28位:1 234 567 891 234 567 891 234 567 891。

在那些独特的素数中,由全是1组成的素数特别著名。把由连续几个1组成的数记为R_n,则$R_2=11$是一个素数。现在已经发现R_{19}、R_{23}、R_{317}都是素数。

尽管数学研究取得了很多成果,但直到现在仍然有一些问题没有得到解决,除了哥德巴赫猜想等几个著名问题外,其他问题有:1.存在无穷多个形如n_2+1的素数吗?2.在n_2和$n_2+n(n>1)$之间总存在着素数吗?3.存在着无穷多个仅由1组成的素数吗?4.存在无穷多个$n!+1$或$n!-1$的素数(且$n!$表示1到n的所有自然数的连乘积)吗?5.在斐波那契数列1,1,2,3,5,8,13,21…中包含无穷多个素数吗?6.存在一个大于2的偶数,它不是两个素数的差吗?

你如果对这些没有答案的问题感兴趣,不妨试着证明一下。

科学未解之谜

数学里的"黑洞"是怎么回事？

在天文学上，"黑洞"是一种特殊的天体，如果其他天体进入它的边界，就会被它吸进去。黑洞就这样无声无息地吞噬着大量的物质，而不放射出一点自己的物质。因而，有人将"黑洞"称为"宇宙中最自私的怪物"。

有的数学家发现，数学里也有"黑洞"现象存在。

苏联作家高斯莫夫曾经发现 6174 这个数字很奇妙，他在《数学的敏感》一书里，曾把它列为"没有揭开的秘密"。现在，请你随手写出一个四位数，这个数的四个数码中如果有三个相同也无关紧要，但不能完全相同。例如 5555、8888 等就不行，但 4555、7888 就可以。

写出这个数字以后，要把它重新整理一下。其方法是：按照从大到小的顺序来重新排列，把最大的数码升为千位数，接下来把次大的数作为百位数，再次大的数作为十位数，最小的作为个位数。例如 5477，经过整理之后，就变成了 7754。

接下来，把所得的数颠倒一下，然后再求出这两个数的差数，用大的数减去小的数，只看绝对值，不问正负号。然后，再对所得到的差数，继续按上述方法进行整理，最后又可以得到一个新的差数。这样重复做了几次之后，就会出现 6174。它仿佛是数的"黑洞"，任何不完全相同的四位数，经过上述"重排"和"求差"运算之后，都会跌进 6174 这个"黑洞"，再也出不来了。

上述实例具体演算过程如下：

$$
\begin{array}{r} 7754 \\ -4577 \\ \hline 3177 \end{array}
\qquad
\begin{array}{r} 7731 \\ -1377 \\ \hline 6354 \end{array}
\qquad
\begin{array}{r} 6543 \\ -3456 \\ \hline 3087 \end{array}
\qquad
\begin{array}{r} 8730 \\ -0378 \\ \hline 8532 \end{array}
\qquad
\begin{array}{r} 8532 \\ -2358 \\ \hline 6174 \end{array}
$$

注意：在这里以 0 开头的数字，也得看成是一个四位数。

这样不断重复、周而复始的雷同操作，在计算机里称为"迭代"。总而言之，经过几次迭代以后，所有的四位数不管它从哪一个数开动的，都会找到它们的共同归宿——6174。

三位数也有这样的"黑洞",这就是495。对任何一个各位数不完全相同的三位数,施行"重排求差"运算,经过不多几步之后,一定也会跌进"495"这个黑洞。

例如:236

$$
\begin{array}{r} 632 \\ -236 \\ \hline 396 \end{array}
\qquad
\begin{array}{r} 963 \\ -369 \\ \hline 594 \end{array}
\qquad
\begin{array}{r} 954 \\ -459 \\ \hline 495 \end{array}
$$

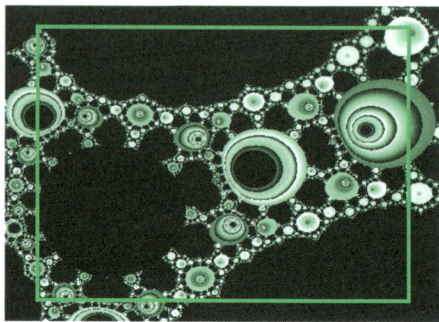

有时候,"黑洞"里头不仅只有一个数,而是有好几个数,像走马灯一样兜圈子,转来转去也转不出来,又好像孙行者跌进了如来佛的手心,怎么翻筋斗也翻不出去了。

在五位数中就已经发现了这样两个"怪圈",通俗地讲,也就是死循环,它们是:

｜63594 61974 83962 75933｜

｜62964 71973 83952 74953｜

数学里为什么会有"黑洞"呢?数字为什么会跌进"黑洞"里面呢?在很长一段时间内,这是个无法揭开的秘密。近年来,由于日本一些学者的努力,这个秘密已逐渐被揭开了。

关于天体"黑洞"的存在和形成已经有很多理论进行了解释,但对于数学里的"黑洞",数学家们却显得有些束手无策,到现在为止,还没有出现令人满意的合理解释。

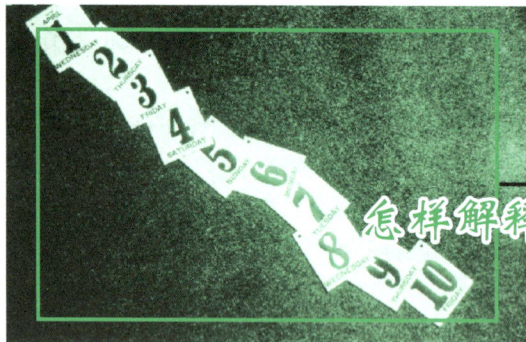

怎样解释无量纲数和大数之谜?

物理定律中往往包含各种常数,如普朗克常数 n、光速 c、牛顿引力常数 G 等。这些常数往往具有确定的量观,改变所用的单位就会改变这些常数的数值。因此,在物理学中更为重要的是一些无量纲数,即一些具有相同单位的常量的比值。在微观物理学中,极为重要的无量纲数有:精细结构常数 a=1/137,电子和质子质量比 1/1840,等等。在量子电动力学中,人们非常熟悉这些常数的重大作用。比如精细结构常数 a,它不仅是氢原子光谱精细结构的表征,而且是基本粒子领域中电磁相互作用的标志。

但是,如果我们要问为什么这些常数恰巧为 1/137、1/1840 这样的数值呢,这却是

个至今不能解答的问题。

如果进一步把宇观世界和微观世界联系起来考虑，已经发现的无量纲数就更有趣了。氢原子中静电力和万有引力之比 $e^2/Gmpme$ 约为 $2×10^{39}$，而以原子时间单位来量度的宇宙年龄又恰巧是 $1×10^{39}$，还有以质子质量为单位来表示的宇宙总质量（实际上是以 $c/2$ 的速度退离我们的那一部分宇宙的总质量）是 10^{75}。它们都是 10^{39} 这个大数的整数倍。这是个偶然的巧合，还是其中隐含着丰富的物理学内容呢？这就是著名英国物理学家狄拉克在 20 世纪 30 年代提出的"大数之谜"。

显然，10^{39} 这个大数的出现不是简单的巧合，仔细分析就会发现，静电力和万有引力之比，其实就是原子世界起主要作用的电磁作用和宇观世界起主要作用的引力之间相对大小的标志。其他两个量，就更是直接把表征宇宙整体特征的量和表征微观世界的量联系了起来。因此，似乎可以认为，10^{39} 这个大数蕴藏着联系微观世界和宇观世界的许多信息和启示。

如果真是这样的话，就马上给物理学家带来了一系列难题。

首先，为什么这些无量纲数恰巧取 10^{39} 及其整数幂的数值呢？其次，这些不同的无量纲数之间是否有联系？静电力和万有引力之比和以原子时间量度的宇宙年龄都是 10^{39} 的整数倍，是否意味着这两个量本身相等呢？如果相等，由于宇宙年龄是不断随时间而增大的，因而引力常数 G 必须随时间而不断减少。但这个结论同爱因斯坦的广义相对论直接抵触。

20 世纪 70 年代以来，狄拉克一直主张建立一种 G 既可变，但又不与广义相对论矛盾的理论。为此，他采纳了米尔恩的两种时标假说，假定在宇观世界，包括爱因斯坦理论在内，只有采用和原子单位不同的适当时间单位才成立。这样，由于宇观时间标度和微观时间标度不同，就有可能建立一种调和大数假说和广义相对论的理论。

但是，宇观世界总是由宏观世界构成，宏观世界又总是由微观世界构成，认为自然界存在两种时间，而且必须采用不同的宇观的时间单位和微观的时间单位，这个假说不但和量子力学与经典力学的对应原理不符，而且和目前已有的物理理论传统观念也不一致，引入两种时标，不免失于牵强。

但是，除此之外，能否用更为自然的方式调和广义相对论和大数假说的矛盾，从而揭开大数之谜呢？这仍然是物理学的一大难题，有待于进一步研究和探索。

狄拉克

无穷大到底有多大？

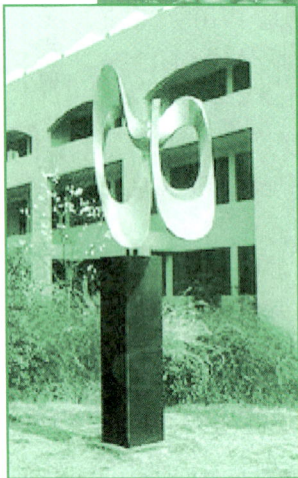

无穷大，在数学上经常用符号 ∞ 来表示。无穷大这个概念不但是数学家经常研究的难题，而且也是令许多哲学家感兴趣的问题。

关于对无穷大的理解，19世纪著名的数学家乔治·康托尔认为有三种情形：第一种情形，无穷大最完美的形式完全超凡脱俗地存在于造物主的控制之外，这种无穷大，康托尔称之为"绝对无穷"，或简称"绝对"；第二种情形，无穷大存在于千变万化的世界中；第三种情形，无穷大像数学的其他范畴一样，存在于人们的抽象思维之中。在现实生活中，当人们谈论无穷大的时候，往往是指康托尔所说的前两种形式，而真正为数学家感兴趣的则是第三种情形。

无穷大到底有多大？还有比无穷大更大的无穷大吗？关于这个问题，数学家有两种回答。

第一种看法认为，所有的无穷大从根本上来说都是相同的，即无穷大本身不存在量上的差别。古希腊哲学家齐诺和德国数学家希尔伯特就持这种观点。

公元前15世纪，齐诺揭示了无穷大的特性。他用最后一个希腊字母 ω 表示无限大的数。这个 ω 就是今天数学家使用的 ∞ 的始祖。他指出，移动1厘米需无穷多步。移动的办法是：首先移动0.5厘米，以后每一次都移动剩下的距离的一半，如此继续下去，将没有止境。根据这种移法，人们可以在1厘米的尺上刻上 ω 个点，而在2厘米尺上就可以刻上 ω+ω 个点，ω+ω 必然要比 ω 大，但实质上这二者却没有什么差异。

与齐诺持同样观点的是19世纪的德国数学家希尔伯特。他曾以住旅馆为例来说明无穷大的等值特性：想象有一幢有无穷多层、无穷多间客房的旅馆。有一天，一位客人来订房间，但被告知已经客满。这位旅客给旅馆经营者出主意说："你们旅店不是有无穷多客房吗？虽然已有了无穷多的旅客，但你们可以将1号房间客人移到2号房间，2号房间客人移到3号房间，以此类推，1号房间不就空出来了吗？接待员按着这个办法，果真就解决了这个问题。以后，又有一些新来的旅客要求住宿，接待员都用同样的方法解决了。

通过以上的实例和分析，似乎可以看出，无穷大从根本上来说是等值的。

第二种看法则认为，无穷大也有大小之分。这个观点是康托尔提出来的。1874 年，康托尔利用对角线论证，无可辩驳地证明了所有实数组成的集合确实要比全体自然数组成的集合大。从数学角度来看，实数是指任何一个无穷小数，如 π=3.1415926……，而自然数则是正整数全体，例如 1、2、3、4、5、6……"……"代表一个数的无限序列。如果将希尔伯特旅馆的客人看作是全体实数，而不是自然数，那么就不会产生上述奇妙的安排了。康托尔定律也可以这样理解：在自然数中，无穷大是等值的；而在实数中，则无穷大就有大小之分了。

那么，无穷大究竟是等值的，还是有大小之分呢？上述两种观点正在争论，目前尚无结论。现在许多数学家和哲学家正在考虑无穷大有没有实用价值，在现实生活中能不能找到无穷大这样的问题。

希尔伯特

第四辑 科学假说之谜

科学未解之谜

达尔文的进化论错了吗？

在 19 世纪之前，很多人都一直相信基督教的宣传，认为万事万物都是上帝创造出来的，就连人类本身也不例外。法国科学家拉马克却不信这一套，首先提出了进化学说，却拿不出令人信服的证据米。

英国科学家达尔文从小就热爱大自然，喜欢采集动植物标本。25 岁那年，他又参加了"贝格尔号"军舰的环球旅行。在五年的时间里，他观察过火山，经历过地震，对各地的动植物做了细心的比较，提出了许多问题：为什么同一地区会有着不同的动植物？为什么相隔千万里的不同地区有着相似的动植物？

环球旅行结束后，达尔文回到英国，发表了许多论文，逐渐形成了生物进化的概念。他认为世界上的一切生物都是可变的，并预言从低级到高级的变化中必定存在着过渡物种。他还认为，自然界中无处不存在着生存斗争，"物竞天择，适者生存"，能够和环境相适应的个体就得到了保留，并能把有利于生存的变异遗传到下一代去，反之

则逐渐被淘汰。

达尔文的进化论提出后，虽然遭到了神创论者的反对，但来自比较解剖学、胚胎学、古生物学等方面的大量例证，都有力地支持了达尔文的学说。很快，达尔文的学说就获得了全面胜利，从而使生物学迈入自然科学的行列。为了纪念这位伟大的科学家，人们就把进化论称为"达尔文学说"。

由于达尔文学说的巨大影响，以后的生物学研究基本上都是围绕着他的理论进行的。虽然有人先后提出了创造性达尔文主义和新达尔文主义，20世纪60年代末，又有人根据分子遗传学的研究，提出了"中性突变漂变学说"（又称为非达尔文主义进化学说），但都可以看作是对达尔文主义进行理论的丰富和补充。

尽管达尔文学说在生物学界已经奠定了似乎是不可动摇的基础，但还是有人对它提出了怀疑。归纳起来，怀疑者从以下三个方面提出了质疑。

第一，达尔文认为，生物进化是一个均匀、缓慢的过程，地质上生物的大规模灭绝应当看作是地质记录不完善的表现。而怀疑者们认为，地质史表明，物种灭绝实际上是在相当短暂的时间里一下子发生的，比如恐龙的灭绝、裸子植物的消失等等。

第二，达尔文把人类社会的现象用到生物物种的进化上去，设想物种的发展与人口一样，也是随时间按几何级数增长的。怀疑者们却认为，化石记录表明，物种增长实际上表现为对数图形。达尔文转用生物进化来说明人口增长规律，实际上是犯了循环论证的逻辑错误。

第三，达尔文把生存竞争当作物种灭绝的原因。而怀疑者们却认为，大量事实表明，物种灭绝是由于自然环境的突变造成的。因此，生物进化不是"适者生存"，而应该是"幸运者生存"。

应该看到，随着化石资料的增多，研究手段的先进，人们回过头来再去审视达尔文当年做出的结论，提出一些疑问和反对意见，这是完全正常的。但是要知道，达尔文学说也是建立在大量调查研究、考证分析的基础上的，是轻易否定不了的。那么，能不能说达尔文学说基本是正确的，但其中某些部分是错误的呢？目前，很多学者赞同这种想法。但是由此而来的问题是，究竟达尔文学说错在哪里，对在哪里呢？这又是一个容易引起争论的问题。

人类科学史上等待回答的未解之谜

科学未解之谜

生态平衡存在吗？

中国有句谚语："大鱼吃小鱼，小鱼吃虾米，虾米吃泥球。"这句谚语形象地说明了自然界中的生物存在着相互依存的关系。

大自然中有 200 多万种生物，它们之间互相结合成生物群落，在一定范围和区域内相互依存，共同构成一个统一体，这就叫生态系统。

科学家告诉我们，生态系统中的各个组成部分既有分工，又有协作，从而使生态系统能够不停地发挥作用。科学家们又告诉我们，生态系统发展到成熟阶段时，它的结构、功能、包括生物种类的构成、生物数量比例以及能量流动、物质循环，都处于相对稳定状态。这就叫作生态平衡。

生态平衡是一种动态平衡，在它的内部时时刻刻发生着各种物质循环和能量流动。这种平衡系统对外界的干扰十分敏感，一旦遭到破坏（而且这种破坏又超出了它的自我调节能

科学已揭之秘

生态系统的组成

生态系统由生产者、消费者、分解者和非生命物质（无机界）组成。生产者指绿色植物，它们的叶片中含有叶绿素，能把太阳能转化为化学能，把无机物转化为有机物。消费者主要指动物。草食动物以植物为直接食物，称为一级消费者；以草食动物为食的肉食动物为二级消费者；以肉食动物为食的动物，则称为三级消费者。分解者是指具有分解能力的各种微生物以及一些低等原生动物。非生命物质是指生存系统中各种无生命的无机物和各种自然因素。

力），就会导致生态危机。

比如，在早期澳大利亚的草原上，生长着一种不适合牛羊吃的草。为了消灭这种草，有人就引进了几只兔子。过了几年，兔子吃光了这种草，由于这里自然条件优越，缺少兔子的天敌，于是那些兔子就大量繁殖起来，它们到处掘地挖洞，啃吃牧草和庄稼，给澳大利亚带来了新的灾难。

这样的例子还有很多，而一提到这些例子，人们就免不了讲一通保持生态平衡的重要性。然而，一些科学家却对自然界中是否存在着生态平衡持怀疑态度。他们认为，有人把某一物种数量的降低，某一物种数量的增多，简单地解释为打破了自然界中的平衡所至，这是很值得讨论的。

比如，近年来猫头鹰一类的猛禽数量急剧下降，而老鼠的数量却有增无减，于是有人就认为这是生态失衡的后果。然而有人却认为，生态现象是复杂的，造成某个物种的增多或减少的因素相当多，猫头鹰和老鼠之间的数量对应关系很可能是巧合，也可能是表面现象。比如蝗灾的发生，据研究它带有周期性，不能说它是由于吃蝗虫的益鸟减少才造成了蝗虫的大量滋生。

那些认为存在生态平衡的科学家，总是在告诫人们注意不要有意无意地破坏生态环境，否则就会吃苦头。这种提醒当然是有益无害的，但是对生态平衡存有疑问的科学家却这样提问：如果承认自然界中存在着生态平衡，为什么人们还要消灭老鼠、苍蝇、蚊子，在农业生产中大量喷洒农药杀灭害虫呢？难道说生态平衡中那些对人生存不利的环节是可以破坏的吗？

坚持认为存在生态平衡的科学家，经常用过度放牧导致沙漠化，来证明打破自然平衡的后果。但是对于这样一个事实，也有人认为它不能作为生态平衡存在的依据。事实可以证明，地球上的很多沙漠地带是大自然自己形成的，你能说沙漠化也是实现生态平衡的一个步骤吗？

如果要想彻底结束是否存在生态平衡这场争论，只有通过大量观察和实验，找到在完全排除人为因素后，自然界在自然状态下能够始终自行维持平衡的证据。然而，这种证据是很难寻找的，而且即使找到了，也会出现不同的解释。不过，即使生态平衡不存在，生态却是要加以大力保护的，因为这影响到人类的自身生存。

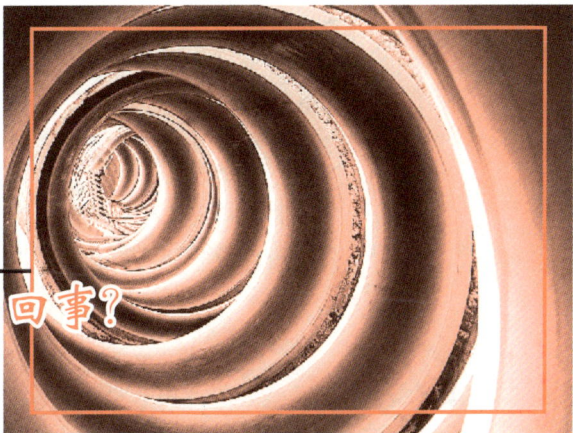

科学未解之谜

"时空隧道"是怎么一回事？

1990年9月24日，"福斯哈根号"拖网船正航行在距离冰岛西南约360千米处，船长卡尔·乔根哈斯突然发现附近的冰山上有个人影。他举起望远镜望去，发现那是一位妇女，正在打求救的手势，乔根哈斯和水手们把这位穿着20世纪初期英式服装的妇女救上船后，问她为何漂泊到这里，她竟然回答说："我是'泰坦尼克号'上的一名乘客，叫文妮·考特，刚才船沉没时，一阵巨浪把我推到冰山上，幸亏你们的船赶到救了我。"

"泰坦尼克号"是一艘20世纪初期在英国建造的一艘超豪华游轮，但在1912年4月5日首航北美途中，触撞一座冰山而沉没，造成了一出死亡、失踪1500多人的特大悲剧。这件事已经过去80多年了，怎么会突然冒出一个幸存者呢？

考特太太立即被送进医院检查，发现她健康状况良好，丝毫没有精神错乱的迹象，血液、头发的化验也证明她此时的年龄在30岁左右。海事机构特地查找了"泰坦尼克号"当时的乘客名单，确实有一位考特太太。这未免太离奇、太怪诞了！

这类神秘再现的事件引起了一些专家学者的注意，他们经过大力挖掘，已经收集到了几十个案例，并试图对此进行科学的解释，"时空隧道"的假设就是在这种背景中被提出来的。

在很多科幻小说和电影中，"时空隧道"被描绘得活灵活现，神奇无比，但在那里人们过多注重的是它的惊人效果，而不去探究它的科学性。科学家们则恰恰相反，他们不会着迷于荒诞的幻想，只对其真实性感兴趣。为了探讨"时空隧道"的性质，学者们提出了各种各样的观点。

有的学者认为，"时空隧道"实际上

"泰坦尼克号"

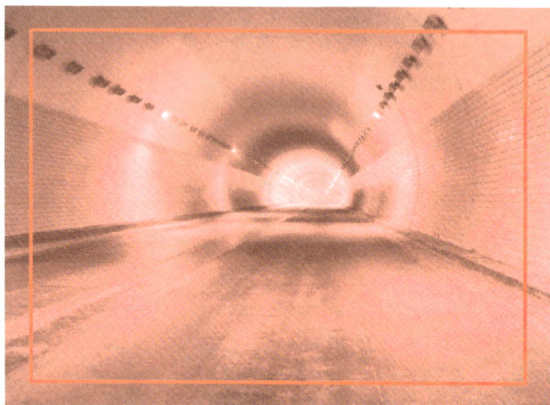

就是宇宙中存在着的"反物质世界"。根据爱因斯坦建立的物质总能量公式,物质的总能量有正、负两个值。如果是这样的话,我们目前只了解了宇宙的一半,即正物质所处的范围,而宇宙的另一半由反物质组成的体系,我们却知之甚少。由于引力的作用,这两部分彼此接近,当接近到一定程度时,由于正、反物质产生的"湮灭"作用,会产生巨大的能量,又将这两大体系分开。而这两大体系产生引力场局部弯曲时所产生的"湮灭"现象,就有可能造成神秘失踪事件;当"湮灭"消失时,引力场恢复原状,失踪者便会出现。

这种解释看似有理,但却遭到了许多学者的反对。他们认为,"湮灭"可能使万物消失,但不可能再现。

还有些学者认为,"时空隧道"可能与宇宙中的"黑洞"有关。人一旦进入"黑洞",就什么知觉也没有了。当他回到现实世界后,只能回想起被吸入以前的事情,而对后来发生的事情一概不知。

这种解释也受到很多科学家的质疑。按照目前对"黑洞"的认识,它能吞入任何物质及能量(包括光线),但从不释放,所以才得名"黑洞"。因而,进入"黑洞"的任何东西都不可能重见天日。

在神秘失踪再现事件中,最令人不解的是时间的停止,不管当事人失踪了多长时间,当他们再度出现时,仍停留在失踪当时的那一刻。对于这种现象,科学家也提出了多种解释。

一种观点认为,"时空隧道"与地球不是一个时间体系,它的时光是相对静止的。无论失踪者在这里遨游了多少年,对于地球上的物质世界来说,其时间长度都是零。

另一种观点认为,"时空隧道"中的时间是倒转的。失踪者一旦进入这个时间体系,就会回到遥远的过去,当时间再次逆转时,又会把失踪者带到失踪那一刻,于是就造成了神秘的再现。

还有一种观点认为,"时空隧道"是一个独立存在的世界,对于人类生活的物质世界总的来说是关闭的,但不知何故也会偶尔开放。正是这偶尔的开放,造成了神秘的失踪和再现。

目前,尽管人们对"时空隧道"的争论很激烈,但依然是幻想的成分居多,既不能证实它的真实存在,更说不清它的具体性质,只能把它当成科学家之谜,等待着人们去进一步加以探索。

空间到底是几维的?

自然界万事万物都具有一定体积,而有体积必然会有一定的空间。在空间里的物体,一般都具有长、宽、高的三维特性,这便是人们所熟知的三维立体或三维空间。但人们生活的空间确实是三维的吗?近年来,许多物理学家、数学家、天文学家和一些哲学家都提出了多维空间的科学问题。他们认为,宇宙和世界不但可以是三维的,也可以是四维、五维甚至是七维、十维、十一维的。

生活在三维空间里的人们很难想象三维世界以外的空间。人们知道,一个点移动一段距离便构成一条线,这是一维;一条线移动一段距离,其轨迹成为一个平面,这是二维;一个平面移动一段距离便构成一个立体,这便是三维。三维空间的生物不能想象四维空间,就像二维空间的生物不能想象三维空间一样。比如说,有一个三维的球体,沿着垂直于平面的第三维方向穿行而过,二维生物首先看到的是一个点,然后变成一个圆,小圆变大,接着又变小,最后又缩成一个点而消失。二维生物会对这种现象称奇不已。如果空间是四维的,有一个四维"超球",沿着一个垂直于三维空间的方向穿行而过,那么三维生物首先看到是一个小点,然后是一个小球变成大球,接着大球变成小球,最后小球又变成一点而消失。同理,三维生物同样会对这种现象称奇不已。科学家认为,一个平面移动一段距离的轨迹是三维立体,那么一个立体移动一段距离便会构成"四维超立体"。

科学家们对于多维世界的探讨可谓由来已久。最早开始这个问题研究的是数学家闵可夫斯基和物理学家爱因斯坦。19世纪末,闵可夫斯基从数学角度深入地探讨过四维空间的问题,这为爱因斯坦提出相对论准备了条件。另外,数学家黎曼、罗巴切夫斯基等人所进行的数学革命,也为爱因斯坦的相对论提供了理论根据。

在爱因斯坦的狭义相对论中,除了长度、宽度、高度三维之外,还存在第四维:时间。因为任何具有三维特性的物体都是存在于一定的时间内的。显然,时间是一个现实的物理概念。人们所赖以活动和生息的三维空间不过是四维时空的投影,但在人们

三维立体画

通常所画的三维立体图里,人们却看不到时间的影子,不过谁也不会怀疑时间的客观存在性。

1921年,波兰数学物理学家卡鲁查曾提出五维空间概念。他提出了一种新的统一理论,在这种理论中,他引入了第五空间维,于是便有了四维空间和一维时间,他企图用这五维空间来统一电磁场和引力场。但是,这第五维没有直接的物理意义,只是为了数学上的意义才引入的。

20世纪70年代以后,有人引入了七维空间(六维空间、一维时间),十一维时空(十维空间、一维时间)。这些观点的基本思想都和卡鲁查的基本思想是一致的。

虽然有许多空间维理论的存在,但主要是五维空间问题。三维空间、一维时间人们容易理解,但四维空间、一维时间的世界人们就很难理解了。这种空间现实吗?人们不得不提出这样的疑问。面对这样的问题,物理学家们对第五维具有纯粹的几何性质并不满足,他们做了多方面的努力,试图提高第五维在物理学上的理论地位,想方设法赋予第五维以具体的物理学意义。

1926年,瑞典物理学家克莱因改进了卡鲁查的理论,指出第五维可能是现实的物理客体,但因为它很小,不能被人们直接测量,因而人类的宇宙依然显示出四维的形状。克莱因对"很小的第五维"做了一番解释。按照爱因斯坦的看法,宇宙是有限无界的,沿着四维空间的超球面上的大圆旅行,只要不偏离这个大圆弧,总可以回到这个原来的四维时空点,克莱因认为,此时第五维也回到了出发点。他假设围绕着第五维四周的圆周很小,如果把它看成一个点,则就是原来的四维时空点。克莱因认为第五维小圆的直径只有质子直径的10^{18}分之一,这真是微乎其微,超出了人们的想象。克莱因认为,由于第五维很小,因此,第五维只能是作为描述可观测的四维时空的物理理论的一个数学附属物。四维时空参与物质运动过程,但第五维却不渗入。随着宇宙的不断深化,四维空间也在改变,但第五维的大小却始终保持不变。因此,克莱因最终觉得很难赋予第五维具体的物理意义。

除了克莱因之外,爱因斯坦和美国物理学家

柏格曼也进行了第五维的研究。爱因斯坦假设第五维是量子性对应,因而在这个意义上第五维是存在的。但最终爱因斯坦和柏格曼对第五维也没有明确清晰的物理图像。

20世纪50年代,法国物理学家让·玛丽·索里亚尝试赋予第五维以实际的物理学意义。他认为,第五维的行为与其他四维相比,在极端条件下是一样的,只是第五维尺寸极小而已。在宇宙形成的初期可以免除第五维的作用,但在宇宙进化的某一个时期,是可以把第五维的形状具体化的。

1980年,美国耶鲁大学的乔斯特和德特韦勒提出了一个宇宙模型,把多年来人们所反复探讨的多维空间问题以及宇宙的量子本质问题等等一一具体化。他们假设存在某一个时期,那时四个空间维尺寸可以比拟。他们甚至预言,如果人们回到宇宙大爆炸的初始时空区域,那时则只有两维:一维时间,一维即当今世界隐含着的第五空间维,而其他三个空间维反倒收缩到很小的尺度,这正像现在的第五空间维一样。

第五维空间是现实的吗?人类生活的世界到底是几维的呢?多维世界究竟是科学家们的主观臆想还是人们还暂时证实不了的实在?这些问题都有待于科学家们的进一步研究和探讨。

科学未解之谜

时间是怎样产生和发展的?

时间,从来都受到人们的特别宠爱。它无处不在,却不占有空间;它极易消失,却又无可替代;它可以计量,却无从触摸;它充满价值,却又无价可买。人人都熟悉它,但并不是人人都理解它。然而时间到底是什么呢?它会怎样发展呢?像牛顿、爱因斯坦这样伟大的自然科学家,像马克思、恩格斯这样伟大的社会科学家,都曾花费过极大的精力去探索时间的奥秘,但直到如今,人们还把时间称作当今物理学的四大疑团之一。

人们习惯于把时间比作滚滚东流的长河。时间从过去流向未来,时间是无始无终的。在早期的人类社会中,人们为了种植庄稼的需要,便根据太阳的东升西落以及月亮的圆缺变化,发明了日历,从而掌握了季节变化的信息,这是人们最初对时间的认识。然而,对于时间的最初起点,人们却无从知晓。一些科学家提出了"起点"假设,认为宇宙起源于初始原子的大爆炸。他们主张把爆炸瞬间定为时间零点。在这个瞬间,时间的长河开始倾泻了,以此为起点,再过150亿年左右生物才开始继续这个过程。

同时,宇宙的膨胀还在继续,专家们据现有的资料估计,我们这个宇宙还将大约膨胀500亿年。

可是,新的疑团又随之产生了。500亿年以后又将如何？时间的长河会断流干枯吗？

一些科学家认为,500亿年后宇宙开始收缩。再过500亿年又重新回到现在的大小,然后再过100亿年左右又回到一个无限密集的奇异状态。在温度达到10亿度以后,再过三分钟,时间将"停止"。

但也有人认为宇宙将无休止地膨胀下去,如果是这样,时间似乎只有起点而无终点。如果是前者,人类将面临炽热的未来；如果是后者,人类又将走向冰冷的末日。还有一些科学家不甘心这种灾难性的假设,他们从这些假设的各种不确定性和尚未确定的推测中看到一种希望。他们认为,宇宙可能将遭遇到某种宇宙反弹,收缩到一定程度而重新膨胀,跟着是另一次收缩和另一次反弹。这样永远地反复下去,就好像一只向空中抛出的球,一开始运动得很快,然后逐渐变慢而至停止,碰到地面后重新回弹反向运动,开始下一轮的演化过程。如果这是我们的未来,那么这也是我们的过去。现在膨胀的宇宙只不过是跟在上一次收缩和反弹之后的一个阶段而已。1965年时就有人提出,宇宙的一个循环周期大约是820亿年,在这个猜测下,我们也许可以说:时间不是一条无始无终的线,而是一个无始无终的圆。或者说时间不是一条长河,而是一湾长湖。

然而,这种反弹理论也面临着困难。反弹总是要消耗能量的,物理学早已否定过各种永动机,因而很难使人相信,宇宙在这之前或之后会经历无限多次循环。看来,我们仍然无法对这一时间的疑团做出肯定的回答。

对于时间方向的疑团，至今也还在争议之中。在我们的日常生活中,谁也不会见到今天回到昨天的"时间倒流"。可是,在经典物理学中，时间只不过是表征物体运动状态的一个"几何参数"。它们对时间方向性的感觉是无所谓前后的。例如,大到在自己特定轨道上转动的行星，小到绕原子核转动的电子，都是没有时间方向性的,在前一个七时刻和后一个负七时刻，其运动位

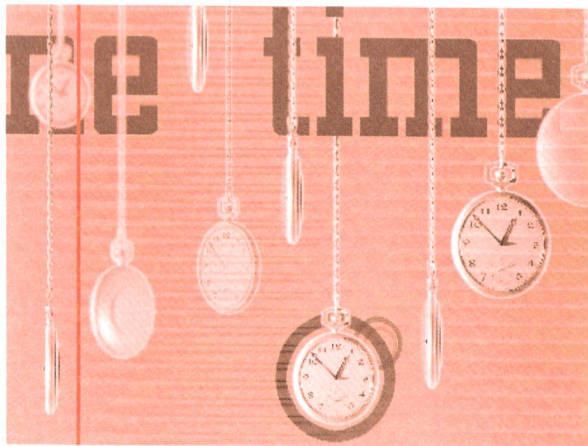

置是对称的。人们认为,时间是坐标,不是矢量。然而,也有科学家质问道:果然如此吗?时间会不会既是坐标又是矢量呢?

我们曾经在前面谈到过某些天体物理学家关于宇宙从膨胀转为收缩的理论。在那个收缩的宇宙里,时间的方向会怎样呢?他们认为,在那里,时间和因果顺序都是颠倒的,就好像把拍摄的影片全都掉过来倒放。甚至他们还令人不可思议地形容道,那时的人不是把饭往嘴里吃,而是把饭从嘴里吐出来。但目前尚无法检验它正确与否。

爱因斯坦创立的相对论为人们认识时间的本质开创了新天地。他用严密的科学论证说明了时间和空间的相对性,揭示出时空同运动着的物质间联系的具体形式,并用数学语言以定律的形式表示出这种联系。作为简单的推导就是,运动的尺要缩短,运动的钟要变慢。任何物体的运动速度都不超过光速。相对论时空观给唯物辩证法提供了最有说服力的论据。

然而,爱因斯坦相对论赖以依存的光速不变原理已经受到了挑战。20 世纪 70 年代就已经发现了超光速粒子的存在,并且科学家已经发现许多类星体的红移速度已达光速的 90% 以上,而且宏观天体的退行速度最终将超过光速,由光速不变派生出的时间尺度可变观念因而也受到了动摇。提出光速可变、时间尺度不变的四维时空理论已势在必然。

从绝对时间观到相对时间观,曾经给哲学界带来巨大的影响。那么从相对时间观再到时间尺度不变的理论,又会让哲学家如何去思考呢?同样,关于时间方向和时间起点、时间终点的不同认识,也把哲学罩入了团团疑云之中。要想驱散这些疑云,显然不是轻而易举的事情。

以太究竟是否真的存在？

"以太"一词起源于古希腊，最初是指天空和上层大气，在古宇宙学中有时又用来指占据天体空间的物质。

最早将以太引入现代科学范畴的是 17 世纪文艺复兴时期法国的数学家、物理学家和哲学家笛卡儿，他给以太赋予了某种力学的性质，认为以太是无所不在的物质。他还认为，地球之所以绕太阳转，就是因为它卷入了太阳周围的以太旋涡之中。

到了 18 世纪，英国著名物理学家牛顿提出了另一种以太设想。他假设星际有以太存在。对于一个天体来说，离开某个天体越远，以太的压力就越大。因此，以太压力就把物体压向天体——这就是万有引力存在的原因。

可是，不管是旋涡以太说还是压力以太说，都经不起数学推导和实验检验，不久，便再也没有人提起以太了。

1978 年 3 月，美国科学家缪勒宣布了一个惊人的消息：发现了新的以太漂移。这一消息立即引起了人们的普遍关注，因为在这之前的 30 多年里，"以太不存在"的宣传不绝于耳，似乎已经成了定论。

于是，那些已经争论了多少年的问题，又被重新提了出来：以太究竟是什么？以太究竟是否真的存在？

上面所说的笛卡儿和牛顿，可以说是最早对以太进行研究的科学家。在 19 世纪，认为以太确实存在的主要有两位杰出的科学家,一位是法拉第,一位是麦克斯韦。他们提出了一套描写电磁现象的理论,按照这个理论,光、电磁波可以解释为以太的波动,犹如声音是空气的波动一样。它充满整个宇宙,无所不包,无所不在,星球不过是以太海洋中漂浮的小船。可以说,法拉第和麦克斯韦是继笛卡儿和牛顿之后承认以太存在的最有影响的物理学家。

20世纪初,物理学经历了一场惊心动魄的革命,引起这场革命的导火线之一,就是以太。1887年,美国研究光学的物理学家迈克尔逊和莫雷一起,利用他们自己设计的一架干涉仪想测量一下地球究竟以多大速度在以太海洋中航行,使他们大吃一惊的是,竟然获得了地球和以太没有相对运动的结论。1902年,屈劳顿和诺勃尔应用电容器探测地球相对于以太的运动,结果也没有发现以太的漂移。这两个实验引起了科学界的一片混乱。有人断言:迈克尔逊—莫雷的实验否定了以太的存在。既然找不到地球相对于以太的运动,就等于否定了有一种弥漫宇宙、无所不在的物质,于是就把以太赶出了宇宙。这种以太不存在的说法一直占上风,并盛行了半个多世纪。

应该指出,迈克尔逊—莫雷的实验确实否定了一种"存在",这就是绝对参照系的存在。正是基于这一点,爱因斯坦指出,光引入以太是多余的。他抛弃了牛顿力学的时空观,做出了光速不变的假设,建立了狭义相对论,从根本上改变了牛顿的物理学。至于不作为绝对空间的以太是否存在,宇宙中是否存在着没有以太的一无所有的真空,当时爱因斯坦还没有论及这些问题。

1976年,物理学家汉柯·图里勃洪完成了一项理论工作,结果表明,如果承认光速不变原理,那就完全没有理由说迈克尔逊—莫雷的实验否定了以太的存在。当初有人得出相反的结论的证据,不是来自物理学而是来自哲学。物理学从来没有证明过这一点,相反,它证明了真空也是物质的一种存在状态。1947年,物理学家们进一步发现,真空不但充满物质,而且还会由于外界电荷的影响,使真空物质的正负电荷偏离,这就是真空的极化。兰姆的微波氢原子光谱实验和日本的朝水振一郎的计算,都证实了这一点。可见,只要承认以太的物质性,它就不能被否定。爱因斯坦本人从来就没有否定过以太。他指出,没有以太的虚空是不可以想象的。他多次强调真空不空。不过爱因斯坦说,以太不会由可以被观察到的微粒所组成。狄拉克也忠告物理学家,以太概念并没有死掉,但它不过是一个还未发现有什么用途的概念。近些年来,李政道博士也指出,真空——以太有极其复杂的结构。以太被驱走了半个世纪以后,又开始悄悄地回来了,不过已不是牛顿、笛卡儿他们想象的那种笨手笨脚的机械以太,而是更神奇更复杂的新式以太。但以太究竟是什么,它是否真的存在,这些问题科学家们还是没有解决。

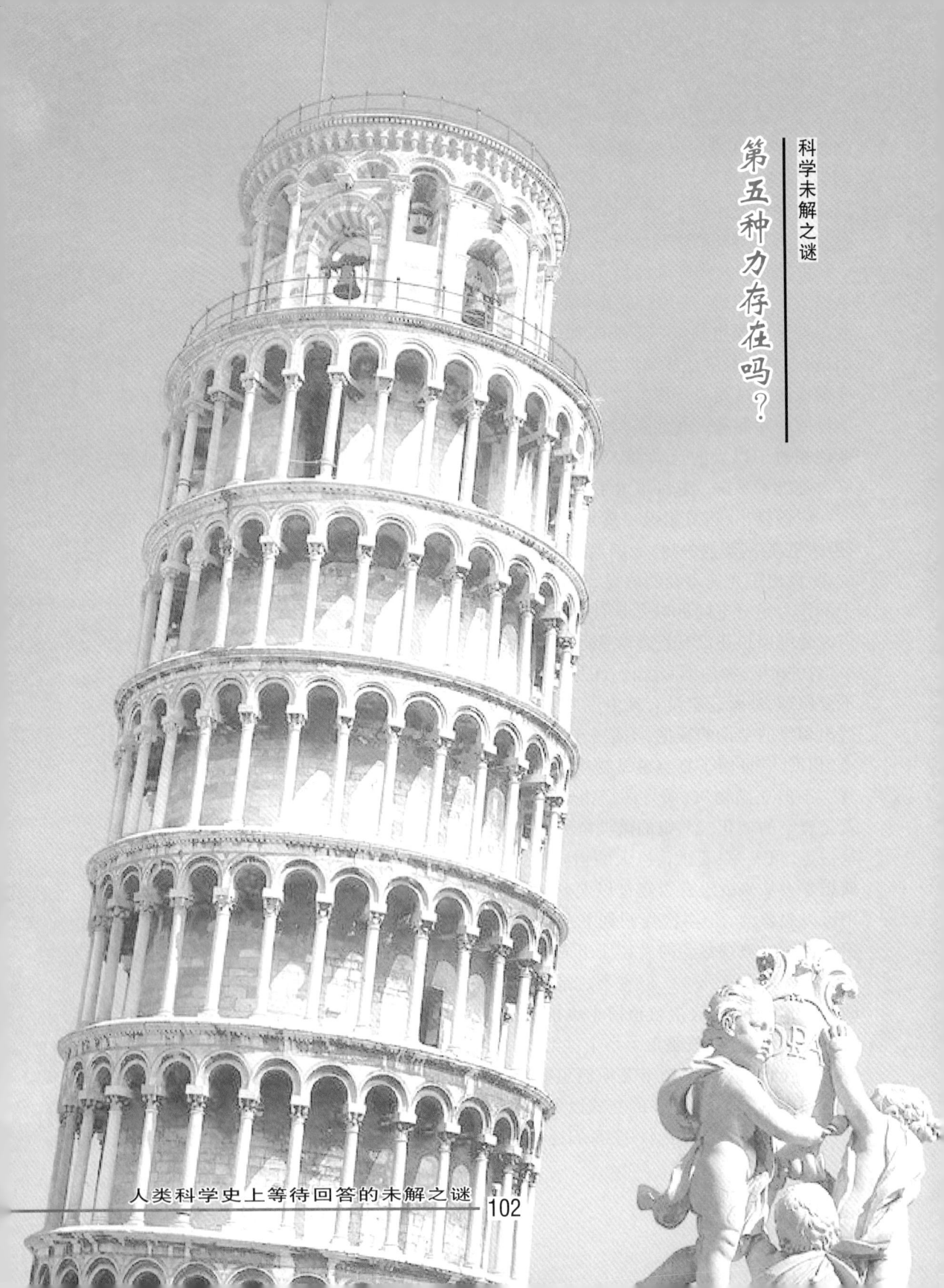

意大利的比萨城以比萨斜塔闻名于世。而一提到比萨斜塔，人们就会联想到一个著名的科学故事。

相传在17世纪初，伟大的意大利物理学家伽利略，向一个被历代学者奉为绝对真理的论断提出了挑战。这个论断是由古希腊的大哲学家亚里士多德提出来的，他认为重物体比轻物体下落的速度要快。而伽利略却认为恰恰相反，轻物体可能比重物体下落速度要快。伽利略的这个新观点激怒了许多学者、教授，学者们纷纷要他拿出证据来。

于是，有一天，伽利略邀请了很多人来到比萨斜塔前，他要在这里做一个实验请大家观看。伽利略一只手拿着一个0.45千克重的铅球，另一只手拿着一个4.5千克重的铅球，一步一步登上斜塔。他站在塔顶上，向下面的人群叫喊了一声，随即两手同时松开，只见两个铅球笔直下落。"啪"的一声，两个重量不同的铅球同时落在地上。伽利略胜利了。

根据这个实验，伽利略做出了一个影响深远的论断：任何物体在真空中自由下落，它们的加速度都是一样的。伽利略的这个论断直接推动牛顿总结出关于力的运动的三大定律。爱因斯坦提出著名的相对论，也是以伽利略的发现为基础的。

为了彻底证实伽利略的论断，英国著名的实验科学家卡文迪许于1897~1898年、匈牙利物理学家诺特费思于1922年分别以同样的方式进行了实验，最后确认了伽利略论断的正确性。不过，根据诺特费思的记录，他做实验时也观察到了一些异常之处，但他认为它们的影响太微小了，因而可以忽略不计。

1985年，以美国物理学家菲施巴赫为首的一个科研小组，以现代实验手段对诺特费思当年做的实验重新进行了检查，发现不同质量的物体在真空中并不具有相同的加速度。菲施巴赫猜测，其原因可能是物体下落时除了受到引力的作用外，还受到了一种尚不为人所认识的力的作用。诺特费思认为可以"忽略不计"的地方，恰恰是说明存在着另一种力的关键。

四种基本自然力

强相互作用力——也叫强力。这种力主要存在于基本粒子间，其典型为核力，是由于 π 介子在核子（质子和中子）间交换而引起的。经过实验，人们已经确认了强力的存在，但还没有完全了解它。

弱相互作用力——也叫弱力。这种力也是发生在基本粒子之间的力，是电磁力的10的11次方分之一。弱力是意大利物理学家费米发现的。弱力要比万有引力大得多，在弱力作用下，中子可以变成质子、中子和中微子。

电磁力——电磁力是20世纪由物理学家麦克斯韦发现的。在发现电力与磁力的基础上，麦克斯韦将二者统一起来，从而使电场和磁场可以互相转换。关于电磁力，人们对它已了解很多。

引力——引力是牛顿在17世纪发现的。关于引力，人们已经研究得很充分了。从牛顿万有引力定律到爱因斯坦相对论，关于引力的研究已经告一段落了。

凡是具备基本自然科学知识的人都知道,在自然界中存在着四种基本的自然力,它们分别是强力、弱力、电磁力、引力。按照菲施巴赫的看法,自然界中除了以上四种力以外,还存在着一种力,人们把它称为第五种力。这是一种排斥力,只能在有限的距离内对物体起作用。它可能是以一种"超电荷"形式出现的。

第五种力的存在,虽然目前还是一种科学假说,但是科学家却已经提出了预言它存在的两种理论。第一种理论是广义相对论。广义相对论曾预言过,自然界存在有安培型的引力,即转动着的质量之间存在着如同磁力那样的引力。它非常微弱,现代实验技术很难对其进行检验。第二种理论是近年发展起来的超引力理论和 Fujii 理论。第二种理论也预言有新的作用力存在。超引力理论预言引力有多种分量,Fujii 理论认为核力还有一个长程分量。

上述两种理论都仅仅是一种假说,其预言都不很明确,它们不能严格地给出新作用力的强度及作用范围。

很显然,仅仅从理论上预言第五种力的存在是远远不够的,还需要通过实验加以验证。在一系列实验中,有人确实发现了无法单纯以引力解释的现象。比如,澳大利亚昆士兰大学的斯塔绥教授等人曾在一个地下矿井的 11 个不同高度(有的深达地下300 多米)测量引力的作用,美国爱克森石油公司的探油专家也曾经在墨西哥湾的水面及水下深处进行引力测量,他们取得的记录都表明,似乎存在着一种部分抵消引力作用的另一种力。

然而,也有一些实验不利于第五种力存在的假设。例如,美国加利福尼亚大学的著名物理学家纽曼近年来一直在从事检测牛顿定律的一系列实验。整个实验都是在真空环境中进行的,并且严格地排除了磁场的影响,但是并没有记录到引力以外的影响。

坚信存在第五种力的科学家认为,要想找到第五种力存在的证据,就必须改变实验方式。世界各国的科学家们组成了十几个小组,通过各种实验来获取数据。有的小组计划重做伽利略的实验,但采用激光来监测物体下落的速度。有的小组计划在水面上重做诺特费思的实验,让进行比较的实验物体浮在水面上,而不是悬在扭秤上。还有的小组准备在一个靠近巨大的悬崖峭壁的地方进行实验,以观察一个庞大物体的质量对原子核中具有不同的结合能量的物体究竟有多大影响。

尽管有这么多新的实验方法,但很多科学家并不感到乐观。要想通过实验证明第五种力的存在,难度实在太大了,有时即使是实验者本人的引力影响,也会使精心安排的实验功亏一篑。还有一些科学家认为,第五种力即使存在,充其量也是一种极其微弱、只能在局部范围内起作用的现象。

海森堡关于物质结构的认识正确吗?

1922年夏天，著名的原子物理学家玻尔应邀到德国的哥廷根大学举行讲演,受到了人们的热烈欢迎。每次讲演完后,玻尔都要同与会者展开热烈的讨论。有一次,一位年仅20岁的学生站起来,对玻尔提出的原子模型进行了批评。玻尔被这个学生敏锐的思想所吸引,便邀请他进行了长时间的谈话。从此,这个青年学生就迈入了物理学的神圣殿堂。他就是后来成为著名物理学家并于1932年荣获诺贝尔物理学奖的海森堡。

海森堡是一个善于思考的科学家。当时,很多物理学家都热衷于到威尔逊云室中去寻找构成物质世界的物质砖块,并且不断取得进展。但海森堡在观察了威尔逊云室中的电子迹径后却提出了这样的疑问:实验中观察到的只不过是一些电离化了的气体离子所凝聚的微小液滴,它真的像物理学家说的那样是电子的轨迹吗?他进而又提出这样的疑问:电子又是什么呢?会不会是人们为了概括某些现象所做的假设呢?

海森堡对电子的质疑并没有引起物理学家的重视。随着新的粒子不断被发现,物理学家们对基本粒子开始了一场前所未有的"大搜捕"。到目前为止,人们已经发现了几百种形形色色的粒子。然而,他们并不因此而感到满足,不惜花费高昂的代价,建造起能量越来越高的加速器,希望不断发现新的粒子。而这些努力确实不断得到收获,如丁肇中发现了J/ψ粒子等。这样一来,人们对海森堡的一些看法就更不注意了。

1975年,海森堡在德意志物理学家年会上做了题为《基本粒子是什么》的报告,在这个报告中,海森堡指出,在微观世界中,所谓粒子,只不过是能量在某种对称性限制下的表现形式。两个

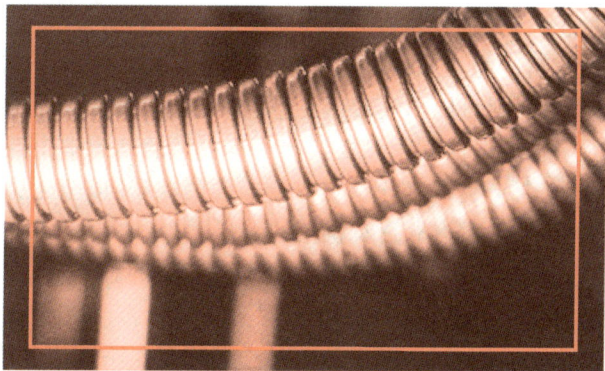

高能粒子的碰撞会产生众多的粒子，并不能由此断定这两个粒子是由这众多的粒子构成的。人们目前发现的几百种粒子大多非常短命，并且它们之间的相互转化是极为普遍的，这也说明基本粒子与复合粒子的区分是不存在的。

再拿夸克模型来说，夸克的质量要比由几个夸克构成的基本粒子的质量大，而这种情形显然与常识不相符合，这就好像从老鼠的肚子里绝不会跳出一头大象来。当然，实际情况有可能是夸克处于一种极强的束缚之中，这种束缚体现为夸克的质量，由此产生了所谓的夸克禁闭。要想打破这种禁闭，就需要极高的能量。将来有一天，如果人们能用极高的能量打破夸克的禁闭，人们是不是又会提出夸克是由更深一层的某种粒子构成的呢？找到了这种粒子后，人们又用更高的能量把它击碎，是不是又会设想它是由更深一层的粒子构成的呢？……

按照这样的推论，物质的分割就可以无止境地进行下去，而这一思想早在几千年前就由古代的哲学家提出来了。如果物质真是无限可分的，那么物理学家目前正在做的寻找新的基本粒子的工作岂不是没有意义了吗？

海森堡站在现代物理学的高度提出，不是夸克构成粒子，而是两个粒子在某个极限能量以上相碰撞产生了夸克，这种能量越大，产生的粒子质量越大。这种大质量的粒子平常是观测不到的。根据宇宙的能量和对称性，可以确定一些基本原则，在这些原则的限制下，只要有足够的能量，就可以形成形形色色的众多粒子。

海森堡认为，只要找到基本粒子的动力学关系，就可以从理论上预言所有的粒子，包括夸克以及比夸克质量更大的粒子，以至无穷。海森堡晚年一直致力于寻找这一方程，但没有获得有价值的结果。

从某种程度上可以这样说，海森堡的思想是有真知灼见的，却一直没有受到现代物理学界的重视。至于他的思想正确与否，现在还没有人能做出评价来。与此相联系的另一个问题是，基本粒子究竟是什么也还是一个谜。

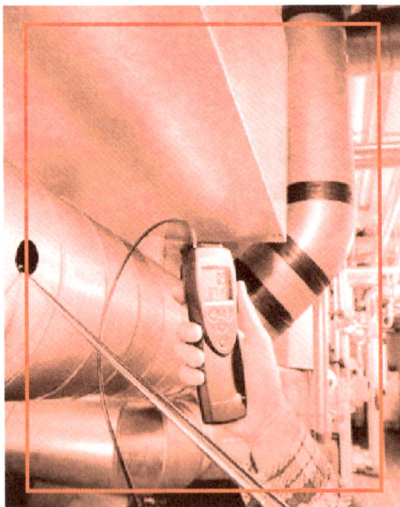
科学已揭之秘

测不准原理

海森堡提出的著名测不准原理，为人们理解深奥的微观物理奠定了基础。对于测不准原理，我们可以举一个生活中的例子加以理解。比如，你用一个温度计去测量一碗水的温度，而温度计上反映出来的温度并不等于这碗水本来的温度，因为就在温度计插入水中这一瞬间，它的本来温度就已经变化了。

科学未解之谜

什么形状的避雷针导电作用更好?

城市的高层建筑物为了避免雷击,都要安装避雷针。但避雷针的形状各国却有差异:美国的避雷针顶端是尖的,而英国的避雷针顶端却是圆截面的。

关于避雷针的形状,这里面还有一个历史故事。避雷针的发明者美国科学家本杰明·富兰克林认为,避雷针的顶端做成尖的,才具有良好的导电效果。这个结论使当时的英国国王乔治三世大为不满,为了表示英国的与众不同,尽管他对电一窍不通,还是宣布避雷针的顶端是圆截面的好。自此以后,英国的楼房和教室安装的避雷针都是圆截面的,而美国人使用的避雷针却是尖的。当时与美英都有关系的法国却采取了一个折中的方法:避雷针的顶端形状介于两者之间——尖圆形。

那么,究竟哪一种形状的避雷针有更好的避电效果呢?

富兰克林认为,尖形避雷针由于尖细的形状,因而具有两个作用:一是能够迅速地反应和接收来自云层中的电流;二是能够迅速将电流引导到避雷针主体上,并进而传递到地面上去。美国人就是基于这种结论而把避雷针设计成尖形的。

美国人曾批评过英国人的避雷针的缺陷:顶端圆截形由于面积过大,不易反应和接收来自空中的雷电,并且圆截形顶端和避雷针的圆柱主体构成不和谐,不利于电流的传导。但奇怪的是,英式避雷针自产生以来,一直具有良好的避雷效果,与美式避雷针几乎没有什么差异。

最近,美国新墨西哥州的物理学家查理·莫尔博士在给富兰克林学院学报的一封信中断言:顶端为圆截面的避雷针效率要比尖形避雷针高两倍,它们引受电的能力也要比尖形避雷针强得多。相反,尖形避雷针在它们的顶端会产生强烈的电离"罩",这种电离罩有将雷电向外反冲的趋向。莫尔博士还引证了他的实践观

乔治三世

察:在16年中,雷电从未击中安装在他家附近圆截面形状的避雷针,却打在其他避雷针上。如果莫尔博士的分析和观察是正确的,那么,美国多少年来安装在建筑物上的避雷针岂不成了聋子的耳朵——摆设?难道狂妄的乔治三世的自大式的决定竟然在冥冥之中与科学不谋而合吗?

究竟是英式的避雷针效果好还是美式的避雷针效果好?或者是兼有这二者共同特点的法式避雷针效果好?对这个问题的研究和争论现在还在继续。但可以肯定的是,这种研究具有实用价值,因为雷电确实给人类社会造成了许多麻烦。如果真的解决了这个问题,将会对人类生活带来无穷的益处。

科学未解之谜

下小雨时人们为什么会感到清新?

夏天,一场雷雨过后,人们就会感到空气格外清新。有人认为,这是雨水冲走了空气中的灰尘的结果。其实,这种看法只说对了一半,另一半原因在于闪电的作用。雷电所产生的巨大电火花,能把空气中的氧气激发成臭氧,而稀薄的臭氧一点也不臭,它具有清新空气的效果。

同样是下雨天,人们还会有这样的感觉:如果是下毛毛细雨,就会有一种清新舒畅的感觉,以至于在细雨中漫步,成了诗人笔下一幅美丽的风景;而在下大雨时,就很难产生这样的感受。这是为什么呢?难道这仅仅是人们主观感觉造成的吗?

美国物理学教授乔治·弗拉叶尔对这种现象进行了深入研究,他发现,高空中的大气层里充斥着大量对人体有害的射线,其中有一些是穿越臭氧层的宇宙射线,有一些则是地球污染造成的,还有一些是大气层中各种元素间相互作用的产物。下雨之前,在雨滴形成过程中,这些充满辐射性的污染物都会依附到上边,并随着雨水下降。当雨或雪夹杂着大量射线和化学污染物降到地面时,人的感觉当然不会好,对人的健康也会产生不利影响。

同时，弗拉叶尔又发现了一种奇怪现象，受到辐射污染的雨滴如果下降的速度较慢，在 20~30 分钟内才由空中降落到地面，雨滴受辐射的痕迹就会消失，而且不带任何化学污染物。正是这个原因，在下小雨或小雪时，人们就会感到心神清爽，而且也有助于人体健康。

然而，这种奇怪现象怎样解释呢？很显然，这应该跟雨滴的降落过程有关。不管雨滴大小，只要停留在空中不降下来，就都存在着辐射的特征。下大雨时，雨量较大，雨滴从空中降到地面所用的时间较短，也就来不及消除原有的辐射特征。下小雨时，雨量较小，雨滴的降落时间较长，就来得及消除辐射特征。但是这种消除的个体过程及其原理，科学家们还所知甚少，需要进一步研究。

科学未解之谜

自行车为什么能保持平衡？

自行车问世以来已有上百年了，这种简便的骑乘工具给人们带来的益处是不言而喻的。但自行车依靠两个轮子在行驶中为什么能保持平衡，而在静止时却极不稳当的问题，却一直困扰着许多科学家。关于这个问题，先让我们来看看科研人员已经提出的解释。

第一种解释认为，自行车之所以能够保持平衡是由于骑车者的控制，当骑车者感觉车子向一方发生倾斜时，身体就会做出反方向运动，这样就会产生一种与倾斜方向相反的离心力。正是由于这种离心力对车子起有矫正作用，才能够使车子保持不倒。这种理论有其合理性，因为它解释了静止不动的自行车会跌倒、车速愈快愈易保持平衡、没有车把不能转动的车子无法骑驶等问题。

但这种理论也有缺陷，因为它解释不了下列问题：高速行驶的自行车非常平稳不可能跌倒，即使人为地想使其跌倒也非常困难。由此可见，骑车者的动作或对车子的控制只是其中一个重要因素，而非唯一的因素。

第二种解释认为，自行车行驶中的稳定性是由于前轮的回转作用决定的。如果自行车的重心处于两个支点——车轮与地面的接触点之间，并与它们处于一条直线上，就能保持稳定。自行车倾斜时，重心就会落到这条直线的旁边。然而，在倾斜的同时，

会出现进动，就是那种不让任何旋转着的陀螺跌倒的力量，车轮不是正在旋转吗？既然前轮可以变换方向，这种力量就把它转向车子倾斜的方向，它与地面的接触点也移至同一方向，因此，重心就处于前后支点连线之间。由于这个原理，才使自行车在行驶中能保持稳定。这种理论是比较有科学基础的经典性解释。

第三种解释认为，自行车在行驶中能保持平衡，主要是由于车胎的厚度。

第四种解释认为，自行车在行驶中倾斜时，前轮胎侧面开始接触地面，依靠摩擦力产生一种使车轮转向倾斜方向的力量，之后，自行车开始曲线行驶，直至恢复正常。

第五种解释认为，自行车在行驶中保持稳定是由于自身的几何结构。一般自行车的车把轴都是向后倾斜的，而前叉的末端却是向前突出的。这种结构保证了轮子在倾斜时会产生一种矫正力量，从而使车子恢复平衡。

对于第一种解释，前边已经指出了它的不足之处。第三种解释是主观臆想的结论，第四种解释值得怀疑，因为摩擦力非常小，而且要看车胎充气的多少而定，依靠那样微小的摩擦力量使车子保持平衡是不可想象的。这样看来，只有第二种解释和第五种解释还具有一定的科学性。那么，这两种解释就一定科学吗？

一位名叫戴维·约翰的英国化学家和光谱学家决定弄清这个问题。在对第一、第三、第四种解释进行了论证并轻而易举地指出其不足之后，他重点验证了第二种解释和第五种解释。

按照第二种解释，自行车行驶中的稳定性取决于前轮的回转作用，也就是说依靠进动作用。约翰制造了一辆实验用车，他在普通自行车的前叉上安装了一个不接触地面的轮子，其质量、直径都和前轮相同。它在与前轮相反方向快速旋转时，就会产生一个相反的力矩，使两个轮子的总力矩等于零。原来设想，这种车子由于没有了前轮的回转，稳定性就消失了。然而，出乎意料，这辆车子骑起来非常轻松，附加的轮子无论朝哪个方向旋转，或是完全静止不动，车子都非常易于操纵。很显然，在正常行驶时，旋转力矩所起的作用极其微小。这辆实验用车在无人乘骑的情况下行驶时，如果附加轮与前轮朝反方

向旋转,它几乎就会立刻倒下;如果朝同一方向旋转,即使低速行驶也会表现出令人惊异的稳定性。这样看来,第二种解释也是不成立的。

为了验证第五种解释的正确性,约翰对普通自行车进行了改造,他将前叉翻了过来,这样自行车的前轮与地面的接触点与一般自行车相比较,就要后移许多。这样的自行车就比一般自行车稳定多了,但却不灵敏,难于骑乘。约翰又对一般自行车进行了改造,将自行车前轮轮轴向前移动 10 厘米,果不出所料,这种自行车极不稳定,很难骑乘。由此可见,第五种解释的正确性似乎很明显了。

但是,自行车行驶时能够保持稳定运动,并不止于"自我调节"因素。1974 年,美国工程师乌伊特和乌伊尔松在《自行车科学》一书中还列举了以下可以促使自行车行驶稳定的因素:骑乘者的反应能力;前叉的构造;进动因素;自行车本身的重量;骑车者的重量与自行车重量的关系;前后轮之间的距离;车架的弹性;骑车者与车子"结合"的情况……大概有 15 种之多。

自行车行驶的稳定性究竟是由什么因素决定的呢?我们能够肯定回答的是,这不是一种因素所能决定的,而是由许多因素相互作用形成一个统一的"自行车系统"所决定的。那么,这些因素都具体有哪些呢?目前科学家们还不能全都找出来并加以确定。

科学未解之谜

热牛奶为什么先结冰?

取一杯冷水和一杯热水,同时放进电冰箱的冷冻室里,哪杯水会先结冰呢?一般人都会这样想:"那还用说吗?一定是冷水先结冰。"可是,实际情况却与常人推测的相反。热水先结冰!

这个现象最早是由坦桑尼亚一位初三学生姆佩姆巴发现的。

1963 年的一天,姆佩姆巴和全班学生一起在老师的指导下做冰淇淋。做冰淇淋要先把牛奶加热,然后晾凉,再放进冰箱。姆佩姆巴看见别的同学已经在往盘里倒牛奶,恐怕冰箱被占满了,就没等热牛奶晾凉就塞进了冰箱。一个半小时后,他惊奇地发现,自己的那盘牛奶最先冻结了。

过了一年,他升到高中读书,就把这件事提出来询问物理老师,老师说他肯定搞错了,并讥刺说这是"姆佩姆巴物理"。姆佩姆

巴并未死心,有一天他发现生物实验室的门开着,就悄悄溜进去,把一杯冷水和一杯热水同时放进冰箱的冷冻室里,一小时后他发现还是热水杯中的冰多。

不久,达累斯萨拉姆大学物理系主任奥斯玻恩来校访问,姆佩姆巴又大胆地把为什么热水先冻的问题提了出来,很多高三学生都责备他瞎胡闹,可是奥斯玻恩博士却认真地说:"我不知道,我要亲自做实验。"

奥斯玻恩回去后就做了实验,证实了姆佩姆巴的说法。他对这种现象做出的初步的解释是,由于液体内部的对流,液面温度最高,热量主要从液面散发,所以热水要比冷水散热快。同时他也承认,还有其他影响冷却速度的因素,需要做更精细更严格的实验。

姆佩姆巴的发现被达累斯萨拉姆大学列为大学二年级学生的物理课外研究课题,在坦桑尼亚引起了轰动。1972年,这件事又被联合国教科文组织收入物理教学资料出版。于是,一条科学新闻传遍了全世界,姆佩姆巴的这个发现也被命名为"姆佩姆巴效应"。

姆佩姆巴的发现引起了物理学界的广泛注意,许多人重复这个试验,企图解释它,但最终却未得出统一的结论。多数人认为主要原因是热牛奶水汽易蒸发,吸收潜热多,所以冻得快。此外,热水由于蒸发得快,水量就势必减少,热水循环要比冷水快,这些因素也起有一定作用。还有人认为,热牛奶和冷牛奶之间的温差造成了气体对流,这样就加快了热牛奶变冷的速度,反而阻止了冷水结冰。另外,还有人提出热水液面不易形成冰盖,热水中繁殖快的微生物引起冰晶中心等解释。看来,这样一个貌似简单的问题实在不简单。

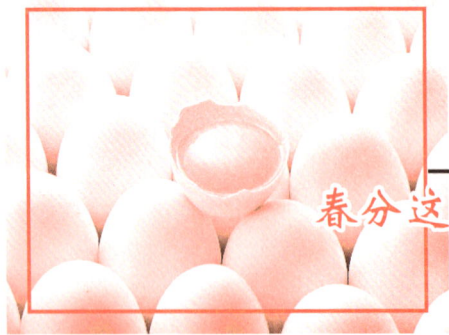

春分这天鸡蛋为什么容易竖起来?

1984年春分这一天,太阳穿过赤道时正好是中午,一位名叫唐纳·韩妮丝的美国妇女,在纽约市世界贸易中心门前,当着5000多名观众的面,进行了一项令人惊叹的表演,把鸡蛋一个接一个地尖头朝上竖起来,速度快得简直不敢让人相信。

这已是韩妮丝连续第12年在春分这天做同样的表演了。1983年她在联合国总部驻地对面的公园里举行竖蛋表演,平均每15秒钟便能竖起一个鸡蛋。

其实,在春分这天,即每年的3月21日前后,或是秋分,全世界任何地方的人都

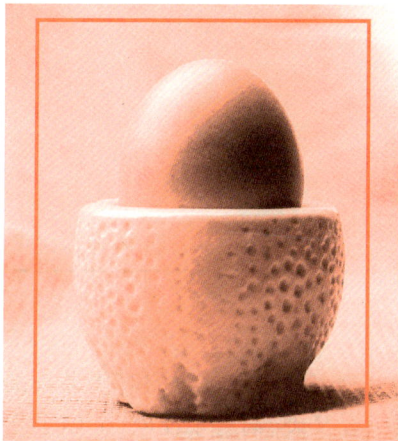

可以像韩妮丝那样把鸡蛋轻而易举地竖起来。在几千年前的中国古书里，就有春分时节容易竖蛋的记载。

1945年，美国著名的《生活》杂志报道过中国重庆有许多人在春分这一天，聚在一起竖鸡蛋庆贺八年抗战即将结束。当时在场的一位《联合时报》的专栏作家伦德尔，也亲自尝试了一下，惊奇地发现自己也竖起了几个鸡蛋，为此他专门写了一篇报道。

第二天这个消息便传开了，恰巧爱因斯坦读到了这篇报道，将信将疑地把它称为"中国戏法"。于是，《生活》杂志记者又以《爱因斯坦的难题》为题再次发了报道。

一时间舆论哗然，众说纷纭。有人说这不过是个把戏，只要把蛋黄摇晃散了便可以把蛋竖起来；有人说这也许是哥伦布的手法，将鸡蛋轻轻磕碎一点，蛋就能竖起来。

《现代摄影》杂志的编辑伊森莱斯对此却深信不疑，他说："我妻子试过许多次。原因大概是多方面的，白天与黑夜的循环、太阳与月亮的引力、潮汐的作用等等。平时我也许可以竖起一个鸡蛋，但在春分那天我可以竖起两打。"

著名游戏专家兼报纸的科学专栏作家甘德纳则对蛋壳的表面有怀疑，他说也许用砂纸把蛋壳磨平一些，蛋就能竖起来。

一位博士说，鸡蛋的竖起与温度也有关系，如果气温很低，鸡蛋内部质量紧缩，重心降低，鸡蛋就容易竖起来。他为此专门做了试验，在夏季把鸡蛋放入冰箱存一段时间，拿出来后果然容易竖起来。

但是，包括韩妮丝在内的许多人所竖起的鸡蛋并没有在冰箱里放过，而春分这一天也并不是很冷的时候。这位博士的解释似乎还是不能令人信服。

如果你对这个竖蛋之谜感兴趣的话，不妨在春分或秋分这一天亲自试一试，再选平常的日子试几次，也许就能找到正确的答案。

美国著名的魔术大师胡迪尼认为，并不是只有太阳穿过赤道时才能把鸡蛋竖起来，关键是蛋的质量、蛋壳，或是表演者本人。

乙烯为什么能使水果由生变熟？

很多水果生的时候又苦又涩又硬，简直不能吃，而熟了之后，却会变得又甜又香又软。有些时候，人们想早些吃到新鲜水果，就把生水果采摘下来，这就需要想出一种办法将其催熟。早在2000多年前，我们的祖先就知道用烟熏生果子，可以加快其成熟。比如，将生梨放进大缸里，用烟熏过后，几天内就会由生变熟。

古人虽然知道水果催熟的办法，但却不知道这里边的奥秘。直到几十年前，科学家们才为我们揭开这个谜底。原来，烟中含有微量的乙烯，它能催促果子早些成熟。

乙烯是一种很简单的有机化合物，由两个碳原子和四个氢原子组成，化学性质比较活泼，易起加成、聚合等反应。乙烯具有催熟的本领，生柿子本来需要20~30天才能变红变软，如果放在充满乙烯的房间里，只要两三天就能变红变软。不过，乙烯是气体，容易散逸，要想利用它催熟，就要把堆放生水果的仓房或容器密封起来。为了解决这个问题，化学家研制出了一种乙烯溶液，配上水就可以直接喷洒。

在没有乙烯的情况下，把一只已经成熟的水果，放进一箱尚未成熟的生水果中，这箱水果也会很快变熟。这又是为什么呢？原来，当水果开始成熟时，果肉中就会产生出乙烯气体。在未成熟的果实中，乙烯的含量很少，而在成熟的果实中，乙烯的含量就比较多。成熟的水果放出乙烯，就会起到催促生水果变熟的作用。

那么，乙烯这种东西为什么会有催熟作用呢？这是一个很复杂的问题，科学家们做了很多解释，但还没有形成定论。一般来说，以下原因已经得到了普遍公认。

第一，水果中含的叶绿素遇到乙烯就会分解并失去活性，从而促使水果内生成花色素，花色素呈红、黄色，所以成熟的水果就会

呈现出红、黄色。

第二，乙烯有促进细胞呼吸的功能。细胞加快呼吸，就会增加细胞内氧气的浓度，加速细胞内物质的氧化，使果实内糖分增加，芳香物增多，从而变甜变香。

第三，乙烯能够增加果实中氧化酶的活性。随着氧化酶活性的增加，果实中的糖分就会被氧化成柔软的糖酸，芳香物被氧化成有色的多元酚或醌，所以水果成熟后容易变色。

植物自身能够生产出催熟法宝乙烯，显然是植物长期自然选择的结果，那么乙烯在植物体内是如何生成的呢？它为什么还具有促进雌花发育、防止落花和促进发芽等作用呢？这就更是不解之谜了。

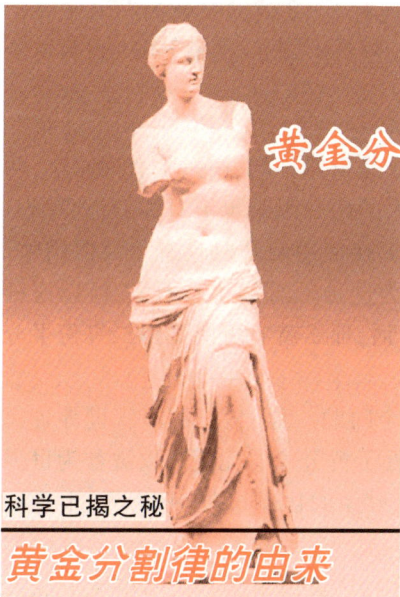

科学已揭之秘

黄金分割律的由来

科学未解之谜

黄金分割律为什么会使人产生美感？

从古希腊那时起，黄金分割律就被广泛地运用于建筑、生产、生活等各个领域中。如雅典的巴特农神庙，其巍然屹立的大理石柱廊，就是以黄金律分割了神庙，使之上下比例适度，庄重美观。古埃及人修建的胡夫大金字塔，其高度和底边长度，也符合这个比例。文艺复兴后，欧洲的绘画中大量运用 0.618 这个比值。

那么，为什么人们一看到这种比例就本能地觉得它美呢？

相传在公元前 6 世纪时，有一天，古希腊的大数学家、哲学家毕达哥拉斯路过一个铁匠铺，被里边传出的清脆悦耳的打铁声吸引住了，便驻足细听，凭着直觉他认定这声音中一定藏着什么秘密，就走进铁匠铺里。他仔细地测量了铁砧和铁锤的大小，发现它们之间的比例近乎 1∶0.618。回家后，他找来一根木棒，让他的学生们在这根木棒上刻下一个记号，其位置既要使木棒的两端距离不相等，又要使人看上去觉得很美。结果发现，他的学生们都把这个记号选在一半过一点的地方。后来，这个神奇的比例关系被古希腊著名哲学家、美学家柏拉图誉为『黄金分割律』，简称『黄金律』『黄金比』。中世纪数学家开普勒将黄金分割律和勾股定理并称为『几何学中的两大宝藏』。19世纪威尼斯数学家帕乔里将黄金分割律誉为『神赐的比例』。

斐波纳契数列

　　13世纪时,意大利数学家莱昂纳多·斐波纳契出版了一本《算盘之书》,其中提出了著名的"兔子问题":假定一对兔子每个月可以生一对兔子,而这对新兔子在出生后第二个月就开始生另外一对兔子,这些兔子不会死去,那么一对兔子一年内能繁殖多少对兔子?

　　答案是一组非常特殊的数字:1,1,2,3,5,8,13,21,34,55,89…不难发现,从第三个数起,每个数都是前两个数之和。这个数列被称为"斐波纳契数列",其中每个数字都是"斐波纳契数"。斐波纳契数列最具有和谐之美的地方是,越往后,相邻两项的比值会无限趋向于黄金比1:0.618。

　　起初,有些学者认为这与人眼有关系。人体本身是不对称的,两只手有大有小,两条腿有长有短,就连大脑两个半球也不对称。同样,人的两只眼睛也不对称,有大有小。更重要的是,就像人有左撇子、右撇子之分一样,人们在使用眼睛时也有一只惯用眼。这样一来,在观察物体时就容易向一边倾斜。又因为这种不对称相差不大,所以这种倾斜就十分轻微。如果人的身体和眼睛都是对称的话,那么就有可能觉得二等份平分是最美的比例关系。

　　后来,又有一些学者从人体美的角度来探讨这个问题。他们发现,尽管世界各民族人的形体差异很大,但躯干部分的长度比却都接近于黄金律的比值。以被誉为世界艺术珍品的古希腊雕塑断臂女神维纳斯为例,整个形体的比例,以肚脐为界,上下高度比值恰好是0.618。

　　一般人的躯干部分以乳头为界,其上下长度的比;从头顶至咽喉与咽喉至肚脐之比;手的宽长度之比;人面部的长宽之比;白种人的鼻唇指数(鼻宽与唇宽之比)和唇宽指数(唇宽与唇高之比);中国人的鼻宽与鼻高之比等等,基本上都符合黄金律的比值。

　　在人体上发现这么多符合黄金分割律之处,并不是偶然的。人类最熟悉自己,必然会把人体作为最高的审美标准,凡是与人体这一比值相近的物体就觉得它美。正因为古希腊人崇尚

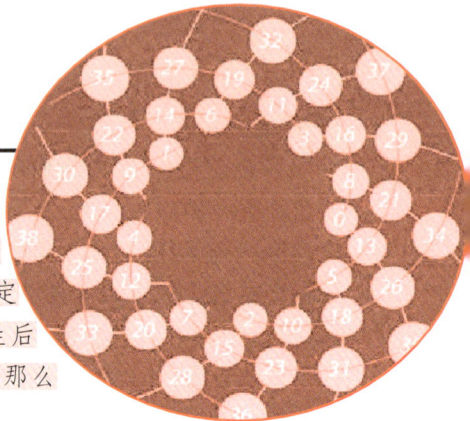

巴特农神庙

人体美,所以才能最先把这个比例提出来。

还有一些生理学家经过大量研究,用脑电波和谐原理来解释黄金分割律富有美感的原因。他们发现,人们无论看到什么物体,其形象信息都要经过视神经传入大脑,产生出五种脑电波。凡是受到美的形象刺激时,人的脑电波多为 β 波,而 β 波的高、低频的比值恰恰是 0.618。

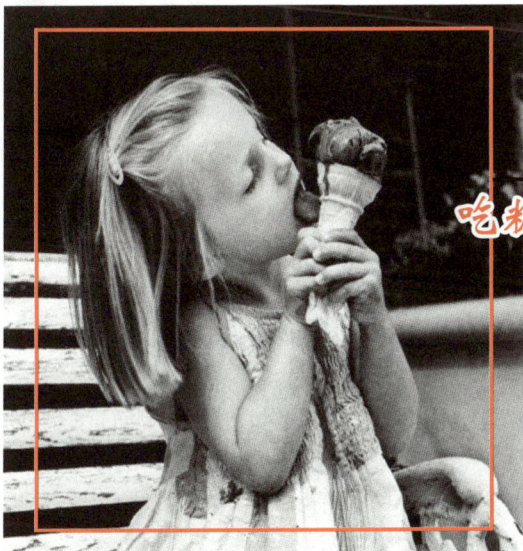

科学未解之谜

吃糖过多对人有什么害处?

很多人喜欢吃糖,这不仅是因为他们喜欢糖的甜味,还因为糖是人体主要的热量来源。一克糖在体内可产生四卡路里的热量。适当地多吃些糖,对一般人来说是有益无害的。但是如果吃糖过多,就会变成有害无益了。

近年来很多专家都向人们发出忠告,吃糖过多会危害身体健康,还会引起多种疾病,从肥胖症到智力衰退无所不及。甚至有人把糖说成是世界上最大的祸害,并把它与鼠疫相提并论。

吃糖过多肯定是对人体有害,但这些害处表现在什么地方呢?科学家们对此进行了许多研究,也提出了许多说法,但很多都缺乏确切的科学证据,有的甚至自相矛盾,一时间让人无所适从。

1964 年,一位医生指出,糖是引起心脏病的原因。他对 45 名心脏病患者与 13 名因创伤事故住院的患者以及 12 名当地居民做了比较,发现心脏病患者的食糖量比其他人多。由此他得出结论:糖对心脏有害。然而,其他科学家用同样方法在其他医院进行了调查,却得出了截然不同的结论:心脏病人的食糖量与其他人并无明显差别。统计学上有小概率事件,那位医生所做的调查也许正好属于这类情况。

如果糖与心脏病的关系成正比的话,那么吃糖越多的国家里的人,心脏病的发病率就应该越高。而事

德国霍恩海姆大学伊娜·贝格海姆博士领导的小组就糖水对老鼠肝脏的影响进行了测试。他们让一些老鼠喝糖水，另一些则喝添加人工增甜剂的溶液。结果发现，喝糖水的老鼠食量减小，但它们摄入的总卡路里数更高，体重增加更多。他们还发现，脂肪肝症状在喝糖水的一组老鼠中更为常见，特别是摄入果糖的老鼠。根据动物实验的结果，贝格海姆博士认为，食用大量果糖不仅会因糖分过量而损害肝脏，还可能直接造成中毒。

信不信由你

吃糖过多损害肝

实上，一些盛产糖的国家，如委内瑞拉、古巴、巴西和哥斯达黎加等，那里的心脏病发病率却很低。

一些人坚持认为，只有经过加工的糖才对人体有害，没有经过加工的糖对人体无害。而事实上，糖无论是被加工过还是未被加工过，其分子结构都未发生变化，糖还是糖，怎能一个有害一个无害呢？

人们通常把身体发胖说成是吃糖过多的结果，爱美的女士对糖更是敬而远之。其实，发胖主要是因为摄食大量的高热量食物造成的，而脂肪的含热量是碳水化合物（包括糖）或蛋白质的两倍，面包上的黄油是同等量的果子冻（一种糖）引起发胖效果的两倍。由此可见，仅仅控制吃糖并不是控制发胖的好办法。

糖尿病患者几乎全被告诫不要吃含糖的食品。这是因为得了糖尿病的人，其胰腺不能产生足够的胰岛素，或者产生的胰岛素不起作用，对糖分不能很好地吸收利用。但是直到现在还没有人能够证实，糖尿病是因为吃糖过多造成的。

与糖尿病相反，低血糖是胰腺产生的胰岛素过多造成的。一些人认为，吃糖过多会刺激胰腺产生过多的胰岛素，因而造成血糖过低。而另一些人却认为，糖分可以直接进入血液供应大脑，迅速到达四肢，因此，低血糖患者应随时吃糖，以防止突然晕倒。

日本的一位专家发现，糖会直接损害白细胞的吞噬能力，从而降低人体的免疫机能。人体中的一个白细胞平均噬菌数为 14 个。吃了一个糖馒头后噬菌数就变成 10 个，吃一块糖点心就变成了 5 个，喝一杯甜香蕉羹之后就变成了 1 个。还有的专家认为，吃糖过多会使体内维生素 B 含量减少，从而大大降低神经和肌肉的活动能力。糖代谢的中间产物——丙酮酸、乳酸等增多后，必然要消耗大量钙、钠等离子去中和酸的作用，这样就会引起骨质疏松，因而易致骨折。

有人发现，糖类食品进入胃后，会使胃酸分泌增多，产生饱腹感，从而影响食欲，久而久之会造成营养不良。还有人推测精神失常也跟吃糖过多有关系。

人类科学史上等待回答的未解之谜

饮咖啡有益还是有害？

"滴滴香浓,意犹未尽。""味道好极了！"随着这些令人印象深刻而美好的广告词,雀巢与麦氏咖啡大举进入中国,国人已开始与这些"洋饮料"打交道了。

长期以来,在国际饮料市场上,咖啡一直盛行不衰,人们普遍地认为它具有提神、提高灵敏度等作用。然而,近年来却有人不断提出喝咖啡有害的警告,于是,关于喝咖啡究竟是有害还是有益的争论愈演愈烈。

在华盛顿召开的一次心脏病学术会议上,一位著名的心脏病专家认为:每天喝5杯以上咖啡的人患心脏病的概率是那些不喝咖啡的人的3倍。这条消息见报后,美国咖啡协会马上做出了强烈反应,也在报上发表文章,列举了几项研究成果,表明喝咖啡与心脏病无关。

早在十几年前,就有研究者认为咖啡中所含的咖啡因成分会加重某些疾病,如心脏病、小儿产后缺陷、乳房包块甚至癌症。但持不同意见者认为,这种说法是没有将其他重要因素例如吸烟考虑进去。大部分喝咖啡者同时又吸烟,那么凭什么要把对人体有害的罪过归咎于喝咖啡呢？谁能肯定究竟是什么引起这些疾病的呢？还有的研究人员发表文章,公布了从1949年以来连续对5000余人进行跟踪调查的结果,没有发现过一个喝咖啡与心脏病有确切关系的病例。

我们知道,咖啡属于一种叫作甲基黄嘌呤类的兴奋剂,这种物质在咖啡、茶、可可果中都有,当人喝了咖啡、可可茶以后,其中所含的咖啡因就几乎全被人体吸收,其在血中的浓度在15~45分钟之间达到最高值,半留存期(即身体排出一半吸收量所需时间)在大多数成人中大约为5个小时,婴儿、孕妇和老人要长些,儿童和吸烟者短些。咖啡因的特性是它对神经系统有刺激

信不信由你

咖啡的传说

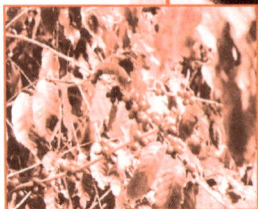

作用，特别是对那些疲劳的人，它能驱走瞌睡，使人加速反应，保持警觉，改善注意力，甚至能使打字员加快打字速度，减少差错。不过，初喝咖啡或偶尔喝咖啡的人，非但不能提神，反而会使其快速入眠。

咖啡因有阻断腺甙的作用。腺甙是人体内一种具有包括镇静在内的多种功能的化学物质。研究人员发现，咖啡因同腺甙的分子结构极为相似，它能附着在受体上，从而阻止了腺甙发挥作用。

一部分学者认为，腺甙对人体是极有用的物质，既然咖啡因阻止了腺甙发挥作用，那么咖啡因对人体就有一定害处，因为久而久之，它也许会使腺甙丧失作用。

而另有一部分学者认为，全面地看，咖啡中的咖啡因也还有不少好的作用，1984年的一次研究说明，阿司匹林同咖啡因结合起来的药物，其消除疼痛的作用比任何一种单独使用的止痛药都要好，咖啡因甚至可以协同其他药物杀死癌细胞。这一发现也许会导致化疗的革新。除此以外，还有一种含有咖啡因的药物可以增加患有循环系统疾病的人的血流量。美国全国卫生研究院有两位专家用人工方法合成了一种咖啡因衍生物，它比咖啡因本身在

在关于发现咖啡的传说中，有两大传说最令人津津乐道，一个是"牧羊人的故事"，另一个是"阿拉伯僧侣"。16世纪时埃塞俄比亚有个牧羊人，有一天发现羊群吃了一种结在树上的红色果实后，就不停地蹦蹦跳跳，他出于好奇，摘下红色的果实尝了尝，结果也像那些山羊一样，手舞足蹈起来。这一幕恰恰被一群僧侣看见了，以后每当在夜间举行宗教仪式时，他们就用这种果实煮成汤水喝下去，以此来使自己保持清醒。

1258年，有个穆斯林托钵僧被他的敌人赶进沙漠里，他又饿又累，再也走不动了。就在这时候，他听到有个声音提示他采食身边的红色果实。他把那种果实放在水里，想把它们泡软，但它过于坚硬，他只好将浸泡它的水喝下去，疲惫的身心顿时为之一振。这个托钵僧走出沙漠后，不停地把自己的经历讲给别人听，并说那红色的果实是真主安拉赐予的。

根据历史学家们的意见，咖啡的诞生地在埃塞俄比亚的咖发(Kaffa)，而"咖啡"这个名称则是源自于阿拉伯语Qahwah，意思是"植物饮料"。后来咖啡流传到世界各地，就采用其来源地Kaffa来命名。18世纪时，才正式命名为coffee。

人类科学史上等待回答的未解之谜

人脑里阻断腺甙受体的能力要大 10 万倍，试图以此来提高那些神经反应迟钝的早期阿尔茨海默病患者的警觉。实验证明，没有产生任何副作用。因此，这一部分学者认为，过去对咖啡的指责绝大多数是没有道理的。对绝大多数的成年人来说，每天喝几杯咖啡是完全不用担心的。

当然，对某些人来说，喝咖啡还是谨慎些好，比如孕妇或其他由于经前期综合征而在身体和情绪方面出现反应的人。患有溃疡病和心律不齐的人在饮用咖啡之前，最好先请教一下医生。因为，关于喝咖啡有益还是有害的争论还在继续。

吃味精有益还是有害？

中国人的烹饪技艺世界驰名，中国菜色香味美，备受那些吃惯了牛奶面包的西方人的欢迎，以至中国餐馆在西方风靡一时。但有人到中国餐馆吃了一两顿饭后，竟然莫名其妙地出现了脸部发热、发胀等症状。有人经过考察认为，中国餐馆普遍大量使用味精，这些不良反应是食用味精引起的。他们还给这种症状起了个名字，叫作"中国餐馆病"或"中国式饭菜症候群"。

吃味精怎么能引起不良反应呢？中国人天天吃中国式饭菜，天天食用味精，却从未发生过什么"中国餐馆病"，外国人只是偶尔吃一两顿中国式饭菜，反而患上了"中国餐馆病"，这种怪现象实在让人怀疑。

关于食用味精是否有害这个问题，并不是因

味精的功能

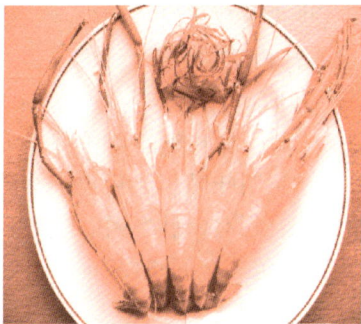

味精，别名味素，学名谷氨酸钠，它是以淀粉为原料，用微生物发酵方法生产出来的一种具有营养价值的调味品，可以增加食物的鲜味、香气。它的主要化学成分是左旋谷氨酸，参与神经组织的代谢。而从医学角度看，食用味素可以增强神经功能，有益于智力发育。谷氨酸还常常用来治疗痴呆和严重肝病引起的肝昏迷，能使昏迷中的病人清醒过来。

为出现了所谓"中国餐馆病"才提出来，在过去的几十年中，世界各权威研究所和高等学府都对味精做了广泛深入的研究，大多数的结论是：食用味精有益无害，食用量可多可少，但即使量多也不会产生不良反应。联合国食品卫生组织曾在1988年1月做出决定，对味精的每日摄入量不做限制，食用时以味道鲜美为宜。

但是，也有一部分科研人员不这样认为，他们指出，食用味精要适量，过量就有害。动物实验证明：在投给小白鼠的食物中加入大量的味精，可以引起大脑特别是下丘脑的坏死；对成熟的小白鼠可以引起肥胖和内分泌病变；对大鼠可以引发阵发性睡眠和肌痉挛，并发生异常脑电图；对成熟的犬也有同样的反应。人过多食用味精也会出现一系列症状，其原因可能是大量的左旋谷氨酸会引起 Y-酪氨酸(GABA))和磷酸吡哆醇的代谢异常，导致神经传导介质及酶功能障碍，但确切的机制，至今仍不清楚。关于食用味精量的安全限度，他们认为，这和一个人的遗传及个体因素差异很有关系，有些人一次吃5克味精就会发病，有些人一次吃30克才能出现症状。

美国华盛顿大学医学和健康科学院对六名自称对味精有不良反应的人进行了双盲方法实验。六人禁食四天后，一组每两天饮用含6克味精的饮料，另一组所饮用的饮料中不含味精。结果有两人对是否含味精的饮料都有反应，其余四人对这两种饮料都没有反应。

这个实验表明，味精对很多人是无害的，但并不排除有些人食用味精后会引起不良症状，但这有可能跟味精本身无关，他们即使不食用味精，也会出现不良反应。

有些研究人员还通过化学实验证明，味精被加热到120℃时，开始失去表层结晶水；到155℃时，味精分子内部开始失水；到225℃时，味精开始分解，失去鲜味和营养。味精在长时间加热情况下会失去大量的水，最后生成焦谷氨酸钠，而焦谷氨酸钠是一种有毒物质，能引发癌症。因此他们建议，烧菜或熬汤时，最好在停火后再加入味精，以防生成有毒物质。

但有人对此观点却大加反对，他们用加温到300℃的添加味精的鱼粉饲养大白鼠，并没有发生癌症，这证明味精加热后也不会致癌。味精不但不会致癌，而且还有保肝作用。上海肝炎流行期间，上海天厨味精厂包装车间里没有一个人得肝炎，这就是很好的证明。

说起味精的发明，纯属偶然。1908年的一天中午，日本帝国大学的化学教授池田菊苗正在用餐，妻子端上来一盘海带黄瓜片汤。他随口一尝，发现今天的汤味道特别鲜美，就取来一些海带，仔细研究起来。半年后，池田教授发表了他的研究成果，在海带中可以提取出一种叫作谷氨酸钠的化学物质，把极少量的谷氨酸钠加到汤里去，就能使味道鲜美至极。

信不信由你

味精的发明

池田发表了他的研究成果后，便转向了其他工作。有一位名叫铃木三朗助的日本商人，看到了池田教授的研究成果后，突然灵机一动，立刻登门拜访池田，要求与他合作生产谷氨酸钠。池田和铃木的合作很快就结出了硕果，一种叫"味之素"的商品出现在东京浅草的一家店铺里，一时间，前来购买"味之素"的人险些挤破了店铺的大门。

日本人的"味之素"传进中国后，一位名叫吴蕴初的化学工程师对它进行了化验，发现它的成分原来就是谷氨酸钠。经过一年多的时间，他利用水解法从小麦麸皮（面筋）中提取出了谷氨酸钠。吴蕴初把他制得的"味之素"叫作味精。1923年，吴蕴初在上海创立了天厨味精厂，生产"佛手"牌味精，吴蕴初因此获得了"味精大王"的称号。

科学未解之谜

喝牛奶对人有好处吗？

牛奶和奶制品向来被人们认为是极为富有营养价值的，因而备受青睐。正在长身体的小孩，身体虚弱的病人，都要喝牛奶加以滋补，就连健康人也常常喝牛奶，据说这样可以使身体更健康。

那么，牛奶里都有哪些营养成分呢？牛奶里含有4%的脂肪，它们像小油珠一样漂浮在牛奶里，因而使牛奶呈白色。牛奶里还有4.8%的乳糖，它使牛奶带有甜味。牛奶里又有很多蛋白质、矿物质及维生素A、B、C、D、E等。牛奶里含量最多的是钙质，而钙质是骨骼的主要原料，如果儿童能充分吸收牛奶中的钙质，显然大大有利于成长发育。

既然牛奶里有这么多营养成分，人喝了还能没有好处吗？长期以来，人们都是这样想问题，然而有些营养学家却不这样看，他们认为喝牛奶对人未必有什么好处。

婴儿吃人奶，不仅在于它富有营养，而且在于它很容易消化。如果让婴儿喝牛奶，母亲就会发现孩子经常拉稀，显然是消化不良。出现这种现象的原因就在于，每一种乳汁中都含有一种名叫酪蛋白的物质，而牛奶中的酪蛋白比人奶多三倍。酪蛋白在胃里能凝固成大而坚实的酪化物，幸亏牛有四个胃，才能把它们消化，而人只有一个胃，不像小牛那样需要大量酪蛋白以使骨骼长得那么粗壮，因而就会出现消化不良。

和成人相比，小孩对于牛奶的消化吸收能力大得多。人在三四岁之前，体内有高血压蛋白酶和乳糖酶两种酶，它们是消化乳汁的必备物质。在成年人体内，这两种酶已经消失，而还要继续喝牛奶，牛奶就会因为无法被完全消化吸收，成为有毒废料积聚起来，甚至在胃里凝成酪块。酪块由大量黏性物质组成，流入小肠后就会妨碍其吸收功能。黏性物质还会流进人的黏膜组织中，有些人讲话时不断地清喉咙，有一种痰往上涌的感觉，这多半是喝牛奶不消化的缘故。

有些营养学家还提醒人们注意，为了使牛长得快，人们经常给牛喂抗生素，这样一来，牛奶中含有的病因就会给人带来致命的害处。如果说以前喝牛奶还有一定益处的话，那么现在喝牛奶就变得害大于益了。

豆浆是将大豆粉碎后萃取其中水溶性成分，经离心过滤除去其中不溶物而得到的产品。豆浆的蛋白质和脂肪丰富，含铁较高，含钙量较低，水溶性维生素含量丰富，脂溶性维生素较少。当豆浆与牛奶搭配起来喝时，可以使牛奶中的硫氨基酸、钙、脂溶性维生素的含量得到补充，从而丰富、均衡了人体所需的多种营养成分。市场上的豆奶产品就是在豆浆中加入5%的奶粉或30%的鲜牛奶制成的。

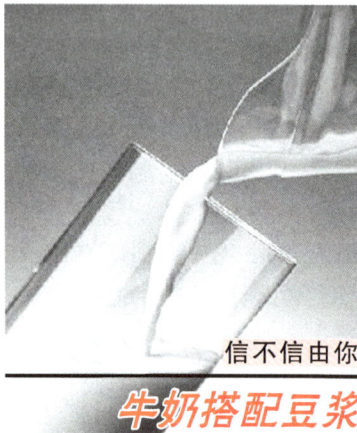

信不信由你

牛奶搭配豆浆

应当承认,牛奶中含有大量对人有益的钙质,但这种钙比人体需要的钙粗糙得多,尤其是形成酪块以后,钙质就更加难以吸收。如果说要补充身体所需要的钙质,喝牛奶并不是最佳选择。所有的绿叶蔬菜、所有的果仁、大部分水果、海带、密集干果(枣子、李子、无花果)等,都含有丰富的钙质,又易于为人体吸收。另外,牛奶属密集食物,比较黏腻,和其他食物同吃时,使得原先好消化的食物也变得不好消化。

为了解决鲜牛奶不易长期保存的问题,人们开始注意开发奶制品,其中最引人注目的是酸奶。早在20世纪末,法国著名生物学家梅奇尼柯夫就发现,保加利亚山区居民大多长寿,可能与他们长期饮用酸牛奶有关。后来,各国学者陆续对酸牛奶的医疗保健作用做了大量研究,最后公认它对消化道癌症、心脏病、高血压及脑血管病有预防作用。

酸牛奶是采用新鲜牛奶经乳酸杆菌强制发酵而制成的,酸牛奶除了含有牛奶的原有成分外,还具有低糖低脂的特点,最重要的是它含有大量活乳酸菌,能够分解乳糖,刺激肠道蠕动,保持大便畅通,而且能有效地抑制肠道内腐败菌群,从而减轻因蛋白质腐败而产生的有害物质。

对于酸牛奶拥有的这么多好处,有些营养学家却不以为然。他们认为,活乳酸菌的作用不应肆意夸大,人体内产生的同类细菌非常多,再补充一些当然有好处,但意义并没有那么大。每天喝一两瓶酸牛奶,就会改善健康状况的说法,并不那么可信。

那么,喝牛奶或吃奶制品到底有没有好处呢?对于这个问题,现在恐怕还不能下结论,但围绕着它展开的争论却给人以启示,牛奶对人的益处很有可能不像从前人们想象的那么大,那么多。

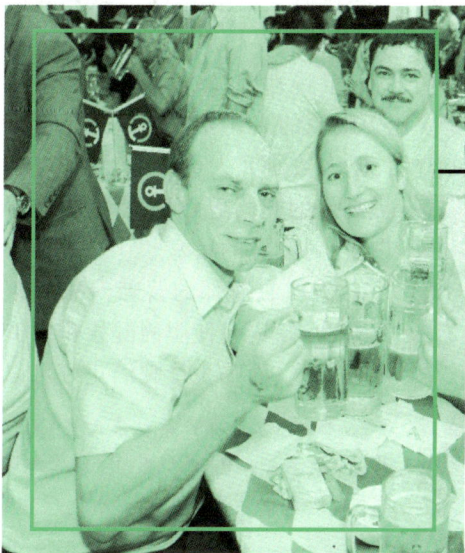

科学未解之谜

喝啤酒对人有好处吗?

啤酒是一种以大麦为主要原料制成的酒类饮料,它不仅含糖分较高,还含有多种氨基酸、维生素、啤酒花渗出物等营养成分,适量饮用可以促进人体健康,所以被称为"液体面包"。

然而,很多专家指出,长期饮用啤酒却会对人体健康造成危害。啤酒商标上注明的度数不是酒精度,而是指糖化后的麦汁浓度,但麦汁浓度也与酒精浓度有一定关系。一般来说,低浓度啤酒的酒精含量在 2%左右(以重量计),中高浓度啤酒的酒精含量可达 3.5%~5%。既然啤酒里含有酒精的成分,那么长期或大量饮用,就会损害人的肝脏功能。此外,还有一些人即使少量饮用啤酒也是不适宜的。比如,大麦芽有抑制奶汁分泌的作用,因而哺乳期妇女不宜饮用啤酒。啤酒会影响胃黏膜前列腺素 E 的合成, 因而胃炎患者不宜饮用啤酒。啤酒中所含的钙、草酸等化学物质会促发肾结石,因而泌尿系统结石症患者不宜饮用啤酒。

正常人饮用啤酒会怎么样呢?有关专家经分析发现,啤酒中含有大量亚硝酶,这种物质大量积聚就会直接损害口腔和食道黏膜。大量啤酒进入人体内,还会使血铅浓度增高。有人认为,饮用啤酒比饮用同等数量的葡萄酒更容易患肝脏疾病。另外,经常大量饮用啤酒的人,还会发生心脏肥大等症状,被称为"啤酒心"。

更为可怕的是,有些专家发现,长期饮用啤酒的人,患口腔癌和食道癌的危险性要比喝烈性酒的人高 3 倍。每天喝 5000 毫升以上啤酒的人,特别容易患直肠癌。德国一家啤酒厂曾定过一条厂规,允许工人每天饮用 500 毫升啤酒。5 年后发现,该厂工人患癌症的人数比其他食品厂高出两倍。

一般来说,上边所说的危害都是长期大量饮用啤酒带来的。那么,少量饮用啤酒会怎么样呢?有些科研人员认为,既然大量饮用啤酒有害,少量饮用也必然有害,只不过这种害处不太明显,不为人们觉察而已。但也有一些科研人员指出,少量饮用啤酒对人的健康大有益处。

这些科研人员在调查中发现,喝少量啤酒对人的心脏特别有好处。例如,每日喝一杯啤酒或一杯葡萄酒的人, 患心脏病的概率要比不喝酒的人还要低。这是为什么呢?目前还不清楚酒精为什么会对动脉有保护作用,但多数研究人员认为,酒精可以提高好的胆固醇(即高密度脂肪蛋白质)对动脉的堵塞。

美国农业部的营养专家克莱瓦认为,缺铜会使胆固醇累积而造成心脏病,而喝少量啤酒正好可以

根据《吉尼斯世界纪录大全》的记载,1977 年 6 月 22 日, 美国卡来尔市的斯·巴特罗希纳在 1.3 秒内喝完了 1 升啤酒。

人类科学史上等待回答的未解之谜

补助铜质。他在实验中用缺乏铜质的食物喂老鼠，一部分让它们喝啤酒，一部分不让喝。结果发现，喝啤酒的老鼠寿命要比不喝酒的老鼠长五倍，喝啤酒老鼠的血中含胆固醇较低，心脏变大的也较少。

喝啤酒为什么能使老鼠长寿呢？目前这个问题仍然是个谜。不过，可以排除酒精的作用。因为克莱瓦在实验中还让一组老鼠喝了数量相当于啤酒所含的纯酒精，但它们的寿命却赶不上喝啤酒的老鼠。克莱瓦认为，关键可能还在铜质的吸收。啤酒中虽然含有微量铜质，但根本无法补偿老鼠食物中所欠缺的铜质，但啤酒中所含的另一些成分，却有可能提高老鼠从食物中吸收铜质的能力。克莱瓦通过解剖证实，喝啤酒老鼠肝脏中的铜质储量，比不喝啤酒的老鼠要多三倍。

那么，喝啤酒对人体到底有没有好处呢？面对着这些不同的研究结果，科研人员只能这样告诉人们，喝啤酒有好处也有坏处，对有些人好处多一些，而对另一些人则坏处多一些。为什么会出现这样的情况，目前还找不到准确的解释。至于喝多少啤酒算适量，这同样有一个因人而异的问题，有的人多喝一些无妨，有的人少喝也算过量，无法定出一个统一的标准。

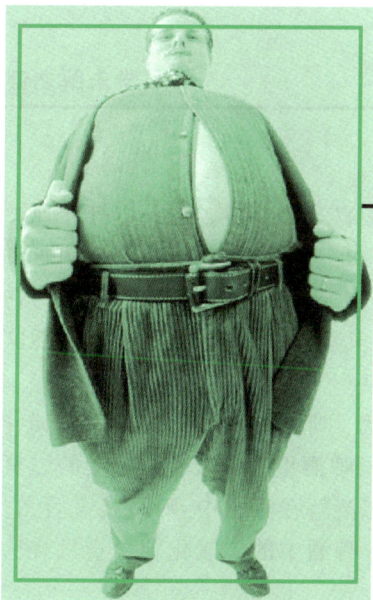

科学未解之谜

"啤酒肚"是喝出来的吗？

人到中年后，一些男子的肚子就像西瓜一样鼓了出来，有人认为这是喝啤酒喝出来的，于是就管它叫"啤酒肚"。

严格地讲，把喝啤酒与发胖联系在一起是没有道理的。一杯啤酒的热量仅为 150 卡路里，脂肪只有 0.3 克，所以喝啤酒本身不会使人发胖。但值得注意的是，啤酒具有促进人体内胃液分泌的作用，能够增加食欲，加上喝啤酒时往往还要吃一些含有高热量的菜肴，这样就容易使人发胖。由此看来，不加节制地暴饮暴食才是使人出现"啤酒肚"的真正原因，啤酒顶多是起到"推波助澜"的作用。

德国、英国、捷克等国的科研人员所做的随机抽样调查，也证明"啤酒肚"与喝啤酒多少并没有直接关系，好饮啤酒者出现"啤酒肚"的概率并不比不喝啤酒的人高。不过，他们在调查中发现，在那些爱喝啤酒的男性中，不吸烟的人比吸烟的人更易发胖。他们还发现,很多中年人长时间坐着办公,缺乏运动,很容易造成腹部脂肪囤积。另外,在工作压力较大的情况下,不少人会饮食过量,导致消化不良,这也很容易造成体重超标。

这些发现启发科研人员进一步探讨下去,"啤酒肚"出现的原因很可能在于喝啤酒者本身,喝啤酒只是个表面现象。一般男人的体内大约有300亿个脂肪细胞,随着年龄的增长,这些细胞就会增重一些。因此,几乎每一个男人在30岁以后总是要比以前重一些。人过中年后,新陈代谢率变慢,睡眠时间变少,睡眠质量变差,性激素的分泌也会随之减少,从而使体内的脂肪组织增加并聚集于腹部,这时候再大量喝啤酒并吃菜,就容易出现"啤酒肚"。

同样是又喝啤酒又吃菜,为什么有的男人出现了"啤酒肚",有的男人却没有呢?德国的科研人员认为,这与男性的遗传基因有关,它决定了有些男性的脂肪大部分储存于腹部。至于人与人的遗传基因为什么会不同,这是目前还无人能解答的问题。

啤酒为什么会大量冒沫?

啤酒是人们喜欢的饮料。当人们打开啤酒瓶盖的时候,总是会看到白花花的沫子从瓶口处冒出来,而很多人一见到啤酒冒沫,就认为它的质量一定好。其实,啤酒冒沫这种现象并不这么简单。

不少人认为,啤酒的沫子是由二氧化碳气体造成的。不错,啤酒里确实含有一定量的二氧化碳气体,正常含量为 4.8~5 克/升,它们以过饱和状态溶解在啤酒中,啤酒启盖后,它会缓缓分离,变成气泡徐徐升起,但却不会大量冒沫。啤酒中的二氧化碳含量只有达到 25% 时,才会产生骤然喷发白沫的现象。

那么,导致啤酒大量冒白沫的直接原因是什么呢?有不少食品专家对这个小小的难题进行了分析研究,寻找其中的原因,但至今还没有形成一致的看法。

20 世纪 50 年代后期,北欧市场上的啤酒出现了大量冒沫的现象,引起了人们的重视。经过对这种瞬间喷沫现象的反复研究分析,专家们把目光集中到啤酒的生产原料大麦上。大麦在整个生长过程中都处在多雨的环境里,尤其在收获季节里,未能得到充分干燥,就进入了仓库。潮湿的环境有利于各种霉菌的生长,它们还会污染大麦,有一种镰刀菌污染大麦后,能提高麦芽酶的活力,促使啤酒中的含氮量增加,这样就会导致啤酒在瞬间大量冒沫。

然而,镰刀菌的产生原因,科学家们还搞不清楚,也搞不清楚是不是还有别的原因在起作用,因此啤酒为什么会在瞬间大量冒沫,还只能当作一个悬而未决的疑问。

科学未解之谜

喝茶能治癌还是能致癌?

茶叶的营养价值很高,含有丰富的维生素和矿物质,还具有多种功效的医药成分,如咖啡因和茶碱有兴奋中枢神经系统、利尿、降低胆固醇和防止动脉粥状硬化的作用,鞣质有消炎抗菌的作用。茶叶中含有的多种维生素还有保护肌肤的作用,因而被称为保健饮料。

然而,时至今日,对于茶叶所具有的多种生物活性和药理作用,人们还没有完全搞清楚。所以,当人们根据调查结果得出喝茶致癌或治癌这两种截然相反的结论时,就无法从茶叶的化学本质方面加以科学的说明。

比如,西至伊朗、东至我国这一地带是食道癌发病率较高的地区。有关研究显示,在伊朗食道癌发病率较高的地区,人们的饮茶量大大高于其他地区。日本的情况也与此类似。有人认为,这里的原因就在于茶中含有鞣酸的成分,而饮茶过度,鞣酸摄入过量,就诱发了癌症。

然而,河南省林县是我国食管癌发病率最高的地区,可那里的居民却没有饮茶的习惯。在巴西和意大利进行的研究也证明,饮茶与食道癌之间没有明确关系。有人指出,茶中的鞣酸和商品中的鞣酸有很大差别,应该用茶多酚或黄烷醇来取代鞣酸这一名称,而茶多酚或黄烷醇绝不是致癌物质。

那么,怎样解释有些地区饮茶量大与食道癌发病率高之间的关系呢?有人在伊朗和日本进行了几项研究,发现在饮用正常温度的茶(35~47℃)的人中间,食管癌的发病

绿茶与红茶

茶又名"茗",属山茶科,常绿灌木,在世界上已有几千年的栽培历史。茶叶作为饮料,在世界范围内极为普遍。据估计,全球每年产干茶达250万吨之多,其中20%为绿茶,78%为红茶。饮用绿茶的地方主要在亚洲国家,饮用红茶的地区主要在西方国家以及某些亚洲国家。绿茶与红茶的区别,在于加工方法不同。绿茶是将采摘来的鲜叶先经高温杀青,杀灭了各种氧化酶,保持了茶叶的绿色,然后经揉捻、干燥而成,冲泡时清汤绿叶。红茶加工时不经杀青,先将新鲜的叶片放到空气中萎凋,使鲜叶失去一部分水分,再揉捻,然后发酵,使所含的茶多酚氧化,变成红色的化合物。这种化合物一部分溶于水,一部分不溶于水而积累在叶片中,从而形成红汤红叶。

率很正常;而在饮用热茶(55~67℃)的人中间,食管癌的发病率则比正常人群高2~3倍。在我国广东潮汕的某些地区,食管癌的发病率相当高,有人认为这与当地人喜欢喝滚烫的工夫茶有关,但这还只是推测,尚需进一步研究。

从目前的研究结果看,饮茶与胃癌的关系更是让人无所适从。1970年,一项包括20个国家在内的生态学研究显示,不论男性还是女性,胃癌的发病率都与饮茶没有关系。这就是说,饮茶既不致胃癌,又不治胃癌。1988年,在英国伦敦和我国台湾进行的研究证明,饮红茶或绿茶都是导致胃癌的一个危险因素。这就是说,饮茶致胃癌。然而,在日本静冈县这一茶产地进行的研究又得出这样的结论,饮茶能降低胃癌的发病率。在静冈县,不仅胃癌的死亡率低于日本全国平均水平,其他癌症的死亡率也是如此。日本九州的一项对照研究证明,经常饮茶和大量饮茶(每天饮茶超过10杯)的人,患胃癌的可能性大大减少。

对于饮茶与肺癌、肾癌等的关系,目前人们也不敢完全确定,因为不同的研究得出的结果往往大相径庭。不过,现有的研究结果可以确切说明,饮茶与乳腺癌、鼻咽癌、膀胱癌的发病率没有关系。

那么,人们还敢不敢喝茶了呢?当然敢。1969年,国际肿瘤研究协会指出,不论人类还是动物实验研究,都没有足够的资料证明饮茶与癌症之间有着明确的关系。与此相反,越来越多的实验研究显示,饮茶对某些癌症的发病有抑制作用。

人类科学史上等待回答的未解之谜

有人用亚硝胺、甲基苯胺等致癌物质诱发大鼠或小鼠患食道癌或胃癌,再用一定浓度的红茶或绿茶给其中一部分试验鼠喝,而且不准喝别的饮料,经过一段时间发现,这部分实验鼠的癌症发病率要比未喝茶的试验鼠明显降低。这说明饮茶对癌症的形成和发展有抑制作用。研究人员认为,这种作用很可能与茶多酚的生物学作用有关。据研究,茶叶具有抗氧化、抑制亚硝胺化反应的作用,能够调节致癌代谢酶,捕捉最终的致癌物和抑制癌细胞的增殖。不过,过量、过热饮茶的有害作用必须考虑,其致癌作用是不能排除的。

英国人乔恩·马修斯被查出患有肺癌后,医生预计他活不到年底。但他过了年底仍然健在,于是就以自己的生命期限跟博彩公司打赌。结果,他安然地活过了他的生命赌期,赢得了5000英镑的"生命赌金"。

第六辑 医药之谜

科学未解之谜

人为什么会得癌症?

癌症是威胁当代人生命健康的最可怕的"杀手"之一。据世界卫生组织在20世纪80年代发表的一份报告,全世界每年因癌症死亡的人数多达430万,中国每年也有近100万人死于各种癌症。

癌症这样可怕,我们不禁要问个明白:人为什么会得癌症呢?

为了弄清这个问题,科学家们进行了长达一个多世纪的不懈努力,在很大程度上掌握了它的规律和制服它的手段,癌症已不再是不治之症,但是距离彻底揭开它的秘密,还有一段路程。

最初,科学家们主要把精力放在寻找致癌物质上。科学家们通过对动物实验肿瘤研究发现,放射性辐射、某些化学物质和物理因素以及环境因素都有可能诱发癌症。比如,日本广岛的原子弹爆炸,曾使许多人因核辐射得了血癌。在铀矿工作的工人,肺癌的死亡率很高。长期与阿米脱和其他除锈剂接触的铁路工人,身体各部分都易患癌症。在合成染料厂工作的人,患膀胱癌的比例远远高出一般人。

通过进一步研究还发现,致癌物不仅来自这些方面,而且广泛存在于日常生活中。煤油、润滑油、香烟中的尼古丁、发霉的花生米和粮食中的黄曲霉素、腌制食品中的硝酸盐等,都可能成为诱发癌症的因素。此外,美国科学家劳斯在20世纪初所做的一项实验中发现,病毒也是重要的致癌因素。

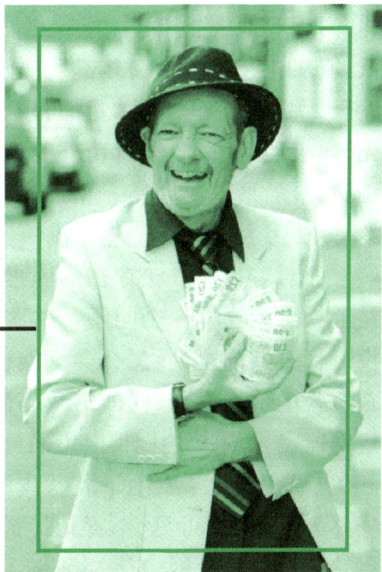

近年来,科学家们又提出,癌症与环境密切相关。世界卫生组织有过一个估计:当前人类85%~90%的癌症与环境有关。比如,胃病的发病率与土壤中镁的含量过低有关;某些地区饮用水受到砷的污染后,皮肤癌的发病率就很快上升。瑞典人饮用水中含碘低,从而导致甲状腺癌的发病率上升。在我国山西、河北、河南等地区,土壤中的钼、铜、铁等含量较低,氮氧化合物含量又较高,而成为食管癌高发区。另外,就连对人体健康极为有益的太阳光,如果照射过度,大量紫外线就会损伤皮肤细胞,最后形成皮肤癌。据估计,全世界每年约有12万人因此而患皮肤癌。

面对着如此广泛存在的因素,科学家们马上就想到这样一个问题:这些致癌因素并没有什么共同之处,怎么会都能诱发癌症呢?在实验中他们发现,同样的致癌因素,并不一定都能诱发癌症。比如,把焦油分别涂在老鼠和兔子身上,兔子发生了乳状皮肤癌,老鼠却安然无恙。由此可见,不管是什么样的致癌因素统统不过是外因,它一定还有内因可寻。

在寻找致癌的内在原因过程中,科学家们发现,癌组织并不是从天而降的魔鬼,而是由正常细胞组织发展而来的。在一般情况下,机体内的抑癌因素能够克服致癌促癌因素,细胞组织就会健康发展,而一旦抑癌因素失去作用或作用减少,当癌细胞超过100万个时,人体就会发生癌症。一般来说,这个过程是很漫长的,需要10年以上的时间。

科学家们又发现,造成正常细胞癌变的关键,在于人体基因里存在着一种遗传物质——癌基因,平时它们安分守己,一旦遇到致癌物就会被激活,疯狂增殖,形成癌细胞。

人体内不仅有癌基因,也有抗癌基因。早

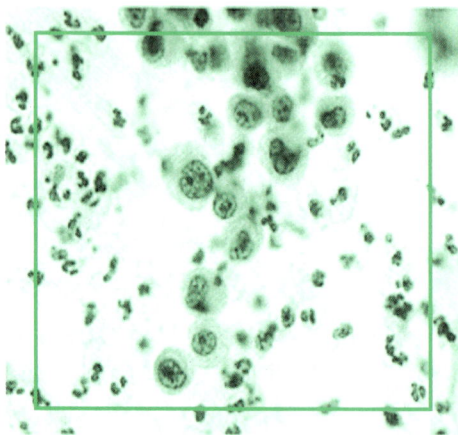

科学已揭之秘

癌细胞的由来

很多人说,人体内都有癌细胞,只不过没有发展起来。这种说法并不正确。现代医学认为,每个人体内都有原癌基因,但绝对不是每个人体内都有癌细胞。平时,人体中的原癌基因和抑癌基因维持着平衡,但在致癌因素作用下,原癌基因的力量就会变大,而抑癌基因却变得弱小。可以这样说,致癌因素是启动癌细胞生长的"钥匙","钥匙"越多,启动的机会就越大;多把"钥匙"一起用,才能启动"癌症程序"。

癌细胞是由"叛变"的正常细胞衍生而来的,经过很多年才能长成肿瘤。"叛变"细胞脱离正轨,自行设定增殖速度,累积到10亿个以上人们才会察觉。癌细胞的增殖速度用倍增时间计算,一变二,二变四,以此类推。由于癌细胞不断倍增,所以癌症越到晚期进展得越快。

在20世纪60年代,英国和瑞典的科学家用小鼠做实验,发现正常细胞中的某种成分,能有效地抑制癌细胞的恶性生长。后来,这个发现再一次得到证实。

有关专家认为,抗癌基因的发现,不仅使人们对癌症的形成原因有了突破性认识,也将对人类最终战胜癌症起到重要作用。如果能把在实验室里培养的抗癌基因注入人体,或提取抗癌基因注射到病灶上,都有可能有效地阻止癌细胞的生长。目前这种基因移植术在动物身上已经获得成功,如能进一步完善,就有望应用于临床。

在寻找正常细胞发生癌变的过程中,有的科学家还发现,癌细胞的氧含量比正常细胞低,而蛋白质含量却比正常细胞高。从癌组织的切片病理检测中也常会看到,癌的表浅部分细胞分化尚好,越深入分化越差,到了灶体中央便可见到细胞坏死。由此可见,细胞缺氧很可能是形成癌症的重要环节。当局部组织受到损伤、刺激或病变时,会形成血循环不畅,局部细胞因供氧不足就会处于"窒息"状态,从而改变生存方式,以吞噬经增生组织内血管供应的营养、蛋白质为主,来维持生存的延续。至此,癌细胞就生成了。

对于癌症的病因,科学家们的认识已经近于一致,只是在某些具体方面存在着差异,这主要还是因为人们对于癌症的病因没有最后搞清楚,如果最后搞清楚了,人们攻克癌症的那一天就会到来。

科学未解之谜

癌症会遗传吗?

近年来,儿童患癌率的增加,使科学家和医生大为震惊。在1977~1979年间,有人对澳大利亚南部地区的324741名儿童做了调查,结果发现共有112名儿童患有癌症,平均每年发病率为11.5/100000。儿童患癌的年龄多在6岁以下,以3~5岁最多见,而且男孩的患癌率明显高于女孩。

如此幼小的孩子,身体的许多组织器官还未发育成熟,怎么会患癌症呢?有的学者推测,这可能与遗传有关系。一位日本学者把致癌物亚硝胺甲基氨甲酸乙酯以40毫克/千克的比例注入孕鼠体内,结果其后代中有一部分长出了肿瘤,另一部分则是"正常"的。然后,再将这些"正常"的鼠进行近亲交配,生下的后代也有一部分长出了肿瘤。由此可见,致癌物可能造成基因突变,传给后代。

既然儿童患癌可能来自遗传，那么成年人也不会例外。根据医学专家的研究，有一种癌属于"遗传性癌"，它是直接由遗传决定的，比较典型的是视网膜母细胞瘤，一般发生在1周岁左右。不过，这类癌症为数很少，绝大多数癌症不会直接传给后代。然而，医学专家们又发现，那些属于非遗传型的癌症，竟也呈现出明显的遗传倾向。

比如，胃癌患者的子女得胃癌的机率比一般人高出四倍；母亲患乳腺癌，女儿的乳腺癌发生率也比一般人高。我国广州地区的鼻咽癌发病率居世界之首，那里的人无论移居到哪里，都容易患上鼻咽癌。据说巴西只发现了一例鼻咽癌，这位患者就是中国广东人。日本人胃癌发病率很高，移居到夏威夷的日本人后代仍保持着胃癌的高发倾向。我国科研人员在对河南林县食管癌高发区调查中，发现食管癌病人有明显的家族史。

以上例子表明，癌症与遗传确实有着密切关系。但是，并不是说有癌症家族史的人就一定会得癌症。真正属于遗传生癌的不过占1%，绝大多数癌症是环境因素在起主要作用。

然而，遗传因素对癌症所起的作用却是不容忽视的。以肺癌为例，大量调查证明它与吸烟有关，但人群中吸烟的人很多，患肺癌的人却很少。这主要在于人的体质，而体质是由遗传决定的。这就是医学上所说的易感性。有关研究认为，某些人对癌症具有易感性，主要因为体内某些酶的活性降低，染色体数目异常或畸变。总之，遗传上的缺陷很有可能促发癌症，但遗传因素是怎样促发癌症的，这与癌症的起因一样，同样等待着更明确的回答。

蔬菜为什么具有抗癌作用？

很久以前，人类就知道吃蔬菜对人体有益，却不知道原因何在。直到1910年波兰科学家卡西米尔·冯克发现了"维持生命所需的物质"维生素以来，人们才明白，原来在新鲜蔬菜里含有很多维生素，另外还含有很多矿物质，是它们为维护人体健康做出了贡献。

随着研究的不断深入，人们对蔬菜作用的认识也在不断丰富，抗癌作用就是人们新的发现。

然而，尽管蔬菜的抗癌作用已得到医学界的公认，但对这些作用的发生体制却尚无定论。一位西方学者看到了这样一份统计数字：在中国人当中，不食用葱蒜者比食

萝卜有"小人参"的美称,据很多文献报告,它有抗癌作用,尤其是白萝卜的抗癌作用更强,但对其机理的阐述却没有形成一致的意见。有人认为,这可能跟某些维生素(主要是维生素C)有关。也有人认为,萝卜中所含的酶类可抵消亚硝胺(食品中最常见的强致癌物)的致癌、致突变作用。还有人指出,萝卜中所含的水质素可增强机体内巨噬细胞吞食癌细胞的活力,从而间接地起到抗癌作用。

信不信由你

萝卜的抗癌作用

用大量葱蒜者的患癌危险高 20 倍。这是不是说明葱蒜中有一种抗癌物质呢?经过研究后他获得了令人鼓舞的发现,在大葱、洋葱、青葱、大蒜中含有一种有效的抗癌物质——槲皮黄酮。葱蒜中的槲皮黄酮的含量极高,可达干菜重量的 3%~4%。动物实验也证实,这种物质能降低大鼠的癌发生率。

在科研人员的不断努力下,已经从很多蔬菜中发现了据说能抗癌的物质,而且它们的化学成分完全不同,这样就不免使人产生这样的疑惑:蔬菜的抗癌作用是不是另有别的发生机制呢?

中国医学科学院病毒研究所的科研人员经过多年研究,提出了一种新见解:在萝卜、丝瓜、葫芦等多种普通蔬菜中,都可提取出一种干扰素诱生剂,它具有抗细胞癌变和抗病毒感染的作用。在上述几种蔬菜中,以萝卜中的干扰素诱生剂活性最强。

在人体的正常细胞中存在着干扰素基因,一旦受到诱生剂的刺激,就能产生干扰素,有效地干扰癌细胞和病毒的产生。其有效成分是一种对核糖核酸有效高耐受性的双股核糖核酸,只要有 1~5 个分子与一个细胞接触四分钟,就可诱生出干扰素。但这种成分很不耐热,遇上 100℃以上的高温便不稳定。动物实验证明,干扰素可抑制癌症。组织培养也证明,它对食管癌、胃癌、宫颈癌细胞的增殖具有抑制作用。

蔬菜干扰素诱生剂的发现,为揭开蔬菜防癌的奥秘开辟了新途径,但它是否就是这个问题的最终答案,目前还不能下定论。

高血压是怎样引起的?

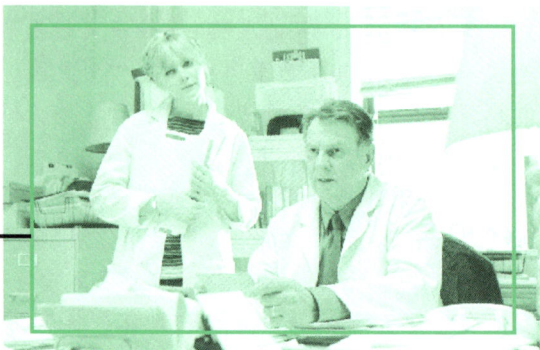

一般人都认为癌症是威胁人类生命的"头号杀手"。其实,在造成死亡率最高的疾病中,排在最前边的并不是癌症,而是心血管疾病。世界卫生组织曾公开宣布,同心血管疾病做斗争是当前的"头号社会问题"。在心血管疾病中,尤其以高血压危害最大,在发达国家中,平均每 4~5 个人之中就有一名高血压患者。

高血压这种病是怎样引起的呢? 按照传统的解释,高血压的病根主要在于精神紧张。人们都有这样的体验:当心理负担较重时,心脏就会跳得特别快,量血压时也比平时高;只有心情平静下来后,血压才会恢复正常。

人的心脏是受两种植物性神经系统控制的, 一种是属于交感神经系统的迷走神经,另一种是属于副交感神经系统的心交感神经。当人脑子里毫无所思的时候,迷走神经占优势,心跳就变慢;而人在紧张时,心交感神经兴奋起来,肾上腺素的分泌也增加了,于是心跳加快,血压也随之升高。如果有人长期处于紧张状态中,就有可能患上高血压。

然而,许多人在研究了紧张对人和动物心血管系统的影响时却发现,紧张确实能提高血压,但这只是发生在一段时间里,并不会引起心血管的特性发生质变,也不会使血压持续升高,也就是说,高血压与紧张并无关系。那么,高血压究竟是怎样引起的呢?

苏联的生理学家别尔卡宁亚和内科医师达尔茨梅利亚, 在研究中发现了这样一个现象:四足动物(狗、兔、猫和鼠等)患高血压十分罕见,而灵长类动物(人和猿猴)患此病却十分普遍。对这种现象进行深入研究后,他们指出,直立也许是引起高血压的主要原因。在自然界中,由于地球重力场的作用,液体总是从上方流向下方。人在躺卧时,心脏每分钟喷出的血量可达 5 升左右,而从水平状态转为直立状态时,70%的血量位于心脏下方,血液返回

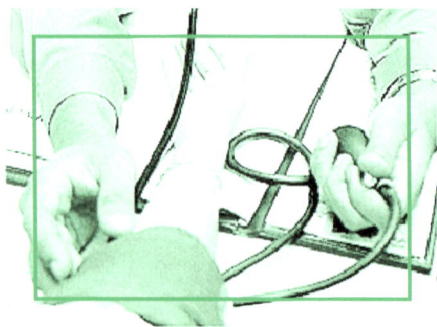

心脏发生困难,喷血量减少 30%~40%,降低到每分钟只有 2.5~3 升。为了弥补这个不足,神经系统和激素系统就要促使血管收缩、变窄,同时增加动脉血压,以保证头部和其他器官的正常供血。在人的一生中,直立姿态总是促使动脉血管进行收缩来提高血压,久而久之,就容易患高血压,而四足类动物有 70% 的血液位于心脏上方,血液很容易回流心脏,不需要提高血压,因而就不会患高血压。

澳大利亚医学研究所的科研人员则认为,高血压很可能是遗传疾病。在一项为期三年的研究中,他们用致高血压因素来培育实验鼠,结果发现,在导致高血压之前,其动脉壁就已经开始增厚。这表明,动脉壁增厚是高血压的原因,而不是它的结果。该研究组的药理学家吉姆·安格斯博士认为,动脉壁增厚很可能因为是生命初期生长因子过度活跃造成的。

统计资料也证明高血压有遗传性。如果两位高血压病人互为婚配,其子女一生中患高血压的可能性超过 1/4,甚至 1/2;如果配偶中只有一位是高血压病人,其子女患高血压的可能性不足 1/5。

很多科研人员还指出,高血压的发病因素与性别、饮食和锻炼与否也可能有一定关系。比如,女性高血压患者的并发症显著少于男性,平均生存年限也比男性高。在有高盐饮食习惯的人和不经常参加锻炼的人当中,患高血压的比例明显增高。

那么,精神过度紧张是不是就与高血压的形成毫无关系呢?有不少研究人员对此一直持怀疑态度。他们认为,积极的体育锻炼能够促使心血管系统更加强壮,而精神过度紧张则会引起心血管系统的不良反应,这些已被几十年累积的资料所证实,而其他见解还需拿出更有力的证据,才能比较有说服力。

科学未解之谜

高血压与吃盐有关系吗?

早在 20 世纪初,西方的一些医生在进行食物疗法时就发现,当膳食中食盐量受到限制时,高血压患者的血压便趋于降低;反之,血压则趋于上升。以后进行的多次实验也证实了这一点。因此,许多医学专家认为,高血压很可能与吃盐过多有密切联系,治疗高血压的首选疗法就是限制食盐的摄取量。

但是这种观点却引来了很多非议。有人在考察中发现,高血压发病率最少的地方,恰恰是食盐量最多的地方;而高血压流行最甚的地方,则是人们吃盐最少的地方。

以色列的一个研究所发现，一些高血压患者在吃了低热量而盐分没有改变的食物后，血压反而有所下降。美国俄勒冈卫生科学大学的麦卡隆教授领导的一个研究小组，对一万余名成年人的饮食进行了分析，发现吃盐多的人得高血压的危险反而小一些。他们还对17种微量元素和血压水平之间的关系做了广泛考察，意外地发现缺乏钙、钾、维生素可导致高血压，其中钙最为重要。麦卡隆对45~75岁的高血压患者做过实验，不用任何药物，仅在食物中补充适当的钠，就使42%的人恢复了正常。

不过，食盐可使某些人血压升高，这也是一个不可改变的事实。盐的化学成分是氯化钠，而氯和钠都是维持人体内渗透压的重要物质。如果食盐过多，肯定会引起血压的变化。调查结果也证明，有大约30%的高血压病人确实需要减少食盐的摄入量。至于盐与高血压之间的关系，虽然不大可能存在着因果必然性，但食盐过多却是有害无益的。

一些专家认为，高血压的致病因素和机理虽然至今尚未完全搞清楚，但不能不从遗传、体质、环境等因素以及它们之间的相互作用方面来考虑问题。把吃盐过多视为高血压的病因，显然是不够慎重的，但作为其中的一个因素来对待，却很可能是有道理的。

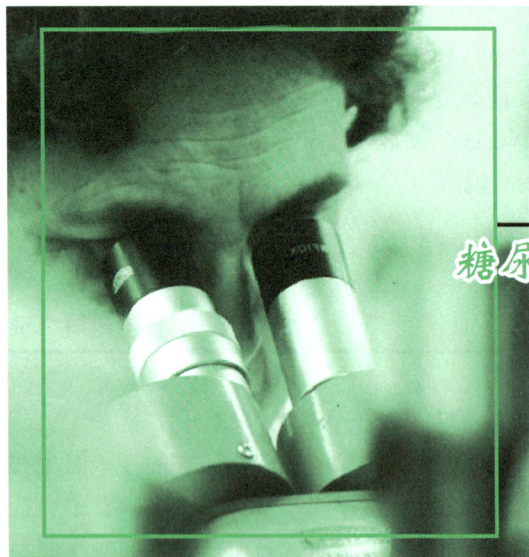

糖尿病的发病原因是什么？

早在20世纪初，人们就开始探索糖尿病的发病原因。经过一段时间的研究后，人们了解到了由于胰腺存在着某种缺陷，就会造成糖分在血液中不能进行充分的新陈代谢，也妨碍了蛋白质和脂肪的代谢，从而促使大量未被利用的糖分在血液中积累起来(医学上称为血糖)并由尿中排出，引起糖尿病。

当时，有个年仅31岁的加拿大医生奔丁，他进一步推测，在健全的胰腺内可能暗藏着某种特殊物质，能够促进糖分的新陈代谢，一旦失去这种物质，代谢作用就会受到阻碍。

经过大量实验后，奔丁终于在1922年找到了这种维持糖分正常代谢的物质，它

肥胖与糖尿病

> 统计资料说明,肥胖与糖尿病有不解之缘。20 岁以后得糖尿病的人 80% 均有体重过重的现象,超过正常体重 20% 者,发病率比正常人高 3.2 倍;超重 25% 者为 8.3 倍。45 岁以上的肥胖者的糖尿病死亡率,比正常体重者高 6 倍,比瘦弱者高出 20 倍。

就是胰岛素。胰岛素是由胰脏内存在的 β 细胞分泌出来的一种激素,能使糖分充分燃烧并转化成二氧化碳和水,为人体提供了必需的能量。

自从胰岛素被发现之后,它为千千万万的糖尿病人解除了痛苦。但直到今天为止,国内外的医药专家还没有把糖尿病的发病原因彻底搞清楚。胰岛素绝对或相对分泌不足会造成糖尿病,但这种不足又是什么原因造成的呢?

从大量的统计资料来看,糖尿病与遗传、肥胖、精神刺激、病毒感染、自身免疫等因素有关。据报告,在 6351 名糖尿病患者中,有 24.5% 的患者其家族有糖尿病史。又有人对 4434 个有糖尿病家族史的人进行调查,发现其中有 6.7% 的人患有糖尿病,而在无糖尿病家族史的 12900 人中进行调查,只发现 1.2% 的人患有糖尿病。

除了统计资料外,科研人员对于糖尿病的一些发病因素也可以做出令人信服的解释。比如,肥胖者为什么容易患糖尿病呢?原来,这与饮食过量有关。因为饮食过量,就使得产生胰岛素的器官处于紧张状态,这样长久刺激下去,就会导致这个器官的疲劳,引起胰岛素分泌不足,糖的代谢与转化发生障碍,血液中糖的成分过高,尿中也有糖,这就是典型的糖尿病。

再比如精神刺激。胰岛素的分泌除了受某些内分泌激素和血糖等因素的调节外,还直接受自主神经功能的影响。当人处于紧张、恐惧、应激状态等情绪波动以及交感神经兴奋时,胰岛素的分泌不会受到抑制。另一方面,几乎所有可使血糖升高的内分泌激素,如肾上腺素、胰高血糖素等,也都受交感或副交感神经活动的影响,有些强烈的心理刺激甚至可使肾上腺素分泌量增加到平时的 100 倍。因此,当某种不良的精神因素反复持久地作用于机体时,胰岛 β 细胞数量就会逐渐减少,功能下降,最终导致糖尿病。

总之,目前医学界对于糖尿病的认识已经相当深入,应该说最终揭开它的奥秘已是指日可待。

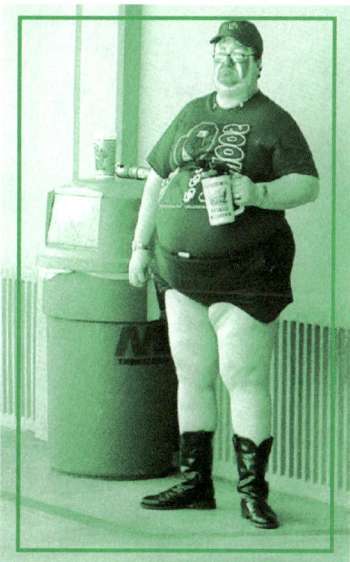

头痛是怎么回事？

据史书记载，三国时期的曹操患有严重的头痛病，经常难以忍受。神医华佗诊断他的病根在脑袋里，就提议用开颅的方法为他除去病根。曹操以为他要谋害自己，便将华佗押入牢狱，拷打至死。

相传唐高宗李治很胖，经常犯头痛病，而且说话不利落。御医就为他针刺头部并少量放血，每次都能取得止痛的效果。

从以上例子可以看出，头痛与人类相伴的历史很悠久，人类与头痛做斗争的历史也很悠久。除了用针灸治疗头痛外，人们还试用过各种各样的东西来治头痛，如氨、银、汞、胡椒粉、鸦片、大麻等等，甚至还有人拿电鳗来电击病人。

然而，时至今日，头痛仍然是一个令人头痛的症状，不仅病人感到万分苦恼，就是医生也常常对它束手无策。

说起来，头痛并不能算作病，而是许多病共同拥有的一种症状。比如，伤风感冒会头痛，中暑了会头痛，生病发烧也会头痛，有时候身上什么病也查不出来，但就是头痛得厉害。

在一般人看来，头痛就是脑子痛。这个回答并不正确。人体上许多部位都对疼痛的刺激很敏感，比如用针刺一下你的手指，你的手指就会感到痛。可是脑子本身却没有感受疼痛的神经，就是把脑浆全部掏出来，人也不会感觉到痛。那么，头痛又是从何而来呢？

科学家经过反复实验，发现头部的致痛结构或部位有以下几处：脑硬膜，尤其是头颅底部的部分；供应脑血流和硬脑膜血流的动脉；全部静脉和静脉窦；颅脑神经和脊髓颈段的脊神经；头颅骨外的头皮、肌肉、动脉和静脉。当以上致痛结构或部位受到某种刺激时，人就会感到头痛。

能够引起头痛的原因有很多，这就造成了五花八门的各种头痛。究竟有多少种头痛,这个问题恐怕还无人能说得清。在各种各样的头痛中,有许多是可以找出原因来的,治疗起来也就可以对症下药。但有些头痛至今原因不明,人们只能做出一些推测来,因而治疗起来就比较棘手。比如丛集性头痛,这种头痛毫无先兆,常在深更半夜发作,把病人从睡梦中痛醒。这种病发作起来极有规律,就像钟表那样准确。有人认为,这种病和五官部位的炎症有关,也有人认为它是由颈内动脉血管壁的水肿引起的。

常见的偏头痛主要是动脉和静脉发生扩张,而小血管却出现收缩,结果血液大部分都流入大脑皮质,许多脑神经细胞缺乏正常的血液而受到刺激所致。不过,造成偏头痛更深层的原因在于脑部激素不调和,刺激到脑部血管。至于为什么会出现这种不调和,目前还找不到明确的原因,只能肯定与遗传有关。

在引起头痛的众多原因中,情绪反应是很值得重视的一种。有些人的精神在受到某种刺激时,如焦虑、不安、恐惧、气愤、悲伤等,都会感到头痛。一般认为,这种头痛是因为紧张感造成肌肉收缩、痉挛,压迫头皮血管造成的。但也有人指出,人的情绪在做出某种强烈反应时,脑内会产生出某些化学物质,是它们引起了头痛。但这些化学物质的成分及其作用方式,目前还弄不清楚。

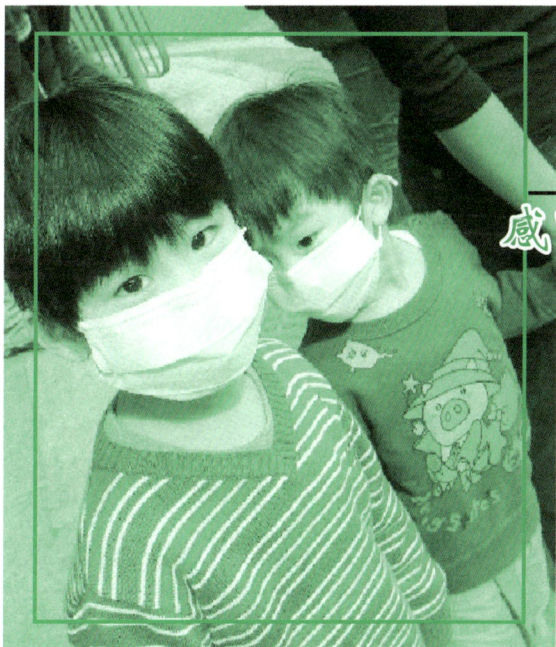

科学未解之谜

感冒病毒是怎样传播的?

相信你一定感冒过。据统计,全世界平均每人每天大约要患六次感冒。据说感冒的发病总次数是超过人口总数的唯一的一种疾病。

在医学上,把感冒叫作"呼吸道黏膜急性炎症",确切地讲,"感冒综合征"才是这种疾病的病名。

夏天,人们不常感冒,所以很多人误认为这种病跟气候有关系。所以，每当天气变冷时，家长总是要叮嘱孩子多穿衣服，以免感冒。其实，这完全是一种误解。在北极附近的斯匹次卑尔群岛，冬天的温度可下降到零下 20℃，10 月份就中断了船舶往来。在这样严寒的季节里，当地居民却几乎从不患感冒。可是等到第二年五月份时，开始通航之后，感冒又开始流行了。

科学家还做过这样的实验：把志愿受试的健康者分成两组，一组穿上厚厚的衣服，一组仅穿内衣内裤，然后给他们都注射感冒病毒，让他们在较冷的室外站立几个小时。结果发现，这两组人当中，无论患感冒的人数，还是感冒的严重程度，都没有太大差异。

由此可见，造成感冒的原因不是别的，就是带有传染性的病毒。在秋冬季里，人们的呼吸道黏膜发干，处于贫血状态，机能低下，再加上人们总是处在封闭的室内环境里，那些在温度和湿度较低的状态下生命力较强的感冒病毒就有机会传播开来，所以冬秋季人们患感冒的次数较多。

既然感冒是由病毒传播造成的，那么只要切断这种传播，不就可以防止感冒了吗？这种想法无疑是正确的，但实际上却很难做到，其原因之一就是，到目前为止，人们对感冒病毒的传播方式还没有彻底弄清楚。

长期以来，很多医生都认为，感冒患者在咳嗽、打喷嚏时把病毒微粒散布在空气中，被健康者吸入后，就会引起感冒。然而，美国一家医学院的专家们经过一系列实验，将志愿者毫无遮蔽地处于感冒者的咳嗽、喷嚏之中，但这些志愿者却很少患感冒。

过分亲近会不会是传播感冒病毒的途径呢？有人做过这样的实验：让一群健康的受试者与一群感冒患者在一起热烈接吻数分钟，结果仅有 6% 的人传染上了感冒。

有些专家发现，感冒病毒在手帕上能生存 1 小时，在手上能生存 2 小时，在硬物表面能活 72 小时。于是他们推测，当感冒患者用手摸鼻涕时，他们的手上就会沾染上活的病毒微粒，然后又把这些病毒置于他们所接触的物体表面，如电话、门把手等。健康者用手触摸了这些物体后，再通过摸鼻子、摸眼睛等动作，使病毒经过眼、鼻进入体内，

引起感冒的病毒有 200 多种，而且这些病毒的结构极易变异，药物的研发速度往往赶不上病毒的变异速度，因此目前还没有真正通过杀灭病毒治愈感冒的特效药物。现在市场上销售的感冒药物，基本上是控制和减轻感冒症状的药物。感冒患者即使吃药，也要大约一周才能好。

科学已揭之秘

感冒与吃药

从而患上感冒。感冒患者与健康者握手，也是传播感冒病毒的重要途径。

假如按照上述方式把感冒病毒传播开来，是不是所有的健康人都会患感冒呢？实验结果证明，不一定是这样。而按照已被很多专家否定的传播方式，也有人会患上感冒。所以有人认为，感冒病毒可以用很多方式传播开来，至于它是否见效，关键要看被传染者的体质和抵抗力。

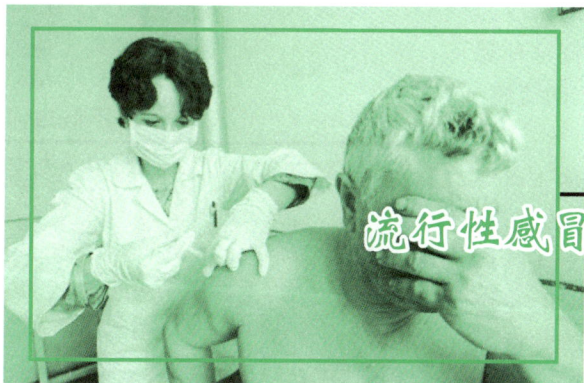

科学未解之谜

流行性感冒是怎样流行开来的？

流行性感冒简称流感，它与普通感冒一样，也是由病毒引起的传染性疾病。但是它的规模要大得多。据史料记载，最早的流感发现于1173年。进入20世纪以来，最有名的流感是在第一次世界大战末期流行于全世界的"西班牙流感"。据说造成约有地球人口的一半罹病，几千万人死亡。

现已查清流感病毒有甲、乙、丙3种类型。其中，流行规模最大的病毒是甲型。第二次世界大战前后流行的"古典甲型"，以后相继流行的"意大利感冒""亚洲型""香港型"等，都是甲型病毒。这些病毒一般都是在流行了10年或10多年后，就换成另外一种类型病毒。

与普通感冒一样，在研究流感病毒的传播方式时，人们很容易想到空气传播。后来又通过大量实验和观察，发现流感传播的主要途径还有手的直接接触。另外，对不同人群发病情况进行的调查统计表明，流感的传播又与职业有一定关系。比如，在偏僻地点的劳改农场中，犯人的发病率仅为2%；邮递员的发病率为69.8%；市内商店营业员的发病率高达93.8%。另据观察，公共汽车售票员、驾驶员、医生、护士以及饮食服务行业中的职工，流感的发病率要比其他行业高得多。

以上因素对于流感的传播肯定起有推波助澜的作用，但如果和流感传播的巨大范围比起来，它们的作用显然还不够，尤其是从诱发流感病毒的最初因素方面考虑，似乎还应该有别的原因。

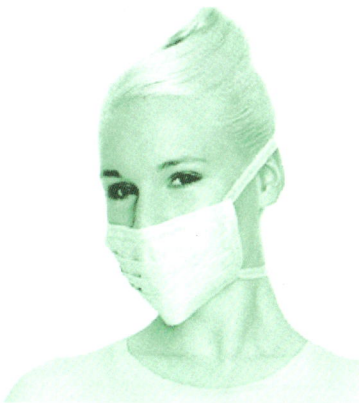

近几年来，国内外一些医学专家提出，流感与太阳黑子的活动有关。他们认为，太阳内部剧烈活动是太阳热核反应增强的表现，这时向地球释放的能量骤增。太阳辐射的高能带电粒子、紫外线和 X 射线等，对容易变异的流感病毒来说，无疑是一种物理性的诱变因素。从有关历史记载中可以找到支持这种观点的证据：人类历史上已知的六次大的流感，都发生在太阳黑子活动的高峰期。

有些学者认为，人类的流感是从飞禽那里传来的。有人发现了这样一条有趣的规律，每当流感在人群中大规模流行之前，流感病毒总是在飞禽之中广泛传播。实验表明，飞禽对流感十分敏感，它们往往要比人类提前一个星期就能觉察到流感大流行的时间。但飞禽是通过什么途径把流感病毒传播给人类的呢？现在还没有人能说清楚。有人推测，飞禽很可能与人一样，都是流感的受害者。

另外，有些专家还提出，流感是由寒潮引起的。流感虽是一年四季都可发生的疾病，但发病率比较高的是冬、春两季，在这两个季节里，经常有寒潮袭击，日平均温度较低，温差较大，人体的体温调节功能往往不能适应气候的突然变化，因而就诱发了流感。

信不信由你

西班牙型流行性感冒

西班牙型流行性感冒（简称西班牙流感）是人类历史上最致命的传染病，在 1918~1919 年曾经造成全世界约 10 亿人感染，死亡人数高达 2500 万~4000 万，这个死亡数字大大超过了在大战中死亡的人数（850 万），当时世界人口约 17 亿人。一般流感的致死率只有 0.1%，而西班牙流感全球平均致死率高达 2.5%。西班牙流感并不是从西班牙开始爆发的，而是因为当时西班牙有约 800 万人感染了此病，其中包括西班牙国王，所以得名西班牙流感。而西班牙人则称它为法国流感。这次世界性流感呈现出了一个相当奇怪的特征，那就是 20~40 岁的青壮年死亡率特别高，而以往的流感总是容易杀死年老体衰的人和儿童。西班牙流感在 18 个月内完全消失，因为其病株没有被真正辨认出来，所以它的发作原因尚不清楚。有人推测，西班牙流感可能是化学武器造成流感病毒的突变。

科学未解之谜

想象为什么能治病？

1971 年春天，美国有个名叫克内贝尔的作家感到胸部不适，前往医院检查。医生诊断后确诊为直肠癌，而且癌细胞已扩散到肝脏。他是个非常热爱生命的人，顽强乐观，因而并没有束手待毙，而是四处求医问药。后来，他了解到有个名叫西蒙顿的肿瘤专家，能用听录音带的方法为病人治病，效果很好，就找上门去。

西蒙顿的疗法并不复杂。他用录音谈话的方式，引导病人想象自己体内的癌细胞虽面目狰狞，却是些不堪一击的东西，同时想象着自己体内的白细胞非常厉害，像骑士一样，正在挥舞利剑进攻，把癌细胞打得落花流水。经过这样一段想象后，克内贝尔到医院做手术。外科医生切开他的腹部，发现他的肝脏竟恢复了正常。医生为他切除了直肠，他很快便康复了。

只靠意念就能治好病吗？许多人对此表示怀疑，因为到目前为止，还没有人能够证明意念是怎样产生疗效的。但是在现实生活中，想象疗法即意念疗法不仅被采用，而且在某些人身上确实有效，这个现象也引起了很多科学家的关注。随着研究的深入，一门完整的新学科——心理神经免疫学应运而生。根据这门学科的初步研究，已经发现，当患者进行想象时，其体内的免疫系统会得到改善；当患者不进行想象时，其体内的免疫力就处于一种缺乏状态。

其实，早在 20 世纪 40 年代，诺贝尔奖获得者、瑞士生理学家沃夫特·海斯就已经发现，大脑中发出信号对紧张做出反应的那一部分——下丘脑，也能发出放松反应的信号，使心跳、呼吸和全身新陈代谢减慢，整个交感神经系统变得安静。实验心理学家尼尔·米勒证明，交感神经系统能通过生物反馈来进行控制，而想象治病就是精神对交感神经系统的控制，与免疫系统有直接的联系。

美国门明格基金会办的反馈和心理生理学中心有位心理学家帕特里夏·诺里丝，她也认为，人体的免疫系统能抵御疾病。要使免疫系统充分发挥作用，就应该使病人树立战胜疾病的信心，同时给予心理和生理上的指导。诺里丝用想象疗法来治疗癌症，也取得了一定成果。

美国耶鲁大学医学科学院的一位副教授，从事癌症治疗工作长达 24 年之久。他认为，通过想象可以彻底改变一个人的心理状态和精神面貌，使之在心理上拒绝癌的生长，从而使躯体抵制癌的生长。也有的学者认为，想象疗法的作用可能与安慰剂不相上下。他们通过在小白鼠身上进行的对比实验证明了这一点。

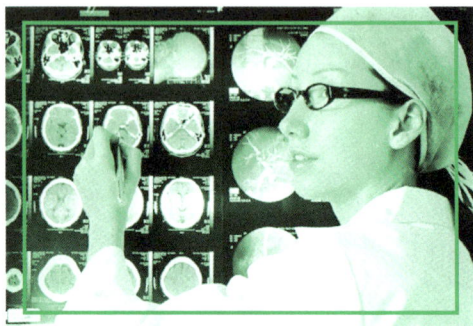

对于想象疗法现在还存有争议，这种疗法的疗效也确实不是普遍的，而是个别的。因此，即使接受想象治疗的人，也不排除其他传统的治疗。在理论探讨方面，情感原因为什么能引起免疫系统的改变，其确切机制的解释还只是假设，还有待于深入研究。但科学家们对心理神经免疫学充满了热情，认为它很有希望在今后的数十年内改变整个生物医学的面貌。

为什么病能克病？

在英国的一家精神病医院里，有一位精神分裂症患者被开水严重烫伤，侥幸未死，但却引起了一场大病。在经历了 10 多天连续高烧昏迷后，他终于从死亡线上被拉了回来。这时候，人们惊奇地发现，他原有的精神病症状全都消失了。

人类发病有一个规律，那就是病病相加：患上某种疾病后，往往容易病上添病。比如，外伤容易并发感染，中风容易并发肺炎等。此外还存在着一条与之相反的规律，即病病相克，患上某种疾病后，会使另外一种疾病不治而愈。

这方面的例子有很多。比如有些癌症病人在经历过病菌感染、体温高热之后，恶性肿瘤会自行消失。为了证实癌症消失与病毒感染的关系，有人特意给癌症病人注射链球菌。奇怪的是，链球菌未能使癌症病人感染。后来又采用了感染力强大的链球菌丹毒活菌培养液，这次终于使其感染。几天过后，病人体内的肿瘤果然消失得无影无踪。

根据美国加利福尼亚大学的科研人员统计，患急性白血病的人，如果后来得了病毒性肝炎,其生存期可较一般白血病患者延长一倍。

患肝炎的人脸上起痤疮时,肝功能的化验指标往往会好转;有些神经衰弱的人严重失眠,一旦生了单纯性疱疹,失眠状况就会相对减轻。

对于这些以病克病的现象,医学家们进行了大量研究,也提出了一些解释。很多人把人体当作一个有机的统一体来加以考虑,认为人体内存在着许多固有的平衡,一旦某一部分因外因或内因产生了障碍,就会得病,从而失去平衡,也就需要建立新的平衡。而在人体积极地恢复原有平衡的过程中,就会使疾病得到抑制。

这种解释虽然很有道理,但它却提出了新的疑问:假如人体内存在着某种自动平衡系统,那么它是怎么起作用的呢?其机理是什么呢?如此微妙的问题显然很难一下子回答清楚。于是,有人又从具体疾病着手,来进行新的探讨。

比如,德国的医生发现,很多癌症患者极少发生感冒和由此引起的发热。而这些癌症病人似乎都有抗感冒的能力。人群中有 4%~6% 的人很少患感冒,但这些人并不值得羡慕,据统计,每年患感冒不到一次的人,其患癌症的概率比每年患一次或多次感冒的人高六倍。

难道说感冒能防癌症吗?科学家认为,不仅是感冒,很多小病都会使人"因祸得福"。民间有"小病不断,大病不犯"的说法,这还是有一定道理的。造成这种现象的原因,很可能是感冒时人体的免疫系统可以产生出较多的干扰素,从而激活某些免疫细胞,使它们积极行动起来,去清除那些可能发生癌变的细胞。另外,每次患感冒时,人体免疫系统就会培养出一些攻击性的免疫细胞,它们专门搜索和摧毁病原微生物与内患。感冒等病引起的人体发热也有好处,它能使机体抵抗力增强,血液运动加快,反而会促使炎症的消退,有利于溃疡的愈合。

在一些疟疾高发流行区内,隐性遗传病镰形细胞性贫血的发病率也很高,但调查发现,凡是携带着镰形细胞性贫血致病基因的人,都不易患疟疾。医学专家认为,这是因为疟原虫在有缺陷的红细胞内难以生存繁殖。至于其他原因,目前还不清楚。

震颤麻痹又称帕金森病,其主要症状是全身肌肉僵硬,手、头不断震颤。在美国进行的一项调查表明,这些病人的癌症发病率只有一般人群的 1/3。有人认为,这是因为他们大多不肥胖,手抖动不已,无法吸烟,所以才不易患癌症,这种解释显然有些牵强。有人经过研究发现,这种病人体内钾的水平很低,由此认

为可能是低钾抑制了癌细胞的生长。

有关以病克病的例子还能举出很多来，目前医学专家对它们有的能够做出明确的解释来，有的则不能。但我们相信，要不了多久，人们就会彻底探清以病克病的奥秘所在，从而为人类防病治病开辟新的途径。

阿司匹林究竟有多少用途？

公元前 500 年，有一位古罗马大臣患了关节病，疼痛难忍，在病榻上不断地打滚、呻吟。人们为他请来了一位名叫希波克拉底的医生，他当场开了一张处方，并嘱咐将药熬成汤让病人喝下去。不久，这位大臣的疼痛便消失了。从此，希波克拉底名声大振。到了后世，他还被尊为西方的"医学之父"。

其实，他的那张处方并不神秘，里边的主要成分不过是柳树皮。柳树皮为什么能止痛和退热呢？直到 1853 年，德国化学家盖哈特才解开了这个谜。原来，柳树皮中含有一种酸，盖哈特叫它柳酸，在一系列杨属植物体内都能发现它，所以又称小杨酸，正是这种物质起有止痛、退热的作用。

柳酸作为药物有一个致命的弱点，那就是酸性太强，人吃下去会刺激胃壁。后来，德国的化学工程师弗里德里希、拜耳等人发现，把柳酸和冰醋酸一起加热，会生成一种名叫乙酰柳酸的化合物，它的酸性较弱，而且原有功能不受影响，临床实验也证明了它的效果确实不差。于是，在 1899 年，一种名叫阿司匹林的药诞生了。

阿司匹林一问世，便像灵丹妙药一样受到广泛使用，但它的药理作用长期以来却一直是个谜。很多科学家想解开这个谜，但都以失败告终。直到 1971 年，英国生理学家约翰·文利用先进的仪器，侦察到人体中有一种名叫前列腺素的激素，它与身体疼痛和发热直接有关。人体的每个组织都能产生前

希波克拉底

列腺素,而组织合成前列腺素必须以花生四烯酸为原料,阿司匹林恰恰能抑制花生四烯酸变成前列腺素,这正是阿司匹林能止痛和退烧的奥秘所在。约翰·文利因为这一发现,在 1982 年被授予了诺贝尔奖。

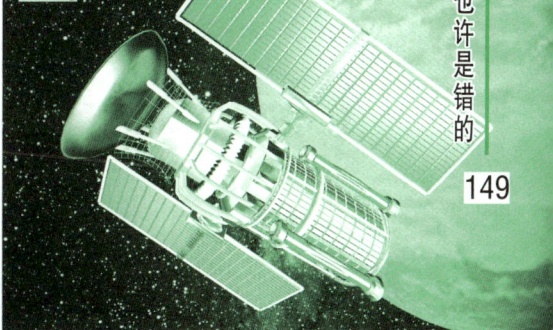

"太阳神 10 号"准备飞往月球时,为宇航员配备的急救药品中就有阿司匹林。

既然阿司匹林的药理作用已经查明,那么它的用途也就可以确定下来了,可是事实却不是这样,人们在这个老牌药物身上不断发现新的功能。

进入 20 世纪 80 年代以来,科学家首先发现阿司匹林具有抗血栓形成的功能,只要服用少量阿司匹林,就可以妨碍血小板凝集,从而防止血液凝结成块。但奇怪的是,这种现象只出现在男性身上,也就是说,阿司匹林对女性血液中血小板凝集不起对抗作用,其原因目前尚不清楚。

接着,科学家们又发现,阿司匹林有抗癌的功能。美国防癌协会在 66 万个志愿受试者身上观察阿司匹林的治疗作用,结果证明,经常服用阿司匹林会大大降低患肠癌的危险。不久后,又有人发现阿司匹林有对抗癌症骨转移的作用。癌细胞能产生一种溶骨性物质,它是从溶酶体中释放出来的具有破坏性的酶,而阿司匹林却能稳定溶酶体膜,不让它释放破坏性酶。

还有的研究者发现,阿司匹林有避孕作用。男性每天服用八片阿司匹林,就可以影响生育,其原因在于阿司匹林能使精液中前列腺素含量降低。前列腺素含量一降低,精液就会出现较多的异型精子,不利于怀孕。另外,精液中前列腺素含量降低,还会使子宫颈黏液变稠,从而阻止精子进入宫腔。

哈佛大学生理学家贝尔曼和奥齐克曾在雌性大鼠身上做过实验,证明大量服用阿司匹林,就会使其排卵受到限制。同样,某些妇女在服用大剂量阿司匹林后也不能受

孕。关于这种现象的发生原因,目前还搞不清楚。一种意见认为,阿司匹林能阻止前列腺素在卵巢内合成;另一种意见认为,它可以取消前列腺素对促黄体生成激素的调节,从而使卵巢内黄体发生萎缩,影响受孕。

很多专家相信,随着对阿司匹林的研究,肯定还会发现一些新的用途。而这反过来又说明,目前人们对阿司匹林这种药物的认识还是不够的,尤其是它进入人体后会产生什么样的作用,还需要进一步发现。

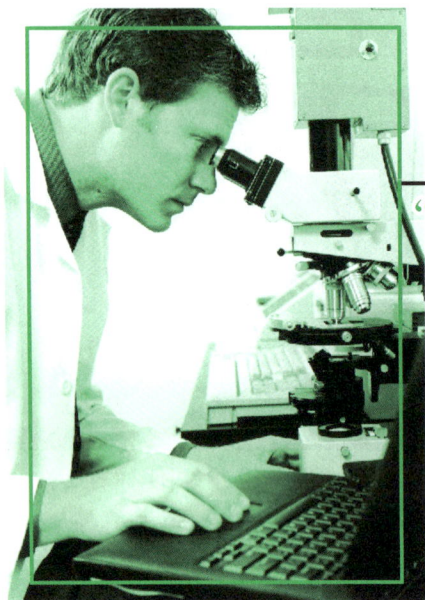

"大脖子"病是缺碘造成的吗？

"大脖子"病在北方又叫"瘿带"，南方叫"大泡颈"，医学上叫甲状腺肿。它的外在明显症状就是脖子变得又粗又大。

早在 19 世纪末，人们就已经知道这种病是饮食中缺碘引起的。碘是合成甲状腺素的主要原料，成人每日需要 70~100 微克，青少年每日需要 160~200 微克。如果人体每日摄取的碘量不能满足合成甲状腺素的需要，甲状腺产生的甲状腺素就会相对不足，这样就会反馈性地致使垂体促状腺激素增加，结果使甲状腺组织增生肿大，也就是我们从外观看到的"大脖子"。

根据这种已经确定的常识，长期以来，人们一直采用在食用盐中加碘的方法来防治这种病。有人预言，如果能够把这种方法坚持下去，三五年之间就可以消灭"大脖子"病。然而，不知为什么，这种疗法似乎并没有收到什么明显效果。

我国地方病专家曾深入到流行"大脖子"病的四川盆地、陕甘宁盆地东南部病区进行调查研究，对当地的水文地质和化学环境等条件进行细心的测试分析，结果发现这些地区并不缺碘。恰恰相反，其含碘量还比非病区高。无独有偶，据国外报道，在英国甲状腺肿的发病区的饮水中也并不缺少碘，其含碘量也比非病区高。

我国水文地质工作者曾在河北、湖南等地调查，得出患"大脖子"病与饮水含碘量的关系为：每升水的含碘量大于 100 毫克时，含碘量越高，发病率就越高。值得注意的是，这个结果与甲状腺肿是由饮水缺碘的说法完全相反。

我们知道，生活在海边的人通常是不会得"大脖子"病的。有人认为，这是因为海带中含碘量最高，而生活在海边的人由于常常能吃到海带，因而身体中不缺碘。如果说"大脖子"病与缺碘没有关系的话，那么沿海地区不流行此病的奥秘又在哪里呢？

虽然有资料证明某些甲状腺肿发病区饮食中并不缺碘，但现在还不能完全认定缺碘与甲状腺肿没有关系。问题也可能出在其他环节上，比如在对碘的吸收和消化方面，也许还有别的因素在起作用。但是有一点需要指出，在没有弄清楚原因之前，在那些高碘病区采用食盐加碘的防治措施，很可能会带来适得其反的结果。

酒糟鼻是怎么回事？

冬天，如果天气特别冷，而鼻尖又暴露在外面，就会出现发红的现象。这是因为人的面部血管网比其他部位更为密集，受到外界冷空气的刺激后，血管舒张收缩功能就会失调，也可引起血管扩张，从而使鼻子发红。

当人们进行剧烈运动后，由于体内代谢加速，糖分解过程增加，乳酸浓度急剧上升，达到一定程度时，血管平滑肌就会处于松弛状态，引起血管扩张，也会使鼻子发红。

以上都属于正常现象，而且持续的时间不会太长。有些人却不是这样，他们的鼻子，尤其是鼻尖，总是红红的，如同发炎一样，有时还发生渗液，好像要溃烂了，人们把它就叫作酒糟鼻。

在医学上，酒糟鼻叫作玫瑰痤疮。别看它的名字很动听，其实却很难看，开始时鼻子上出现红斑，有明显的毛细管扩张，表面油腻发亮，以后红斑从时隐时现逐渐发展到不易消退，而且不断扩张，有时还会出现绿豆大小的突出小疹、脓疱。

酒糟鼻是怎样引起的呢？起初，很多人以为它跟嗜酒有关系。这种说法并不是臆造，确实有不少酒鬼或喜欢辛辣饮食的人是酒糟鼻。据分析，这可能与酒精或辛辣食品对人的内分泌系统造成不良刺激有关。但问题并不这样简单，也有很多人并不嗜酒，也不喜欢辛辣饮食，但照样会得酒糟鼻。这又是为什么呢？

医学家经过深入研究后，发现造成酒糟鼻的原因有很多，如皮脂分泌异常、高温环境、寒冷刺激、情绪激动、精神紧张以及内分泌障碍等，都有可能引发酒糟鼻。

近年来，研究人员发现，多数病人的酒糟鼻与毛囊虫感染有关。毛囊虫是一种只有针尖大小的寄生虫，需要用显微镜才能看清，它的外形呈纺锤状，很像蠕虫，所以又称蠕行螨虫。它进出毛囊，将皮肤表面的细菌带到受损伤的组织里，造成发炎，就会引起酒糟鼻。

研究人员还发现，有些人的酒糟鼻是由于使用药物不当造成的。这些人面部出现炎症后，就长期使用高效氟化类固醇激素，如曲安西龙、确炎舒松A、氯倍他索等。由于这些药物能够抑制人体的免疫功能，长期使用就会出现类似酒糟鼻的症状。医学上把这种现象叫作类固醇性酒糟鼻。

由于造成酒糟鼻的病因错综复杂，因而至今也未完全查明，所以，如果你得上了酒糟鼻，一定要先找医生咨询，千万不要自己胡乱用药。

为什么青年人脸上会长青春痘？

很多青年人从十七八岁开始，脸上就开始长出一粒粒的小疙瘩，常常是此起彼落。虽然无大妨碍，却很是影响美观，因而使年轻人感到十分苦恼。

这些小疙瘩的医学名称是"面疱"，而人们习惯叫它青春痘，因为它总是和青年人相伴，往往到了 30 岁以后才逐渐停止发生。

青春痘虽然不是什么大毛病，但发生原因却不简单，目前可以确定的是，它的发生与皮脂腺有关，皮脂腺多的地方正是最容易长"青春痘"的地方。人的面孔上有很多皮脂腺，进入青春期后，皮脂分泌量会大大增加。青年人早晨起来时面孔总是油亮亮的，用毛巾一揩就会发现油腻的痕迹，这就是皮脂腺分泌的皮脂。

皮脂腺的开口在毛囊，如果皮脂分泌过多，就会在毛囊里聚积起来，从而在面孔上形成一个个小疙瘩。由于氧化作用，这些小疙瘩又会形成小黑点。由于皮脂排出不畅，细菌还会乘机侵入毛孔，使皮脂分解成游离脂肪酸，刺激毛囊部分，引起局部发炎。

青春痘虽然在青年人中比较多见，但在程度上却大不相同，有的人长得满脸都是，而且经常发炎，有的人却脸上很难见到。有的专家认为，青春痘的发生与遗传很有关系，据有关资料表明，长有青春痘的父亲，其儿子也大多会长出很多青春痘。

有些研究者认为，青春痘与雄激素有关。古时期的太监就不长青春痘，这就是一个证明。但后来的研究证实，只有像太监那样被阉割，使雄激素代谢受到破坏，才会直接影响到皮脂腺分泌，而一般人体内雄激素水平的高低，与有无青春痘并无关系。

女性与男性相比，青春痘要少一些，其原因还不太清楚。据研究，一部分女性的青春痘确与月经有关，有人认为这是黄体分泌素刺激造成的，但却缺少必要的证据。

另外，喜欢吃甜食、油炸食品、辛辣食品的人，青春痘就会长得多。使用含有矿物油、碘化物、溴化物等外用药物或一些化妆品，也可能使青春痘大增。令人难以理解的是，有的人在精神上压力过大、情绪不稳定时，也会长青春痘，甚至有人一夜没睡好，第二天早晨起来就大冒青春痘。由此看来，青春痘不是单一因素所致，只有从多方面探讨，才能解开其奥秘。

当一粒种子被埋进土壤里后，它就会开始生长，根往下扎，茎往上长，各有所向。这是一个很普遍的自然现象，里面却包含着深奥的学问。

植物的根和茎为什么各有所向？

是什么力量促使植物根朝下长茎朝上长呢？科学家们首先想到了地心引力。为了说明这一点，可以做一个小实验：把一粒发了芽的蚕豆平放在潮湿的空气中，不久就会发芽，先长出来的是根，后发出来的是茎。随便你把蚕豆怎样摆放，正放、平方或倒放，它的根总是向地下长。如果把发了芽的蚕豆平放在潮湿的空气里，过了几个小时，它的根就会向下弯曲。

19世纪初，有位科学家做了一个巧妙的实验。他把各种植物种苗放在一个轮子上，让这个轮子围绕着水平轴转动，便产生了离心力，恰好能抵消地心引力。这样一来，植物便按照离心力的方向水平生长，根向外长，而不再往下长了。

既然植物的生长要受地心引力的影响，那么为什么只有根往下长，茎却往上长呢（茎向上生长的习性被称为负向地性或背地性）？

1926年，美国的植物学家费里茨·温特首先对这个问题做出了解答。他在实验中发现，植物的胚芽鞘受到光照后，它的生长就会发生有趣的变化，渐渐地朝着有光的方向弯曲。后来，他从胚芽鞘中分离出一种化学物质，称为植物生长素。当阳光照射到植物上时,植物生长素就会聚集到遮阴的一侧,而这一侧的细胞要比受到阳光照射那一侧的细胞增长得快,这种不对称生长使得植物向光弯曲。同样道理,由于植物组织下部植物生长素的含量比上部多,就使得植物的根向下长,茎却朝上长。

自从温特发现了植物生长素的秘密后,很多科学家都投入到这一研究领域里来,陆续有了很多新发现。植物的根部还有一种生长调节剂(赤霉素),也许有一种被称为"平衡面"的重力感应物流向植物根部细胞,影响到生长调节剂的分布,从而使得上面比下面生长得快,致使根往下长。植物的根部下侧和茎的上侧,都存在着高含量的无机钙。在重力的作用下,淀粉体会把植物内部的无机钙大量送到根部下侧,这也使得植物根往下长。

美国俄亥俄州立大学的植物学家迈克尔·埃文斯等人在研究中又发现,植物在弯曲生长的过程中,无论是根部下侧还是芽的上侧,都存在着高含量的无机钙。在重力的作用下,淀粉体会把植物内部的钙送到根部下侧。如果用特殊的手段阻止钙的移动,植物就会不按正常方式生长。这显然说明,无机钙对植物的生长方向有着不可忽视的作用。

如果无机钙控制着植物的生长方向,那么除了重力之外,又是什么力量使无机钙能够在植物体内来去自如地上下移动呢?美国得克萨斯州立大学的研究人员斯坦利·鲁发现,细胞的上端和下端之间的电荷数目不同,这种不一致引起细胞极化,当为数众多的极化细胞排列在一起时,强大的总电荷就足以吸引相反电荷的钙原子在植物体内移动。斯坦利认为,由于细胞极性带动钙的移动,从而导致植物的茎总是向上长,根总是往下长。

随着研究的不断深入,人们在控制植物生长方向方面不断有所发现,但到目前为止,还没有彻底揭开这个谜。

信不信由你

最深的根

漂浮在池塘水面的浮萍,它的根不到1厘米。水稻的根大都扎在20厘米深的土层内。棉花的根最深的有2米以上。一般来说,水生和湿生植物,根长得短而浅;旱地和沙漠中的植物,根长得长而深。在非洲沙漠里有一种灌木,和人差不多高,全身不长一片叶子,可是根长达15米。世界上根长得最深的植物,长在南非奥里斯达德附近的回声洞。那里有一株无花果树,估计它的根深入地下有120米,要是挂在空中,有40层楼那么高。

早在 1873 年，就有人用实验方法检测到捕蝇草体内有电流产生，证实了"植物电"的存在。

植物真的有"语言"吗？

1927 年，澳大利亚的一位科学家发现，当植物遭到严重干旱时，就会发出"咔嗒咔嗒"的声音。这位科学家觉得很奇怪，就做了一个很精确的测量，结果发现，这种"咔嗒咔嗒"的声音原来是由很微小的"输水管震动"产生出来的。但让这位科学家无法解释的是，这种声音是植物渴望喝水而有意发出来的，还是一种纯粹的偶然现象。他百思不得其解，就提出了一个观点：如果情况属于前者，就明显意味着植物也有"语言"，而且植物还能用一定的方式表达出来。

这个观点提出来后，在科学界里引起了强烈反响，很多科学家开始研究这个问题。两位分别来自加拿大和美国的科学家做了一个试验。他们在玉米的茎部安装了监听装置，并与电子计算机连在一起。结果发现，当植物不能从土壤中得到所需要的水分时，它便从茎部的组织中汲水，同时产生一种超声波噪声，恰似"呼救"声。

还有两位科学家在一条非常干旱的峡谷中装上遥感装置，用来监听植物生长时发出的电信号。结果发现，当植物把养分和阳光转化成生长原料时，就会发出一种很特别的信号。他们通过进一步的测量和观察后，得出这样一个结论：如果能把这些信号翻译出来，人们就可以了解植物生长过程中的每一个阶段，从而根据它们的"要求"进行培育。

如此说来，这种信号不就是植物的语言吗？这个观点提出来后虽然轰动一时，但也引起了一些科学

人类科学史上等待回答的未解之谜

山毛榉

马尾松

赫伯特·威茨教授甚至指出,不同树种的"语言"风格也不尽相同,如橡树、山毛榉、杉树的"语言"较为风趣,而马尾松的"语言"相比之下较为朴实。

家的质疑:这些信号果真能反映出植物各个生长期的"要求"吗?这种信号真的就是植物的"语言"吗?

有的科学家认为,假如承认植物也有"语言"的话,这种"语言"也不是电信号,很有可能是植物所分泌的化学物质。德国的一些科学家则认为,有些植物可以通过高频声音来"说话",只是由于频率太高,人耳听不见;另一些植物则通过极微弱的光来传递信息,这种微弱的光人眼难以觉察,但仪器可以测出来。德国生物学家赫伯特·威茨教授宣称,已经破译了包括洋槐、梧桐等 10 余种树木的"语言"。

日本学者岩尾宪三和英国学者罗德联合制造出一台仪器,名叫"植物活性翻译机",只要把它的一根引线与植物的叶子连接,接上放大器与合成器,就可以通过电子翻译器,在耳机内清晰地听到植物在"说话"。有些植物发出的声音很难听,而有些植物被浇过水后或是受到了太阳的光照射,就会发出清脆悦耳的声音。在刮大风或干旱的天气里,有些植物会发出低沉的"叫声",就好像它们在忍受着很大的痛苦似的。岩尾宪三和罗德认为,这些声音都是植物的"语言",而且意思很明确。

日本早稻田大学的三轮敬之教授,把植物叶波的变化转化成声音,通过喇叭放出来,发现植物之间存在着声音的沟通,就像唱歌一样互相倾诉,在叶子的共鸣中共同成长。

尽管有不少科学家认为植物是有"语言"的,但由于缺乏理论依据,这种观点至今还没有得到普遍的认可。

植物之间也能传递信息吗？

1983 年，美国华盛顿大学的生态学家戴维·罗兹等人在研究中发现，当一片柳树中的某一棵遭到害虫侵犯时，新生树叶中的石炭酸的分泌量就会大量增加，从而使自身得到保护。这种现象可以理解为植物的一种自我保护本能，但让人费解的是，在这棵遭受虫害的柳树周围约 70 平方米的范围内，所有柳树的叶子中都增加了石炭酸的含量，越靠近那棵遭受虫害的柳树，其叶片中的石炭酸的含量越高。也就是说，尽管害虫还没有来到，柳树们已经警惕起来，而且还采取了自卫措施。这些柳树怎么知道害虫要来呢？用现代人的话来说，树怎么会有传递信息的本领呢？

科学家们起初猜测，树木的根系可能是传递信息的"联络员"，于是就做了一个实验，把两棵柳树的根系完全隔绝开来，再让害虫去侵犯其中的一棵柳树。结果发现，它们之间的信息传递并没有因此而中断。由此可见，植物并不是依靠根系来传递信息的。

接着，又有人从化学物质方面提出猜想，认为当柳树遭到虫害侵犯时，就会向邻近的同类发出"报警信号"。化学实验表明，受到虫害的柳树所释放的乙烯要比正常情况下多得多。乙烯是一种挥发性物质，通过风的媒介作用，可以给邻近的柳树发出危险及预防信号，使其各自采取防卫措施。

南非比勒陀利亚大学的生物学家在研究中发现，当金合欢树遭到动物取食时，叶片中的单宁酸含量就会直线上升，其毒性足以使取食者丧命。同时，它还能通过空气释放出一种气体，使周围 45 米以内的金合欢树都能接到信号，在 5~10 分钟内产生出大量单宁酸，以迎战来犯之敌。

意大利都灵大学的生物学家们也在实验中发现，当草感觉到害虫在吞噬其叶子时，就会发出一种类似于薰衣草的气味。这种气味不但能向周围的伙伴发出警告，还能散发到空气中吸引黄蜂的到来，而黄蜂正是食草害虫的天敌。科学家们在对生长在拉美一带的豆类、玉米、酸果蔓及其他一些植物的研究中，也发现了类似的现象。

植物能够发出信息并对外界的信息做出反应，这是一种很重要的生命现象，科学家们在研究植物传递信息的手段的同时,还对植物之间的"交际"能力是怎样产生的这个问题发生了兴趣。有的科学家认为,这是植物的一种自卫手段,为了在进化过程中得以生存,植物在与天敌的斗争中,就逐渐学会了辨别同类所分泌的物质。有的科学家则认为,植物能"有意识"地发出"警报"。自然界中的一切生物都有这种本能,一些单独的个体不仅关心自己的利益,同时也关心同类的生存。

科学未解之谜

植物能不能进行"自卫"?

舞毒蛾

自卫是一种有目的的反应,它需要神经系统做出判断,需要一种意识活动,而这两点都是植物所不具备的,因此植物就不能进行"自卫"活动。然而,这种传统的科学观点却在现实中遭遇到了挑战。

1970年,美国阿拉斯加州的原始森林中野兔的数量激增,它们疯狂地啃食嫩芽,破坏树根,严重地威胁了这里的森林。人们绞尽脑汁地围捕野兔,但收效不大。眼看着整个森林面临着被毁灭的危险,突然间野兔们集体闹起肚子来,它们死的死,逃的逃,几个月后,森林中再也见不到它们的踪迹了。

这是怎么回事呢?科学家们经过研究后才知道,那些被野兔啃过的植物重新长出的芽、叶中,都大量产生出一种名叫"萜烯"的化学物质,这种化学物质进入野兔的体内,就给它们带去了厄运。

1981年,同样的事情再度重演。一种叫舞毒蛾的害虫袭击美国东北部的橡树林,在短短的时间内,大片的橡树就被舞毒蛾啃光了叶子。严重的灾情使林学家们感到一筹莫展,他们所能采取的措施都无济于事。奇怪的是,一年之后,这种害虫全部消失了,大森林重新恢复了生机。

这又是怎么回事呢?科学家们对橡树叶的化学成分进行分析,这才揭开了其中的奥秘。原来,橡树叶子在遭受舞毒蛾的攻击之前,叶子中所含的单宁酸并不多,被舞毒蛾噬咬后,橡树叶中单宁酸的含量大增。这种单宁酸跟舞毒蛾胃中的蛋白质非常容易结合，从而使得橡树叶子难以被消化，于是舞毒蛾变得病恹恹的，或一命呜呼，或被鸟类啄食。

这两起事件发生后，一些植物学家就提出了这样一种观点：植物是能够进行"自卫"的。接着，很多科学家对此进行了大量研究。英国植物学家厄金·豪克伊亚发现，白桦树和枫树被害虫咬过后，树叶中的酚类物质的含量便会急剧增加，对于害虫来说，叶子的营养价值就大大降低

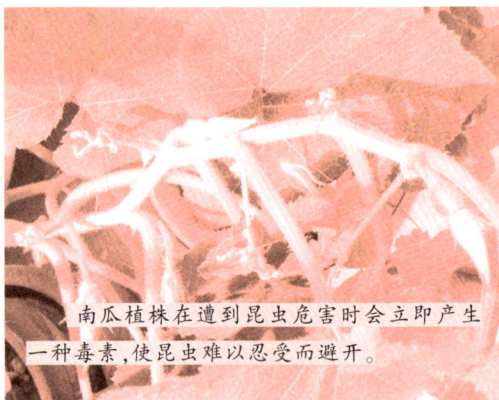

南瓜植株在遭到昆虫危害时会立即产生一种毒素，使昆虫难以忍受而避开。

了。一旦害虫的威胁解除，叶子中的含酚量就会减少。如果经常遭到害虫的侵犯，树叶中还会产生出一种对害虫有抵抗作用的化学物质。

类似的例子还有很多。西红柿和马铃薯在遭到害虫侵犯时，会分泌出两种阻化剂，破坏害虫消化它们的过程。西红柿在害虫第一次入侵四个小时后，受害部位会积聚起大量阻化剂；如果遭到第二次入侵，入侵部位就会合成并分泌出一种能增强自身抵抗力的激素，使阻化剂的浓度增加三倍。更加令人惊奇的是，有些植物还会产生出对昆虫的生育能力起破坏作用的类似激素的物质，昆虫在取食这种植物后，就会不知不觉地失去繁殖后代的能力。

植物既无神经，又无意识，它们如何能感受到害虫的侵袭呢？它们又是如何适时地合成对自身无害却对害虫有威胁的化学物质呢？又是如何发出和接收入侵"警报"的呢？这些至今还都是难解的谜。

由于音乐能够刺激植物生长，所以有人管它叫"声肥"。不过，并不是所有的声音都对植物生长有益，噪音对植物反而有害。

植物也喜欢听音乐吗？

1983 年，日本山形县天童市的东北尖端科技公司，创建了一个占地 991 平方米的"奇迹农场"。这个农场与众不同之处就是安装了一套音响设备，由经过特别设计的 16 支管状喇叭播放音乐，供植物欣赏。据这里的研究人员报告，100~200 赫

兹的低音,最能刺激植物生长。

　　植物没有耳朵,怎么能听懂音乐呢?如果你抱有这种怀疑态度的话,不妨先来看看这样一些事例。法国有一位园艺学家,把耳机套在一只正在成熟的西红柿上,每天为它播放 3 个小时的音乐。结果这个西红柿长到 2000 克重,成了当时世界上的"番茄王"。

凤仙花

　　印度有位生物学家名叫辛夫,他曾做过这样一个实验:每天让凤仙花"听"25 分钟优美动听的音乐。过了 15 个星期后他发现,"听"音乐的凤仙花要比不"听"音乐的凤仙花长得快,叶子平均多长了 12%,株高平均多长了 20%。这个结果让辛夫很兴奋,他继续做实验,发现优美的音乐可以使水稻增产 25%~60%,使花生和烟草的产量提高 50%左右。

　　那么,植物喜不喜欢听噪音呢?美国科学家把 20 种花卉分别放在安静和喧闹的环境里,结果发现噪音使花卉的生长速度平均减慢了 47%。人们还发现,在充满噪音的喷气式飞机场附近,农作物的产量普遍下降,有的农作物甚至出现枯萎。

　　美国的一位歌唱家里特莱克每天对金盏花播放一次摇滚乐,两个星期后金盏花全部死亡。美国坦普尔大学生物系的两个大学生,用收音机分别对两组西葫芦播放噪音较大的摇滚乐和优美的古典音乐。过了一段时间后,他们发现,听摇滚乐的西葫芦的藤蔓爬离了播放乐曲的收音机,而听古典音乐的西葫芦却用藤蔓去缠绕收音机,好像以此表示喜欢。

　　植物虽然喜欢听优美的音乐,却厌恶过度的音乐刺激。有人曾以每隔 6 秒一个节奏的音乐刺激植物,10~20 分钟之后,植物的脉冲就会逐渐与这个节奏一致起来。但连续播放 1 个小时后,植物的脉冲就会失去规律。如果 30 分钟后停止播放音乐,植物则能维持规律的脉冲。由此看来,植物也像人一样,能对有节奏的声音产生有韵律的共鸣。

金盏花

　　对于音乐能促进植物生长的原因,有人认为这是一种比较复杂的能量转换形式。音乐是一定的频率的声波振动,能对细胞产生共振,原来处于静止和休眠状态的分子就会和谐地运动起来,从而促使植物细胞内部物质氧化、还原、分解和合成。

　　日本早稻田大学的三轮敬之教授

曾做过这样的试验:取来约40片植物叶子,分别通上电极,并播放不同的音乐。结果发现,这时植物体内的电位会发生变化。由此他认为,音乐促进植物生长的原理就在于它能引起植物的电位变化,产生离子传导作用,或者说是与活化细胞有关。

日本东北尖端科技公司的研究人员高桥则生却另有一番解释,他认为植物的气孔在音乐的刺激下就会打开,促进光合作用的进行,同时因为碳水化合物的同化作用,也能促进植物的生长。

尽管人们对音乐促进植物生长的奥秘还不大了解,却不妨碍这种方法的实施。也许在不久的将来,人们在市场上就会买到专门听贝多芬或莫扎特的乐曲长大的蔬菜瓜果。

科学未解之谜

植物也喜欢听动听的话吗?

我们在生活中都会发现,人们普遍喜欢听动听的言语。比如,有人用热情的词句来夸奖你,虽然明知道有些过分,但你的心里也会感到美滋滋的。这样的现象在植物身上竟然也会发生,你能想到吗?

德国WDR公司专门做了一个试验。他们找来100名志愿者,把他们分成50个人一组,每组种植300株西红柿。在土壤、肥料、水分等方面,两组的条件完全相同,唯一的区别是,甲组的种植者每天都要热情地问候西红柿,问候语有"早安""亲爱的""您好"等。还经常说些动听的话,比如"我祝愿你长得壮实""你结的果实真甜呀"等。而乙组的种植者却什么话也不跟西红柿说。当收获时,甲组采获的西红柿产量竟比乙组高22%。

这个实验结果传出去后,很多科学家将信将疑,于是他们又在玉米、大豆、甘薯、甜菜、卷心菜、蘑菇等不同科属的植物身上做试验,都获得了类似的结果。

难道植物也跟人一样爱听动听的话吗?这是为什么呢?有的科学家解释说,动听的言语和优美的音乐一样,都能产生节奏和谐的音波,能刺激植物体内细胞的分子发生共振,使那些原来处于静止或休眠状态的分子活跃起来,从而加快了植物细胞的新陈代谢。你认为这样的解释有道理吗?

人类科学史上等待回答的未解之谜

植物为什么爱听超声波?

　　植物爱听超声波这件新鲜事,是人们在法国国家科学研究中心声音实验室里偶然发现的,那儿的花草长得特别快,甘薯和萝卜也比别处长得大。这个奇妙的现象引起了科学家们的注意,他们经过一番研究,才揭开了这里的秘密。原来,这与该实验室正在进行的超声波清除油轮上的油泥实验有关。

　　研究中心的科学家从这个现象中受到启发,于是建立了一个超声波培植法试验园。经过两年的研究,他们试制成功了一种农用超声波播放器,通过定时播放超声波,蔬菜不仅长得又快又大,而且一般增产 2~3 倍,栽培出的蔬菜更加鲜嫩可口。

　　此后,其他国家也相继展开了超声波培植法实验,英国的科研人员培育出了一个重达 2500 克的大萝卜,直径达 0.6 米的巨型蘑菇,还有大如足球的甘薯。美国和德国的科学家将超声波用于花卉的生产,培育出的花花期变长,色彩也更加艳丽。

　　我国从 20 世纪 50 年代起就开始对一些农作物、蔬菜和中草药进行超声波处理试验,也取得了可喜的成果。中草药"七叶一枝花"听过超声波后,不仅生长快,而且可以提前 3~5 年开花。桔梗听过超声波后,一年就能开花结果,而在正常情况下,桔梗要两年时间才能开花结实。用超声波处理植物种子,可以促使它尽快发芽、生长,并能提高产量。比如,用超声波处理过的小麦种子,比不经处理的小麦种子出苗多,长得快,可以增产 8%~10%。科研人员通过实验还发现,种子在经过超声波处理后,种皮会得到软化,这样就可以加快吸水速度。另外,种子中酶的活性还会得到增长,这样就有利于种子中淀粉、蛋白质等转化为可溶性物质,供胚吸收利用。

七叶一枝花

　　科学家告诉我们,超声波是一种人耳不能分辨的声波,每秒钟振动两万次以上。由于它能量容易集中,因而震动剧烈,能够引起许多特殊作用,如激震波、液体中的空化现象等,还可以产生出机械、光、热、电、化学及生物等各种效应,所以可以在工农业生产中得到广泛应用。

那么，超声波为什么会对植物起作用呢？在这个问题上，科学家们的意见尚未统一。中国有些学者认为，由于超声波是一种弹性机械波，在传播中还会产生热效应等作用，因而能促进植物的新陈代谢。英国有些科学家却认为，超声波主要是一种能量，它能够被植物吸收，使植物细胞透性增大，从而刺激细胞生长。但是，法国的一些科学家却不完全同意这个看法。目前，各国的科学家对这个问题还在进一步研究之中。

植物也有"眼睛"吗？

植物当然不能像动物那样能够长出有形的眼睛，但这并不等于说植物就完全不具备眼睛的功能。我们都知道，很多植物都有强烈的趋光性，还有很多植物只有在见到阳光时才会开花，如果植物没有"眼睛"，它们又怎么能感受到与生命活动息息相关的光呢？

早在 20 世纪初，欧洲的植物学家在研究烟草的新品种时，就发现植物对光照的时间有着很敏感的反应。把那些新培育出来的在夏季和秋季不开花的烟草品种，每天下午 4 时搬进屋内，上午 9 时才搬到屋外，每天只能见到 7 个小时的阳光，它们就会在夏季里开花。用灯光增强对这些烟草品种的照射，使它们在冬天里也能获得像夏天一样长的"日光"，结果就使得本来在冬天能够开花的烟草，竟然也开不出花来。

在研究植物的光合作用时，植物学家还发现了一个有趣的现象：很多植物不仅能"看见"光，而且还能"看见"光的颜色。比如，胡萝卜和甘蓝最喜欢红、黄光，在接受红、黄光照射时，它们就会长得格外快。甜瓜最喜欢红光，长期接受红光照射，甜瓜的含糖量和微生物含量就会显著提高。在红色薄膜的覆盖下，喜欢红光的水稻秧苗会长得格外旺盛。喜欢黄光的芹菜、莴苣在黄色薄膜的覆盖下，会长得茎粗叶大。香菜、韭菜喜欢蓝光，在蓝色薄膜的覆盖下，可以增加其体内维生素 C 的含量，还可以提前收获。

有一种蓝藻，能够根据光线的强弱和照射位置在水中移动。在中等强弱的光线下，蓝藻就会"游动"起来，有的在寻找光亮，有的在避开特别强烈的光亮，就好像它们真的有眼睛一样。

　　大量事实使得一些植物学家做出这样的推测,植物虽然没有明显的视觉器官,但植物的叶子内好像有视网膜那样的东西,它们是光感受器,也就是植物的"眼睛"。依靠着这些光感受器,植物不仅能"看到"光,还能够感觉到光照的"数量"(光照度、光照时间)和"质量"(光波)。

　　那么,植物的光感受器是怎样工作的呢? 过去,人们只知道叶绿素把光作为能源,并只对一定波长的光做出反应。经过深入持久的研究,植物学家们终于发现几乎每种植物细胞中都含有一种专门的色素——视觉色素,它把光作为信息源,能对不同波长的光做出反应。视觉色素是一种带有染色体的蛋白质分子,具有吸收光的能力。不过,视觉色素在植物中含量极少,据计算,在 30 万棵燕麦苗中才能提炼出一试管的视觉色素。

　　有了视觉色素,就等于给植物安上了"眼睛"。当浅色光出现时,视觉色素就变得活泼起来,等于植物睁开了"眼睛";当暗色光出现时,视觉色素就变得迟钝起来,就等于植物闭上了"眼睛"。

蚕豆

科学已揭之秘

日照与开花

　　全世界的植物大致可以分成三大类:一类是长日照植物,如小麦、蚕豆等,白天光照要在 12 个小时以上它们才能开花;另一类是短日照植物,如大豆、烟草等,白天光照要少于 12 个小时才能开花;还有一类是中性植物,对光照时间没有什么要求,无论光照时间长短都能开花。

莴苣

　　那么,视觉色素又是怎样左右植物的呢? 经过进一步研究,植物学家们发现,从植物的根到叶都有着完整而灵敏的感觉系统,借助于视觉色素对光产生既定的反射反应。比如,当邻近的植物遮住了太阳光时,视觉色素就会发出长高的指令,让植株尽快摆脱阴影的威胁。当白天和夜晚交替时,视觉色素又会发出化学信号,命令植物打开或关闭花蕾。

　　利用细胞生物学,可以说人们已经找到了植物的"眼睛",但是对于植物"眼睛"的认识,却还是充满了许多未知数。

植物也有"感情"吗？

如果有人对你说，植物也像人一样有感情，你一定会以为他是在开玩笑。但现代科学的一些新发现，却使人们觉得这种说法并非天方夜谭。

1966年里的一天，美国中央情报局的专家巴克斯特正在给一些天南星科植物浇水，他突然灵机一动，把测量仪的电极接到植物的叶片上。他想测试一下水从根部到叶片的上升速度。他惊异地发现，当水从植物的根部徐徐上升时，电压渐渐下降，而仪器上的曲线却在急剧上升，这个图形和人在激动状态下测出的图形非常相似。这说明什么呢？难道说植物也会"激动"吗？这个偶然的发现引起了巴克斯特强烈的好奇心，他决心深入研究下去，以找到答案。

首先，他改装了一台记录测量仪，将它与植物相连，然后用火把叶子烧焦。就在他再次划燃火柴的一瞬间，仪器上的指针出现了明显变化。当他手持火柴走近植物时，记录仪的指针开始剧烈摆动，显示出植物对此很"恐惧"。更有趣的是，当巴克斯特多次重复这个行动时，却不再真正烧植物，植物感觉到这只是不会付诸实践的威胁，慢慢地就不再"害怕"了。

巴克斯特又做了很多实验。有一次，他将几只活海虾投进沸腾的水中，发现就在海虾"蒙难"的同一时刻，附近的植物也陷入了极度的恐惧之中。在排除了任何可能发生的人为干扰条件后，巴克斯特多次重复上述实验，每次都得到同样的结果。

巴克斯特的研究在科学界里引起了巨大反响，许多科学家认为这是不可思议的。美国化学家麦克·弗格就是其中的一位，于是他亲自动手做了一系列实验，寻找驳斥巴克斯特的证据。实验结束后，他的态度来了个大转弯，因为他和巴克斯特一样，也发现植物有"感情"。

苏联学者维克多·普什金又将这一研究推进了一步，不仅证明植物有"感情"，还能够体察人的感情和感觉，做出相应的反应。他先利用催眠术控制住了一个人的感情，然后把受试者与远处的一株植物的叶片用脑电仪连接起来。在分析了脑电仪上的图像后，他发现那株植物发生了与受试者类似的反应。当受试者高兴时，植物就会竖起

植物的记忆力

法国的生物学家们做了这样一个实验：当有两片嫩叶的幼苗刚刚破土时，拿针刺几下其中的一片嫩叶，几分钟后把这两片嫩叶全部切除，再让它们继续生长。结果，没受针刺的一边萌发的芽生长得很旺盛，而受过针刺一边的芽生长得明显较慢。这说明，植物已经记住受过针刺的一边蕴藏着危险。科学家又经过多次实验，发现植物的记忆力能保留 13 天左右。

叶子，舞动花瓣；当受试者感到悲伤时，植物也会沮丧地垂下叶子。

对于这些神奇的现象，一些科学家解释说，这是因为植物与动物一样也有"感情"，并且这种"感情"都是以体内的化学反应为基础的，当植物受到刺激后，体内会产生许多电信号，从而发生相应的化学反应，导致植物对刺激做出应答。也有一些科学家认为，从解剖学的角度看，植物中根本不存在任何神经组织，因此不会有"感情"。

那么，植物到底有没有"感情"呢？在这个崭新的课题面前，还有许许多多的不解之谜等待着人们去探索与解答。

植物是怎样占领地盘的？

在美国西南部的干燥草原上，生长着一种山艾树，它十分霸道，在它的地盘里连一根杂草也见不到。有人曾在它的附近种植了一些其他植物，但不久就莫名其妙地死去了。据分析，这种山艾树能分泌出一种置其他植物于死地的化学物质。

在我国南方也有一些植物，如麻竹、绿竹、八芝兰竹、银合欢、洋紫荆等，它们能释放出低脂肪酸、类黄素、植物碱等有害化合物，抑制其他植物的生长发育，以巩固自己的地盘。

植物为了占领地盘，不仅向其他植物痛下"杀手"，有时还会互相"残杀"。过去，当人们看到某种植物在一块土地上持续繁衍，渐渐衰败乃至大片大片死亡时，就会归咎于土壤肥力降低。现在看来问题却不那么简单。台湾植物研究所的专家们，从水稻、向日葵、甘蔗、芦苇的根系和秆枝中，发现了某些微量元素，这些微量元素如果长久地积蓄在土壤里，就会对同宗后代的生长产生抑制效应，引起死亡。

麻竹

除了化学"武器"外，植物是否还会利用其他力量来争夺地盘呢？从 20 世纪以来，为了美化环境，美国引进了许多外来植物，于是就爆发了一场外来植物与本土植物的争夺战，其结果是后者"全军覆灭"。比如，佛罗里达州引进了南美洲的鳄草后，它便逐步消灭了当地的水草，把全州的运河、湖泊和水塘都变成了自己的一统天下。西棕榈滩附近原来是泾草的天下，自从引进了澳大利亚的白千层树后，它就开始败退，如今地盘已经丧失十之八九。佛罗里达州东南部的植被世界，则被澳大利亚的胡椒树捷足先登。

银合欢

直到现在，植物学家们还没有找出外来植物在这场争夺战中获胜的原因。如果说外来植物能分泌化学物质，那么它们在故乡为什么不亮出这手"绝招"呢？如果说它们受到了大自然的偏袒，那么土生土长的植物早已具备的对当地条件的适应能力又到哪里去了？

此外，对于植物抢占地盘的必要性，植物学家们也是百思不得其解。动物不能进行光合作用，必须从外部环境中猎取食物来维持生命，争夺地盘可以理解。而植物可以依靠自身的光合作用来制取生存所需的有机物养料，往往只要些许空间就足够了。对于植物来说，争夺地盘似乎意义不大，而这种争夺又是客观存在的，看来这个问题很有深入探讨的价值。

开放在水面上的睡莲花，每当旭日东升之时，它那美丽的花瓣就慢慢舒展开来，似乎刚从梦境中苏醒；而当夕阳西下时，它又闭拢花瓣，进入"睡眠"状态。由于它这种"昼醒晚睡"的规律特别明显，所以得名"睡莲"。

科学未解之谜

植物为什么也需要"睡眠"？

人和动物都需要睡眠，植物也不例外。每逢清朗的夜晚，只要注意观察你就会发现，许多植物都发生了奇妙的变化。比如常见的合欢树，它的叶子由许多小羽片组合而成，在白天舒展而又平坦，一到夜幕降临，那无数小羽片就会成双成对地折合关闭。它们这就是在"睡觉"。

长着三片小叶的红三叶草，白天有阳光时，每个叶柄上的叶子都舒展在空中，但到了傍晚，三片小叶就闭合起来，垂着头准备"睡觉"。花生也是一种爱睡觉的植物，它的叶子从傍晚开始，便慢慢地向上关闭，表示要"睡觉"了。

不仅植物的叶子要"睡觉"，就连娇柔艳丽的花朵也需要"睡眠"。各种各样的花，"睡眠"的姿态也各不相同。蒲公英入睡时，所有的花瓣都向上竖起闭合，看上去像一个黄色的鸡毛帚。胡萝卜的花则垂下来，像正在打瞌睡的小老头。

这些有趣的现象被植物生理学家称为"睡眠运动"。那么，植物为什么也需要"睡眠"呢？睡眠运动会给植物带来什么好处呢？

最早发现植物睡眠运动的人，是英国著名的生物学家达尔文。他在研究植物生长行为时，曾对69种植物的夜间活动进行了长期观察，发现一些积满露水的叶片，因为承受着水珠的重量而运动不便，往往比其他能自由运动的叶片更容易受伤。后来他用人为的方法把叶片固定住，也得到相类似的结果。达尔文当时还无法直接测量到叶片的温度，但他仍然断定，叶片的睡眠运动对植物生长极有好处，也许可以保护叶片抵御夜晚的寒冷。

达尔文的说法似乎有一定道理，但因为缺乏足够的证据，所以一直没有引起人们的重视。直到20世纪60年代，随着植物生理学的迅速发展，科学家们开始深入研究植物的睡眠运动，并提出了不少假说，其中最为流行的是"月光理论"。持这一观点的学者们认为，叶子的睡眠运动能保持植物免遭月光的侵害。过多的月光照射，可能干扰植物正常的光周期感官机制，损害植物对昼夜变化的适应。然而，"月光理论"却无

法解释为什么许多没有光周期现象的热带植物,同样也会出现睡眠运动。

植物学家又发现,有些植物的睡眠运动并不受温度和光强度的控制,而是由于叶柄基部中一些细胞的膨压变化引起的,这也是"月光理论"无法解释的。如合欢树,它的叶子不仅仅在夜晚关闭,当遭遇大风大雨时,也会逐渐合拢,以防柔嫩的叶片受到暴风雨的摧残。这种保护性的反应显然是植物对环境的一种适应。

就在植物学家们感到困惑不解的时候,美国加利福尼亚斯克雷帕斯海洋研究所的一位科学家恩瑞特进行了一系列有趣的实验。他用一根灵敏的温度探测针在夜间测量多花菜豆叶片的温度,结果发现,呈水平方向(不进行睡眠运动)的叶子的温度,总比垂直方向(进行睡眠运动)的叶子的温度要低1℃左右。恩瑞特认为,正是这1℃的微小温度差异,使得在相同的环境中能进行睡眠运动的植物生长得更快,具有更强的生存竞争能力。

然而,上述研究成果还不能彻底揭开植物睡眠运动的所有谜底,尚需科学家们进行更广泛的研究。

蒲公英

科学未解之谜

为什么有些植物也要"午睡"?

很多人有午睡的习惯,令人感到奇怪的是,有些植物也需要"午睡"。所谓植物的"午睡",是对它们光合作用强度减弱的一种形象化的说法。大多数植物从早到晚进行的光合作用,都呈现出一条单峰形曲线,即上午因为光线变强,温度变高,光合作用从低到高;下午因为光线变弱,温度变低,光合作用的强度由高变低。也就是说,这些植物没有"午睡"现象。

有些植物却不是这样,比如小麦、大豆等,它们的光合作用日变化呈现出双峰变化。上午,光合作用强度逐渐升高;到中午明显减弱,甚至非常微弱;下午又逐渐升高。

植物学家把这种现象就称为植物的"午睡"。

为什么有些植物也要"午睡"呢？大多数植物学家认为，这是植物光合作用受到环境因素(尤其是水分)影响的结果。植物要想正常地进行光合作用，就必须有适宜的光、温、水、气、土等环境条件。但在一天之中，这些条件是不断变化的。据观测，在炎热的夏天里，中午气温很高，常常超过了植物适宜光合作用的温度；空气的湿度，在中午时可达到一天中的最低点；空气中二氧化碳的浓度，也是到中午逐渐降低，午后才会逐渐回升。

为了适应这些条件，植物就会将气孔关闭，减少水分消耗，这样一来二氧化碳进入叶片的量就减少了，植物便会关闭全部气孔，使二氧化碳几乎不能进入叶片，光合作用就会严重减弱，甚至完全停止，于是就出现了"午睡"现象。

以上关于植物"午睡"的解释只是一家之言，而其他说法也各有道理。有人认为，植物光合作用的减弱，是由空气中二氧化碳的浓度降低直接引起的。也有人认为，干旱条件会抑制叶片内糖分向外运送，叶片内积累的糖分过多，其反馈作用就会降低光合作用。还有人认为，"午睡"现象是植物的"生物钟"有节奏的调节引起的。

不管植物"午睡"的原因是什么，但有一点可以基本确定下来，作为对环境不良因素的被动的适应调节，植物的"午睡"对其自身的生长发育是不利的，减少了有机物的合成，如果是农作物，还会造成减产。有人发现，在炎热的中午时分对小麦喷水，可以减轻或消除其"午睡"现象，有利于光合作用的进行，进而提高产量。

根据有关数据推算，"午睡"现象大约影响了小麦1/3的产量。

科学已揭之秘
植物的蒸腾作用

水分从植物地上部分以水蒸气状态向外散失的过程叫蒸腾作用。在一般情况下，如果周围气温高，光照强，湿度小，植物叶片气孔的开放程度就大，蒸腾作用就强；如果周围气温低，光照弱，湿度大，植物叶片气孔开放程度就小，蒸腾作用就弱。植物减少蒸腾作用，可以保持体内水分。

植物为什么总是在春天生长?

　　春回大地,万物复苏,地球上的植物全都选择这一时机绽出枝叶,给世界带来一派生机勃勃的景象。

　　植物总是在春天里发芽生长,这是司空见惯的现象,似乎这里边没有什么秘密可言,所以也很少有人在这方面提出疑问。其实,这个问题并不那么简单,就连专门从事植物生理学研究的科学家们, 也不见得能准确地解释为什么植物要选择在春天生长这个问题。

　　从表面现象上看,人们首先就会想到气温的作用。植物的生长是受外界环境影响并决定的,气候变冷,植物就进入休眠阶段;春回日暖,它们就自然而然地开始新的生长。

　　气温对植物生长所起的作用是显而易见的,但如果进一步追问下去,为什么温度回升就会引起植物的生长呢? 长期以来,这一直是一个模糊不清的问题。

　　20世纪70年代,美国和澳大利亚的两位植物生理学家利奥波德和克里德曼共同撰写了一部专著《植物的生长和发育》。在这本书中,他们指出,导致植物在春天生长的关键因素是长日照和低温的影响。秋末时,由于日照时间缩短,温带多年生植物体内就会产生高浓度的脱落酸,它能抑制 DNA(脱氧核糖核酸)合成 RNA(核糖核酸),从而形成休眠芽,使植物进入休眠状态。春天来临后,日照时间变长,休眠芽中的叶原基受到刺激,使植物体内脱落酸浓度降低,生长调节剂含量增加,一些能够打破休眠以及萌发必需的酶开始合成,从而促进了蛋白质的合成。另一方面,春天的低温作用会使植物的休眠芽的水合度增大,水解酶和氧化还原酶进入活动状态,促使有机物的转化和呼吸作用加强,这样植物就开始发芽生长。植物打破休眠状态所需的条件正好与春季的自然条件一致,于是植物就开始萌发。至于植物打破休眠状态所需要的日照与温度条件正好与春天的自然条件相一致, 这大概是植物在长期进化过程中形成的一种主动适应。

以上理论得到了大多数科学家的赞同，但也有人提出了不同意见。英国谢菲尔德大学的两位博士格兰姆和莫法斯，在研究植物细胞遗传物质时发现，各种植物的细胞遗传物质有着巨大的差异，而这些差异又与它们生长的季节有联系。

于是，他们选择了162种植物，对它们细胞中的DNA数量进行了仔细测量，并与这些植物的萌发时间做了对照。结果发现，春季发芽最早的那些植物，往往含有最大数量的遗传物质种类。由此他们提出了这样一种观点：植物选择在什么样的季节生长，主要是由植物细胞中的DNA数量决定的。有些植物细胞中的DNA含量大，发芽就早，反之则晚。

他们还发现，在地中海气候中生长的植物大多含有大量的DNA，而在热带、温度较高地区或干旱条件下生长的植物，一般只有少量的遗传物质，因此后者反而比前者萌发得要晚一些。

以上两种观点比较有代表性，也各自有不少支持者。但它们究竟哪一个更正确，还有待于科学家们进行更深入的研究。

科学未解之谜

植物为什么会落叶？

在温带地区，当秋天来到时，树上的叶子渐渐枯黄，随着瑟瑟的秋风悄然飘落。对这个现象植物学家早就做过解释，落叶是树木的一种自我保护手段。由于外界气候条件的变化，大多数植物开始减少营养物质的吸收，这时候叶子的存在不但无益，反而会加重植物的负担，于是叶子就不能再生存下去了。

很多实验都证明了这种想法的正确性。比如，在大豆开花的季节里，每天都把生长的芽去掉。过了一段时间，与不去花芽的植株相比，去掉花芽的大豆的叶子显著地

叶子的颜色变化

在绿色植物的叶肉细胞里含有很多叶绿体，叶绿体中含有蓝绿色的叶绿体a、黄绿色的叶绿色b，以及金黄色的叶黄素、胡萝卜素等。在春夏季节里，叶绿素的含量一直占绝对优势，它的颜色把其他色素都掩盖住了，所以叶子就呈现出绿色。到了秋天，叶片中产生叶绿素的能力逐渐消失，绿色逐渐褪掉，而叶绿体中的叶黄素和胡萝卜素显露出来，于是树叶就变成黄色的了。

推迟了脱落的时间。由此可以得出这样的结论：植物为了减少营养物质的竞争，这才把叶子当成了"牺牲品"。

然而，进一步的观察却使科研人员对上述结论产生了怀疑，许多植物叶片的衰老并不是发生在开花结果之前，而是在其后。比如，雌雄同株的菠菜的雄花刚开始形成时，叶子就开始枯萎了。

深秋时节你走在马路上，如果仔细观察一下就会发现，尽管马路两旁的树木已是叶落枝枯，但是靠近路灯的几棵树上，却还有几片绿叶在寒风中艰难地挺立着。这个现象让科研人员受到启发，看来落叶大多发生在秋天，主要原因很有可能不在于温度，而在于光照。实验结果表明，增加光照的确可以延缓叶子的脱落，用红光照射效果更明显；如果缩短光照时间，则会促进落叶。

为了揭开落叶的奥秘，科研人员还通过电子显微镜对叶子进行深入观察。他们发现，在叶片衰老的过程中，蛋白质含量显著下降，RNA 的含量也会下降，叶片的光合作用能力降低，叶绿体遭到破坏。而这一系列变化过程，最终就导致了落叶的结果。与此同时，在落叶紧靠叶柄基部那个地方，果胶酶和纤维酶活性不断增加，使整个细胞溶解，形成一个自然断面。这时候尽管叶

黄栌、柿树、枫树、黄连木、水杉等的叶片细胞中有一种花青素，它是一种水溶性植物色素。天气变冷时，黄栌等树木的叶子中糖分含量不断增加，这就为花青素的大量形成提供了有利条件。当细胞液呈微酸性的情况下，花青素就呈现出红色。著名的北京香山红叶，就是黄栌的树叶。

人类科学史上等待回答的未解之谜

柄中的维管束细胞没有溶解,但它非常纤细,风一吹,它就"筋断骨折",飘落下来。

科研人员还发现,对于叶子脱落起关键作用的是一种化学物质,它的名字叫脱落酸。不管把脱落酸喷到哪种植物的叶片上,都能使其脱落。植物中的赤霉素和细胞分裂素能延缓叶片的衰老和脱落,而脱落酸的作用恰好与之相反。

可以说,植物学家已经把植物落叶之谜揭开了大半,但留下的疑问还有很多。比如,光照是通过什么机制控制落叶的?脱落酸的分子生物学机制是什么?这些疑问都等待着人们去不断探索。

科学未解之谜

花为什么会开放?

一个多世纪前,德国有位名叫萨克斯的植物学家,他认为花开放这种常见的现象中一定隐藏着什么秘密,就猜测植物体内可能有一种"特殊物质",花的开放就是由它支配的。为了证明这个假设,他付出了很多艰辛的劳动,但最终也没有能够得出什么答案。

后来,有的科学家针对萨克斯提出的假设,又提出了这样一个观点:植物能够开花,也许不是由于植物体内存在着"特殊物质",而是由周围环境的微妙变化决定的。

1903 年,德国植物生理学家克列勃斯写了一篇论文,题为《植物形态的任意改变》。在这篇论文中,他提出了一个新观点:只要给植物创造一些条件,就可以使植物开花,这些条件有很多,比如光线的照射等。为了论证自己的观点,他还举了这样一个例子:有一种香连绒草,放在很弱的光照下栽培了好几年,它只是不停地生长,就是不开花。后来把它搬到阳光充足的地方,很快就开花了。

克列勃斯认为,光照可以使植物通过光合作用,促进体内碳水化合物的增多,进而开出花来。

克列勃斯还发现了这样一个现象:如果给果树施太多的氮肥,果树就不开花了。这是怎么回事呢?克列勃斯对此做出解释说:花的开放不仅与光照有关,还跟一些物质的比例有关系。当植物体内氮比糖多时,花就不容易形成和开放;反之,糖的积累比氮多时,花就会开放。克列勃斯的这个观点得到了很多人的赞成和拥护,人们似乎觉得已经找到了花开放的秘密了。

但是，苏联科学家柯洛木耶茨用实验推翻了克列勃斯的学说。他认为，植物开花与植物体内细胞液的浓度息息相关。他通过实验和观察发现，普通苹果树苗在正常的自然环境下，要生长 4~5 年才能开花；但如果在春秋季节对果树施肥，就会提高植物细胞液的浓度，可以使一年生的小果树开花。

还有一些植物学家通过实验发现，植物生长素对花的形成、开放，起有操纵作用。

直到今天，人们还在不断地探讨花开放的原因，但仍然没有找到最后的答案。

花的香气是怎么来的？

鲜花盛开，芳香扑鼻，这句话在很多情况下是正确的，因为大部分花朵都有香味。当然，花也有不香的，还有散发臭气的，如蛇菰、马兜灵等。这样的花虽然有臭味，连蜜蜂、蝴蝶都不喜欢，但昆虫中却有一些"逐臭之夫"，如潜叶蝇，它们闻到臭味就会拼命赶来，也会为这些植物完成传粉的任务。

为什么花有的香有的不香呢？为什么有的花散发出的是臭气呢？这要从花瓣中的油细胞说起。油细胞是花朵制造气味的工厂，这个工厂的主要产品就是具有香气的芳香油。在通常的温度下，芳香油能够随水分挥发，在阳光的照射下，它挥发得更快，变成具有诱人香味的香气，所以这种芳香油又叫挥发油。因为各种花卉所含的挥发油不同，所以散发出来的香气也各有不同。个别植物品种的挥发油里所含的物质带有臭味，所以这些花闻起来就是臭的。还有一些花虽然没有油细胞，但它们的细胞在新陈代谢过程中，会不断产生出一些芳香油。也有一些花朵的细胞不能制造芳香油，但是却含有一种苷，苷本身没有香气，在受到酵素分解时，却会产生出香气来。

总的来说，花的香与不香，香与臭，关键在于细胞中有无挥发油及其物质。一般来说，挥发油都贮存在植物的花瓣中，但也有不同情况，有的集中在茎和叶子里，如薄荷、芹菜、香草等；有的贮存在树干内，如檀香；有的贮存在树皮里，如月桂、黄樟、厚朴等；有的贮存在地下部分，如生姜；有的贮存在果实里，如橘子、茴香、柠檬等。挥发油

据科学家统计,在香花中,以白、黄、红三色最多,而其中白色的花往往最香。艳丽的花朵常常没有香气。这是为什么呢?原来,对于植物来说,开花是为了结果,而不是为了让人觉得好看。花的香味和色彩都是植物引诱昆虫传粉的手段,白色的花不能靠颜色来吸引昆虫,当然就要散发浓烈的香气。而那些色彩艳丽的花,本身就足以向昆虫发出明确的邀请信号,再溢出浓烈的香气就是多余的了。

信不信由你

艳花多不香

在植物体内的存在,除了可以引诱昆虫,帮助传送花粉外,还可以减少水分的蒸发。有的植物还利用气味来毒害邻近的植物,以利于自身的生长。

那么,挥发油在植物体内是怎样形成的呢?它对植物又有哪些生理意义呢?对于这样一些问题,科学家们目前正在探索之中。大多数科学家认为,挥发油是由叶绿素在进行光合作用时产生的;植物体内所含的挥发油,是植物本身新陈代谢作用的最后产物。但有一些人认为,挥发油是植物体中的排泄物,是生理过程中的废渣。

玉兰

科学未解之谜

花是由叶子变来的吗?

伟大的德国诗人歌德特别热爱大自然,曾花过很长时间观察植物从播种到结出种子不同阶段的成长过程。通过观察他得出这样的结论:植物的形态不是先天存在的,而是可以更改的,它们能适应外部条件而不断变形。根据以上结论,歌德提出了这样一个观点:花是由叶子变来的。

当植物开花的时候,尤其是花朵特别艳丽时,它与绿叶之间的差别极大,很难看出它们之间有什么相关之处。不过,如果说花是由叶子变来的,这种变化一定是在进化初期。所以,只有到那些原始的植物中,才有望找到这方面的证据。

在有花植物中,木兰科是比较原始的科,其中玉兰是它下属的一个种。玉兰的花为两性花,外面有九片花被,三轮排列,每片都呈白色,大小形状差不多。玉兰花中间有个花托,好像一根小木棒,外面的九片花好像叶子一样,也有叶脉,只是未分化成花萼与花冠,雄蕊群分离排列成为螺旋状。从玉兰花的构造来看,它与树木上的一个带叶的短枝极为相似,花的各部分像短枝上叶的变态形状,花托好像短枝。因此,人们很容易联想到玉兰花是由叶变态而来的。

郁金香为百合科植物,园艺学家把它分为早开种和晚开种两大类。早开种的花茎较短,分单瓣品种和重瓣品种;晚开种的花茎较长,只有单瓣品种。观察郁金香的晚开种,人们更有理由相信花是由叶子变来的。它的外层萼片几乎和叶子一模一样,花瓣的形态和构造也与叶片十分相似,雄蕊的花丝相当于叶片的中肋,雄蕊的心皮也是由叶片变态折卷而成的。

在寻找具有原始特征的植物过程中,植物学家在南太平洋中的岛国斐济发现了一种叫德坚勒木的植物,它也属于木兰科。它的雄蕊是扁平的,更像叶子,上面还有脉。它的心皮也像一片叶子,它的雄蕊看不出有什么花柱,子房像个小瓶,特别是柱头,不像一般植物那样生在子房顶端成圆头形,而是在侧面延伸成为一个条形柱头。也就是说,它的柱头在心皮两边接合处从上向下延伸,很像一片叶子对折起来,在结合处形成柱头。有的对折处结合得并不紧密,就像一片叶子对折过来靠拢在一起一样。

在木兰科中,还有很多植物的雄蕊有花丝较宽、花药较长、花萼伸出花药的现象。这些都说明它们比较原始,同时也说明最早的花有可能是由叶子变来的。

尽管花是由叶子变来的这种说法找到了很多根据,在植物界也得到了很多人的支持,但目前还只能算是一家之言,并未得到公认。如果能够找到原始有花植物花朵的完整化石,那将有助于这个问题的最终解决。

郁金香

高山地区的花为什么特别美？

按照一般人的想象，高山、高原地区气候比较寒冷，自然条件恶劣，生长在这里的植物肯定是矮小枯干，形象丑陋。实际情况却不是这样。如果你有机会到我国的云南、四川、西藏等地的高原地带去，就会发现那里漫山遍野开着鲜花，不仅数量繁多，而且花朵的颜色特别艳丽。

为什么高山地区植物的花朵特别好看呢？大部分植物学家认为，这是高山地区植物适应环境的结果。高山上紫外线特别强烈，能对花朵细胞中的染色体造成破坏，阻碍核苷酸的形成。为了与这种不利因素做斗争，高山植物就在体内大量产生出类胡萝卜素和花青素，这两种物质能够产生大量紫外线，从而减轻植物的受害程度。同时，这两种物质的大量产生，又使花朵的颜色变多了。类胡萝卜素是一个很大的色素群，包含红色、橙色和黄色等。有了它花就具有了上述几种色彩。花青素对花朵颜色的影响更大，它可以使花呈现出橙、粉、红、紫、蓝等颜色。由此可见，这两类色素越多，花的颜色就越是丰富多彩。

还有一些植物学家则提出了不同意见，他们也肯定了色素的作用，但认为色素增多与高山地区的气候条件有关。高寒地带昼夜温差较大，白天在太阳的照射下温度较高，晚上太阳一落，寒风吹来，气候骤冷，昼夜温差可达10℃以上。在白天温度较高时，花进行充分的光合作用，合成的碳水化合物就多；到了夜间，温度变低，白天合成的碳水化合物除了一部分被呼吸作用消耗掉了以外，其余部分就被用来合成各种色素。色素一多，花朵的颜色自然就特别鲜艳。这种说法也有一定道理，但只是猜测，尚未得到证实。

攀缘植物为什么能爬藤？

很多植物都有攀缘的本领，如葡萄、黄瓜、丝瓜、爬墙虎、牵牛花等，我们把它们总称为攀缘植物。

你注意过葡萄是怎样爬高的吗？那真是十分有趣。它的茎卷须先从叶子相对的一侧长出，好像一个个触手似的，在空中飘动，寻觅着支持物。一旦找到了支持物，它的卷须就会立刻伸过去，经过几十秒钟的时间，就可以围绕着支持物形成一个圆圈，紧紧地盘在上边。就这样，茎卷须一条接一条地沿着支持物固定下来，葡萄的枝蔓就爬到架子上了。

攀缘植物的攀缘方式是多种多样的。黄瓜的茎卷须只有上侧或外侧的某一面有感受性，另一面则没有，即使碰到支持物也不会发生卷曲，而葡萄的茎卷须无论哪一部分碰到支持物都能立即卷曲。

攀缘植物为什么能爬藤呢？这是一个十分有趣而又复杂的问题，科学家们对此知之不多，初步只能认为这是由于生长素分配不均匀造成的。

植物体中有一种生长素，它能够加快细胞的生长，但在浓度过高的时候却会抑制

植物的花、叶生长存在着螺旋特性，有的向右旋，即沿着顺时针方向排列或缠绕生长；有的向左旋，即沿着逆时针方向排列或缠绕生长。左旋生长的植物有牵牛花、水稻等，开花从上而下向阴的属左旋植物。右旋生长的植物有金银花、棉花、小麦等，它们随着阳光转移，开花从下而上向阳的属右旋植物。植物中也有左右旋皆有的，如天冬、首乌（夜交藤）等。

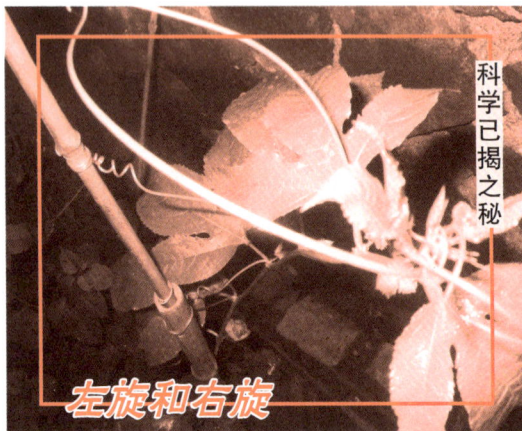

科学已揭之秘

左旋和右旋

信不信由你

达尔文观察蛇麻草

达尔文曾对攀缘植物产生过浓厚的兴趣。有一次，他把一种叫作蛇麻草的藤本植物放在家中，整天整夜地不睡觉，想看看它是怎样爬藤的。起初，蛇麻草前端的一条长茎伸到空气中，不久它就出现旋转。达尔文把这条长茎绑住，露出的一小段茎本来是直立生长的，可是过了一会儿，原来有些凸起的部分就凹了回去，然后又开始了旋转运动。

达尔文还跟蛇麻草开过这样一个玩笑：他用手将本来伸直的卷须摩擦了几下，然后把手指拿开，卷须以为是碰到了竹竿或者绳子一类的东西，立即卷曲起来。但过了几分钟后，卷须发现自己受骗了，并没有缠住什么东西，又伸直开来。

植物的生长。当植物体内的生长素分配不均匀的时候，茎的各部分生长速度就会出现不一致。如果左边生长素多，其生长速度就会比右边快，反之右边就会比左边生长得快。这样一来，植物的茎卷须就会出现旋转，爬藤的能力就产生了。如果攀缘植物的茎卷须始终不能与竹竿等支持物接触，已成螺旋状的茎卷须就会枯死。

和直立植物相比，攀缘植物用在茎干和枝条上的营养物质要少得多，显然很符合经济原则，有利于自身的生长发育和后代的繁衍。可以这样说，攀缘植物的攀缘能力是在进化过程中逐渐形成的，至于这里边还有什么别的原因，植物学家们正在继续探讨。

科学未解之谜

向日葵为什么跟着太阳转？

向日葵从早到晚都朝着太阳的方向，因此而得名，也有人叫它朝阳花。根据以往公认的解释，向日葵的这个特点是因为它的花盘下面的茎部含有一种奇妙的植物生长素，一遇光线照射，生长素就会转移到背光的一面去，并且刺激背光一面的细胞迅速生长。于是，背光一面就比向光一面生长得快，这就使得向日葵产生了向光性弯曲。

近年来，随着内源激素鉴定技术的发展，人们对这个问题的认识有了新的进展。科学家们发现，除了生长素所起的作用外，在向日葵向光的一侧茎的生长区里还存在着浓度较高的叶黄氧化素。这种物质是脱落酸生物合成过程中的中间产物，具有抑制细胞伸长的功能。实验证明，当光由一侧照射30分钟后，在向日葵幼苗生长区两侧，叶黄氧化素的浓度正好与生长素相反，向光一侧含量高，背光一侧含量低。这种差异比生长素的差异更显著。由此可见，对于向日葵的向光运动来说，叶黄氧化素的作用可能要比生长素更重要一些。

信不信由你

葵花不改向阳心

除了向日葵之外，很多植物的叶子和植物的幼苗都具有与向日葵一样的特点，植物学上把这种生理特征称为"向光性"。科学家们在这些植物的叶子中发现了一种感受器，它可以吸收阳光中的蓝色光线，而蓝色光线正是决定植物移动的方向的。因此，科学家们认为，植物的向光性是由于这种感受器产生的。

向日葵的茎部中会不会也隐藏着这样的感受器呢？还有没有别的因素在其中起作用了呢？看来，随着科学研究的不断深入，有很多人们自以为取得完美解释的问题都需要加深和重新认识。

向日葵原产北美洲，1510年被西班牙殖民者带回欧洲，明万历年间由传教士传入中国，当时又称西番葵。中国原来的葵指的是葵花，宋朝诗人刘克庄曾写过这样一首诗来赞咏葵花："生长古墙阴，园荒草木深。可曾沾雨露，不改向阳心。"由此可见，古人早就注意到"葵"这种植物具有向日性，只是还不能对这种现象做出科学的解释。

科学未解之谜

为什么柳树的生命力特别强？

相传秘鲁有一种鸟，它常常折断河柳，取食枝上的嫩芽。后来当地人发现，河边竟长出一片柳树来。原来，这片柳树是小鸟折断柳枝成活后长成的，于是人们给这种鸟取名"植树鸟"。

这虽然是个传说，但柳树生命力特别强大却是事实。不论是在河边、湿地，还是在菜园、宅旁，只要随手插下一段柳枝，它就能成活，有时自然断枝也能长成大树。于是就出现了这样一句俗话："有意栽花花不发，无心插柳柳成荫。"

很早以前人们就掌握了柳树的这个特性，用柳枝代替"种子"进行栽插。这种方法非常简便，而且成活率高，插枝生长快，又能保持树种的优良特性。

有很多植物像柳树一样，可以用枝条栽插成活。这是因为枝条内部的幼嫩细胞，遇到合适条件，很快就会形成根的"原始体"，再逐渐长成根，根多次分枝后就形成了发达的根系。但与其他栽插植物相比，柳树最容易生根。生长在河岸和潮湿地带的柳树，侧根要比主根发达，根与土壤接触紧密，即使树根被水淹没，柳树还能长出新根来。

柳树的生命力为什么这么强呢？1975年，美国哈佛大学的植物生理学家克莱兰，在一个偶然的机会里，发现捣烂的柳树皮汁中含有水杨酸，而水杨酸正是生产阿司匹林的主要原料。既然阿司匹林有消炎止痛的机能，那么它对于柳树就可能起有天然防护剂作用，以预防各种病毒的侵蚀。后来有人做过实验，对患有花叶病的草注射阿司匹林，发现致病的寄生小虫相继死亡，从而证实了克莱兰的推测是有一定道理的。

然而，医学工作者又发现，阿司匹林是通过促使人体分泌出更多的前列腺素，从而达到调节人的生理功能的作用。于是，日本的植物学家美智子推测，阿司匹林可能是一种过去未发现的特殊生长激素，是它使柳树在春天抢先抽芽吐绿，又使柳树具有强大的生命力。

实验证明，阿司匹林确实对植物的生长有刺激作用。比如，在插鲜花的水瓶里放进一片阿司匹林，便可以使它大大推迟枯萎时间的到来。在睡莲科的野生芡中注射阿司匹林，可以使其提前开花，并长葆鲜艳。

墨西哥大学的萨维拉特教授在缺水贫瘠的沙漠地区进行实验时，发现柳树借助阿司匹林的作用，可以迫使生长在周围的其他植物根系把已经吸入的水分和养料离子"吐"回土壤中，让柳树独自摄取。萨维拉特教授认为，阿司匹林是柳树的一种有刺激性的化学武器，可以依靠它抢夺自身所需的水分和肥力。因此，在同样条件下，柳树就要比其他植物更有生命力。

目前可以基本确认，柳树强大的生命力与阿司匹林有关，但对阿司匹林所起的作用还没有完全搞清楚。另外，生命力旺盛的植物还有很多，它们是否也会分泌出类似阿司匹林的物质呢？由此必然会引发一连串的问题，它们更是有待于人们去深入探索。

电信草为什么会"跳舞"?

在菲律宾、印度和斯里兰卡等地生长着一种奇特的植物,名叫"电信草"。它是有名的"舞蹈家",当地人又称它为"舞草"或"风流草"。

电信草对阳光非常敏感,它一经阳光照射,每一片大叶的旁边侧生的两片小叶,就会缓慢地向上收拢,然后迅速下垂,好像时钟的指针一样,不知疲倦地画着椭圆形的曲线,不停地来回旋转。这种有节奏的动作,宛如舞蹈家轻舒玉臂,翩翩起舞,舞姿十分优美,而且能从太阳升起一直跳到太阳落山。

电信草为什么会"跳舞"呢?到目前为止,植物学家对这个问题研究得还不是十分透彻,但是做出了很多猜测。

比较常见的有两种说法:一种说法认为,这主要是植物体内的生长素的转移,引起植物细胞的生长速度变化所致;另一种说法认为,植物体内存在着微弱的生物电流,当电流的强度与方向发生变化时,就会引起电信草的"舞蹈"现象。

也有一些植物学家认为,电信草"跳舞"是为了保护自己。当它起舞时,一些愚蠢的动物和昆虫就不敢来侵犯了。这样说来,电信草似乎是一种具有智慧的生物了。

还有一些植物学家认为,这是由电信草所处的环境特点决定的。菲律宾、印度和斯里兰卡等地属于热带气候,阳光照射得十分厉害,电信草为了不被强烈的阳光灼伤,两枚侧生的小叶就不停地运动,就像扇扇子一样,起到防暑降温的作用。

如果这种观点能够成立的话,那么为什么许多同样生长在这些地方的其他植物不会"跳舞"呢?是不是它们有其他的"避暑"方法呢?

人类科学史上等待回答的未解之谜

科学已揭之秘

"含羞"的秘密

含羞草俗名"怕羞草""感应草",原产于南美热带地区,喜温暖湿润。含羞草叶片细小,呈羽状排列,当它的叶片受到刺激后,就会合拢,叶柄低垂。据测定,这种传递的速度约为每秒 15 毫米。即使是一阵微风吹过,含羞草也会出现这种情形,仿佛姑娘怕羞而低垂粉面,含羞草的名字就是这样来的。

含羞草的叶子真的怕羞吗?当然不是。原来,在含羞草的叶褥(即叶柄与茎相连处的膨大部分)的上半部分与下半部分组织细胞的构造不同,上部的细胞壁较厚,而下部组织的细胞壁较薄,且下部组织的细胞间隙比上部大。当受到外界刺激时,叶褥下部细胞中的水分和细胞液很快由液泡渗出,排入细胞间隙,因此,下部组织细胞就变得疲软,而上部组织细胞仍保持着原来的紧张状态,上下部组织细胞的变化差异,导致叶柄在叶枕处发生下垂。含羞草小叶运动的原理也与此基本相同,只是小叶叶枕(叶柄基部的一个膨大部分)的上半部和下半部组织细胞的构造,正好与叶柄基中叶褥的组织细胞构造相反。因此,当受到刺激时,小叶便会成对地合拢。

科学未解之谜

王莲花朵内部的温度为什么特别高?

王莲是世界上著名的观赏植物之一,属睡莲科,原产于南美洲的亚马孙河流域。

王莲是世界上最大的莲,号称"莲中之王"。它那圆圆的叶子直径可达 2 米多,最大可达 4 米,叶子的边缘向上卷曲,浮在水面上,好像一个巨大的木盆。王莲的叶子不仅特别大,而且结构非常奇特,里面有许多充满气体的洼窝,从而使它获得了很大的浮力,可以让一个体重二三十千克的小孩坐在上面玩耍。即使在叶面上均匀地铺上 75 千克的沙子,它也不会沉没。

王莲的花朵也很大,直径可达 25~40 厘米。它开花的时间总是在夏季的傍晚,花朵中心鲜红,边缘雪白,很是好看,散发出白兰花的香气,第二天早晨逐渐闭合。等到

第二天傍晚再次开放，花瓣变为淡红色直至深红色，第三天闭合并沉入水中。

王莲和许多热带植物一样，也练就了一身抵抗炎热的本领。它的叶细胞中含有叶青素，能把光线的辐射能转化成热能，把叶背加热，使叶子上下两面的温度协调一致。它那粗大的叶脉和长长的刺毛都是散热的器官，不管阳光多么强烈，它的叶子都不会被晒焦。

更为奇特的是，王莲花在盛开的时候还能散发高温。据测定，王莲花内的温度要比外界温度高 10℃以上。为什么王莲花朵内部会形成这样的高温呢？这有什么作用呢？其中的奥秘还有待于人们去探索。

科学未解之谜

大王花为什么会成为寄生植物？

大王花是世界上最大的花，又叫大花草，被称为"花王"，生长在马来西亚、印度尼西亚的爪哇和苏门答腊等地的热带森林中。

大王花是花中当之无愧的"巨人"。它的直径可达 1.5 米，花瓣厚约 1.4 厘米，一朵花有 5 个瓣，最重的有 50 多千克。花朵中央有一个圆口大蜜槽，直径约 33 厘米，高约 30 厘米，可以藏一个人。如果用它装水，可以装一大桶。

大王花不仅长得大，而且颜色非常艳丽，花刚开放时还有一点儿香气，过了一两天后，就会散发出腐肉一般的恶臭，蝴蝶、蜜蜂都不愿理睬它，却能把苍蝇、甲虫招引来为它授粉。

大王花的长相很奇特，除了一朵花外，没有叶子，也没有茎，专靠吸取别的植物的营养来生活。它用唯一的一根花柄吸到一种葡萄科的大藤本植物的根上，拼命地吸取营养来养活自己。

大王花为什么会成为寄生植物呢？它的花为什么长得如此硕大呢？这些问题至今还是一个谜。

为什么有的植物能"指南"？

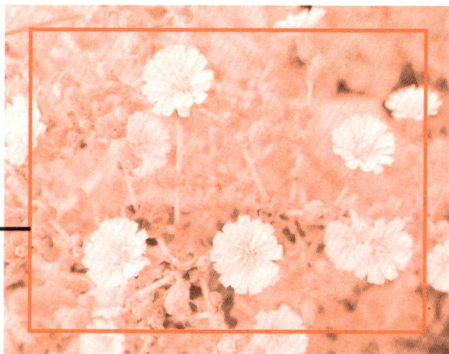

在我国北方的草原上，生长着一种名叫野莴苣的小草，它的叶子排列和别的植物不同。植物的叶子一般都是以平面向着太阳，而野莴苣的叶子却是以刀刃似的叶边朝上。这种与地面成垂直方向的叶子，大致按南北方向排列，好像磁针一样指着南北方向，因而被人们称为"指南针植物"。在草原上如果迷失了方向，找到了这种植物就不用发愁了。

起初，人们认为"指南针植物"能够指示南北方向，可能与地磁有关。美国犹他州大学的两位植物学家做了一个实验，否定了这个推测。他们把具有"指南"特性的植物栽种在温室里和树荫下，结果这些植物的叶片失去了"指南"的特性。由此可见，这些植物的"指南"特性与地磁没有关系，很可能与干旱、炎热的环境有关。

草原地区地面开阔，夏天经常是骄阳似火，直射光十分强烈，这对植物的生长是不利的。野莴苣的叶子按南北方向直立排列起来，这样一方面可以回避直射的阳光，避免灼晒，大大减少水分的散失；另一方面又可以使叶片接受早晨和傍晚的斜射阳光，背部和腹面几乎受到等量的光照，两面都能进行光合作用。

可以这样说，野莴苣之类植物的"指南"特性，是它们适应环境的一种表现。但是，以上解释对于另外一些"指南针植物"却未必适合。

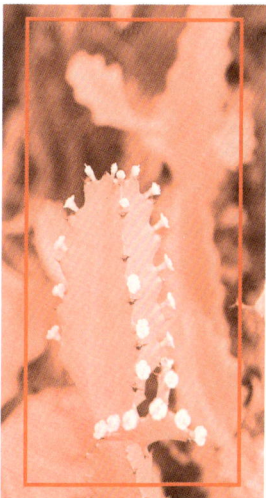

在非洲最大的岛马达加斯加岛上，生长着一种奇特的"烛台树"，树高7米多，树枝上长着一排排细小的针叶。这种树不论长在山顶、山坡，还是在山坳里，也不管长到多高，它那细小的树叶总是指向南方。因此，当地人都叫它"指南针"。无论是大人还是小孩，进入大森林中都不会迷路，只要看一看烛台树的针叶，就可以确定方向。

烛台树与野莴苣不同，并没有明显的客观因素迫使它的树叶非得"指南"不可。于是，又有人想到这可能与地磁有关。但是，我们都知道，指南针是利用磁铁在地磁场中定向转动的原理制成的，树叶不是金属，就不会有磁性，那么又是什么力量使得它总是指向南方呢？

ⓒ　李敏　2008

图书在版编目(CIP)数据

科学家也许是错的:人类科学史上等待回答的未解之谜. D 卷/
李敏主编. —2 版. —大连:大连出版社,2012.8(2019.5 重印)
ISBN 978-7-5505-0356-4

Ⅰ.①科…　Ⅱ.①李…　Ⅲ.①物理学—青年读物　②物理学—少年读物
③化学—青年读物　④化学—少年读物　Ⅳ.①Z228.2　②04－49　③06－49

中国版本图书馆 CIP 数据核字(2012)第 196117 号

出 版 人:刘明辉
责任编辑:侯娟娟
封面设计:林　洋
版式设计:英　伦
责任校对:李玉芝
责任印制:徐丽红

出版发行者:大连出版社
　　　　地址:大连市西岗区长白街 10 号
　　　　邮编:116011
　　　　电话:0411-83621075
　　　　传真:0411-83610391
　　　　http://www.dlmpm.com
印　刷　者:保定市铭泰达印刷有限公司
经　销　者:各地新华书店

幅 面 尺 寸:180mm×230mm
印　　　张:12
字　　　数:277 千字
出 版 时 间:2008 年 6 月第 1 版
　　　　　　2012 年 8 月第 2 版
印 刷 时 间:2019 年 5 月第 21 次印刷
书　　　号:ISBN 978-7-5505-0356-4
定　　　价:22.80 元